中央党校国际战略研究院研究项目资助

融资约束与企业出口：理论与中国经验研究

项松林 著

中国财政经济出版社

图书在版编目（CIP）数据

融资约束与企业出口：理论与中国经验研究／项松林著．—北京：中国财政经济出版社，2016.7

ISBN 978-7-5095-6758-6

Ⅰ．①融…　Ⅱ．①项…　Ⅲ．①企业融资-研究-中国 ②企业管理-出口贸易-研究-中国　Ⅳ．①F279.23 ②F274

中国版本图书馆 CIP 数据核字（2016）第 114026 号

责任编辑：卢关平　　　　责任校对：李　丽
编辑助理：吴檬檬　　　　版式设计：董生平
封面设计：孙俪铭　　　　责任印制：张　健

中国财政经济出版社出版

URL：http：//www.cfeph.cn

E-mail：cfeph@cfeph.cn

社址：北京市海淀区阜成路甲 28 号　邮政编码：100142

发行处电话：88190406　财经书店电话：64033436　84041336

北京京华虎彩印刷有限公司印刷　各地新华书店经销

787×960 毫米　16 开　18.5 印张　282 000 字

2016 年 7 月第 1 版　2016 年 7 月北京第 1 次印刷

定价：39.80 元

ISBN 978-7-5095-6758-6/F·5436

（图书出现印装问题，本社负责调换）

本社质量投诉电话：010-88190744

打击盗版举报热线：010-88190492、QQ：634579818

前　言

近年来，国内外学者广泛关注融资约束对企业出口的影响。无论是发达国家还是发展中国家的政策制定者均认识到，出口是推动一国经济发展的重要因素之一。所以，如果能够通过采取各种政策措施或者金融改革减少企业所面临的融资约束，就能够促进一国出口贸易的扩张与提升，从而有助于该国的经济增长。中国情况也是如此。改革开放以来，中国被认为金融体系远远落后于经济发展速度，且银行部门的国有控股部分居主导地位、行政干预低效以及金融市场发展滞后，是导致信贷资源分配扭曲的重要原因。如果中国有一个更为开放和以市场主导的资本分配体系，其经济增长和出口贸易发展速度应该比观测到的更高。

为分析资本市场扭曲制约中国企业出口问题，本书在对现有文献进行归纳、整理和评述的基础上，从出口需要某种额外的初始沉淀成本或固定贸易成本出发，首先构建了一个融资约束影响企业出口的理论模型，然后使用中国微观企业数据进行实证检验，所得的主要结论如下：

第一，从理论上看，融资约束和生产率一样，都是影响企业出口的重要因素。这是因为出口需要支付相当数量的初始沉淀成本或固定贸易成本，例如，为了满足国外市场更为严格的产品质量、环保、安全等要求，需要对更高要求的工艺和生产设备进行投资、对适合国外消费者需求的新产品进行研发投入并对构建国外市场营销渠道进行前期投入等。这些投资成本会使企业无法完全依赖自身内部资金而需要从外部融资，这就形成了企业的融资约束，进而导致融资约束成为企业出口的重要外部限制条件或者说是障碍效应。因此，融资约束也是影响企业出口的重要因素，至少在参与出口的初期阶段是这样。

第二，从融资约束与企业生产内生增长的互动关系上看，当创新投资存在成本时，融资增加有助于提高企业生产效率。一旦企业缺乏外部融资渠道，且自身资金又存在不足，融资约束将制约企业生产率水平的内生增长。不过，融资约束对不同所有制类型企业生产率水平的影响具有不同效应。国有企业受益于"软预算约束"以及国有成分的好处，垄断地位使得它们即使不提高长期生产效率，也可以获得较为丰厚的报酬，从而阻塞了外部融资作用企业生产率的通道。而民营企业既不能像国有企业那样较为容易地从银行部门获得信贷融资，也不能像外资企业从母公司获得额外资金，使得它们只能依赖内部资金作为提高长期生产效率的主要途径，导致融资约束成为影响民营企业生产率持续提高的主要障碍。

第三，从融资约束与企业出口行为的相互关系上看，本书还发现中国企业存在"融资能力—出口扩张"正关联效应，表现为融资约束越大的企业，出口选择和出口供给的能力越低。这说明如果中国加大金融体制改革步伐，促进金融资本服务实体经济发展本源，将有助于微观企业克服进入出口市场的初始沉淀成本或固定贸易成本困难，提高中国出口贸易的广度和深度，实现出口贸易的可持续发展。特别是在国际市场处于周期波动时，由于金融市场的不稳定，出口企业还面临着更严峻的融资压力。如果政府能采取适当措施，提高企业外部融资环境或降低企业获取外部融资的门槛，将极大程度地提高企业抗御外需低迷的能力，帮助企业渡过难关。

第四，从融资途径上看，融资方式差异作用于企业出口的机制也有所不同。在企业获取银行信贷融资方面，银行的金融支持也是影响企业出口的重要因素，成为决定企业出口与否的重要依据。但银行信贷支持促进企业出口也是有条件的，这与银行信贷方式有关，也与银行掌握企业的信息程度有关。相比抵押贷款而言，银行对企业发放信贷投资的前向性、主动性，决定了其促进企业出口的作用更大。在商业银行控制风险而不愿实施过多信贷投资的背景下，国家提供信用担保、鼓励商业银行向企业提供信贷资金，有利于提高微观主体参与国际分工的积极性，实现出口贸易的稳定发展。

第五，从出口增长的二元边际上看，融资约束还对中国出口增长的集约边际和扩展边际有不同影响，且中国以少数老产品（即以集约边际为主）大量出口的原因与其金融体系不完善密切相关。金融市场化改革的相对滞后，降低了老产品出口企业的零利润条件，有利于出口增长的集约边际扩张。当出口市场存在初始沉淀成本或固定贸易成本时，缺乏外部融资机会的潜在出口企业只能被迫放弃出口机会，导致出口增长中的扩展边际停滞不前。两个方面的共同作用导致中国出口增长存在以少数老产品大量出口的必然特征。如果中国能加快市场化改革，尤其是金融市场化改革以提高资源的市场配置效率，就能显著改善出口增长主要沿集约边际实现的状况，提高扩展边际在出口增长中的作用，实现出口贸易的可持续发展。

第六，从外贸结构由简单融入全球价值链向嵌入全球创新链上看，目前，在各类生产要素成本不断上升使得传统低成本优势逐步丧失的内部条件下，以及外需减弱、贸易保护主义升温、经贸摩擦频发、全球经贸格局“南升北降”、区域经济合作蓬勃发展等外部条件下，简单融入全球价值链分工体系的现行开放型经济，难以适应国内外经济环境的深刻变化，再塑开放型经济新动力必须以嵌入全球创新链为基础，以适应2.0版的经济全球化发展趋势。

然而，在经济全球化进一步强化的条件下，以美国为首的发达国家已经对传统的关税、非关税减免等贸易自由化不感兴趣，取而代之的是建立高标准的新一代贸易投资规则，例如，在亚太地区以跨太平洋伙伴关系协定（Trans-Pacific Patnership Agreement）为抓手切入东亚经济一体化发展进程的典型例证。这种高标准的自由贸易协定本质上就是一种“制度歧视”，对于暂时还未进入TPP“圈子”的中国而言，无论在制成品贸易还是服务贸易，或者跨境投资以及多边贸易体制中普遍存在的“发展中优待”等都会产生重要影响。面对这一困境，本书在构建资本流动影响区域经济融合的理论模型后，依然相信市场中存在一种自发的力量，促进各经济体之间扩大区域经济一体化进程。换句话说，即使“不作为”，TPP也需要中国才能实现亚太地区的经济一体化（Free Trade Area of Asia-Pacific，FTAAP）。

但是，在资本流动特别是FDI（Foreign Direct Investment）的跨境投资中，资本是逐利的，中国简单融入跨国公司主导的全球价值链，既不符合中国的战略利益，也有可能被“动态”价值链分布的“链主”剔除“链籍”。从这一角度看，中国开放型经济实现外贸结构的转型升级，依然需要向嵌入全球创新链转变。与简单融入全球价值链相比，嵌入全球创新链具有内涵新、目标新、基础新、手段新、主导方式新以及发展路径新的特点。推动中国开放型经济由简单融入全球价值链向嵌入全球创新链转型升级，不仅有利于提升服务业的国际竞争力，而且有助于促进制造业高端化发展，推动中国产业向全球价值链的高端跃升。同时，嵌入全球创新链还可以虹吸全球先进生产要素，在“高质量引进来”和“大规模走出去”中，更好地利用全球资金、技术、市场、战略资源，拓展经济发展空间，消化“过剩产能”，增强开放型经济发展的动力和后劲。另外，嵌入全球创新链也是不断提高企业国际竞争力和自主创新能力、协调区域开放型经济发展、使用全球经贸规则变化的重要途径。

应该指出的是，顺利实现中国外贸结构转型升级，依然需要进一步深化改革。通过改革，可以转变政府职能、转换政策决定者发展理念、改变传统政绩评价机制、完善要素有序自由流动、完善区域全球创新链和全球价值链协调发展并且可以培育企业在国际竞争力的改革过程中，将外贸和外资结合起来，将贸易发展方式转型升级和经济发展方式转型升级结合起来，将贸易发展和产业发展结合起来，将“引进来”和“走出去”结合起来，将国内市场发展和国际市场开拓有效结合起来，等等，从而打造出开放型经济发展的新优势。

结合上述理论和实证分析结论，本书最后给出了相关的政策建议和未来研究展望。

目　录

图表目录

第一章

导 论

第一节 问题的提出

一、现实背景

出口贸易对中国经济贡献巨大，但依然没有走出以少数产品向少数发达国家大量出口的增长路线。这种出口增长模式不仅会因为外部需求冲击出现大的波动，而且会给进口国造成“倾销”的假象，导致涉华贸易摩擦加剧，本轮经济危机就是典型事例（项松林等，2014）①。党的十八大指出：加快开放型经济转型升级，促进开放型经济向互利共赢、安全高效、多元平衡方向发展。学术界也就如何实现中国出口贸易的稳定增长而不引起贸易伙伴国的不满展开研究，成为现在讨论的焦点问题之一。这也

① 项松林、赵曙东、魏浩，2014：《农业剩余劳动力转移与发展中国家出口贸易结构：理论与中国经验研究》，《世界经济》第3期。

是本书选题的重要原因之一。

随着新—新贸易理论的兴起和发展，从企业层面探求实现中国出口贸易可持续发展问题受到了国内学者的广泛关注（易靖韬，2009[①]；张杰等，2009[②]；钱学锋等，2011[③]；包群等，2011[④]；张礼卿等，2010[⑤]）。这些研究突出强调企业生产率差异对出口增长的决定作用，包括企业出口选择和出口供给的动态生存机制、出口贸易结构调整与二元边际等。但除了生产率的异质性外，诸如营销能力、成本控制、股权激励、人事制度以及管理架构等因素也是影响企业出口能力的重要因素，尤其是企业融资能力对其出口的影响。这是因为与国内贸易相比，企业出口需要还面临收集国外市场信息、修改产品以适应外国消费者需求习惯、建立和维护分销渠道等巨额成本，受资金约束的企业由于难以承担这些投资被迫放弃或减少出口计划，导致出口增长的广度不足（扩展边际）和深度不够（扩展边际）等问题，不利于中国出口贸易的稳定发展。

不仅如此，融资约束也是制约其他国家出口贸易调整的重要因素。这一问题在本轮金融危机中更为明显。危机发生以来，很多国家都经历或正在经历出口贸易放缓的痛苦。不少贸易经济学家对众多国家在金融危机期间集中爆发的出口贸易低迷问题进行了探索。Chor and Manova（2012）发现金融危机期间，国际贸易低迷可能与企业融资约束有关。他们发现信贷市场紧缩的国家，在金融危机期间向美国出口也越少，出口企业缺少贸易信贷可能是这些国家出口减少的原因[⑥]。Antràs and Foley（2011）也认为在金融危机期间，受危机影响严重的国家，支持出口的贸易金融也越来

---

① 易靖韬，2009：《企业异质性、市场进入成本、技术溢出效应与出口选择决定》，《经济研究》第9期。

② 张杰、李勇、刘志彪，2009：《出口促进中国企业生产率提高吗？——来自中国本土制造业企业的经验证据：1999－2003》，《管理世界》第12期。

③ 钱学锋、王菊蓉、黄云湖、王胜，2011：《出口与中国工业企业的生产率——自我选择效应还是出口学习效应？》，《数量经济技术经济研究》第2期。

④ 包群、邵敏、侯维忠，2011：《出口改善了员工收入吗？》，《经济研究》第9期。

⑤ 张礼卿、孙俊新，2010：《出口是否促进了异质性企业生产率的增长：来自中国制造企业的实证分析》，《南开经济研究》第4期。

⑥ Chor D. and Manova K. 2012. "Off the cliff and back? Credit conditions and international trade during the global financial crisis." Journal of International Economics, 87（1）：117－133.

越难以获得，是造成国际贸易低迷的原因[①]。Paravisini et al（2011）对秘鲁进行考察后，认为信贷冲击是该国向美国出口减少的重要原因，且秘鲁国家内的企业普遍缺乏可用于营运的资金，是形成出口贸易减少的重要原因[②]。Becker et al（2013）发现那些金融市场发展较好的国家，虽然在金融危机期间也出现了出口大幅下降的情况，但在后危机时期得到了快速恢复和反弹。他们将这解释为金融发展水平对企业出口意愿有促进作用[③]。

中国情况更是如此。改革开放以来，中国被认为金融体系远远落后于经济发展的速度。很多研究表明中国资本要素的分配和使用是低效率的(Boyreau - Debray，2003)[④]。大多数文献认为造成中国金融体系效率低下的原因有以下两点：一是大部分银行部门始终保持了国有控股的主导地位，行政干预的低效常常会导致银行信贷资源分配的扭曲（Dollar and Wei，2007)[⑤]；二是金融市场发展的相对滞后，使得企业难以获得可替代的融资资源（Li et al，2008)[⑥]。然而，自 20 世纪中期以来，中国经济取得了令人瞩目的增长（约 10% 的年增长率），而出口的增长速度更快（年均约 25% 的增长速度），似乎在不断挑战被广泛接受的观点，即一个功能全面的金融部门是经济增长不可缺少的组成部分（Levine，2005)[⑦]，尤其是促进出口部门的发展（Manova，2008)[⑧]。关于中国经济增长和出口贸易发展，有一种观点认为金融部门的扭曲对经济增长仍有负向作用。如果

① Antràs P. and C. F. Foley. 2011. "Poultry in motion: A study of international trade finance practices." NBER Working Paper No. 17091.

② Paravisini D., Rappoport V., Schnabl P. and D. Wolfenzon. 2011. "Dissecting the Effect of Credit Supply on Trade: Evidence from Matched Credit - Export Data." NBER Working Paper No. 16975.

③ Becker B., Chen J. and D. Greenberg. 2013. "Financial Development, Fixed Costs, and International Trade." Review of Corporate Finance Studies, 2 (1): 1 - 28.

④ Boyreau-Debray G. 2003. "Financial intermediation and growth: Chinese style". World Bank Policy Research Working Paper No. 3027.

⑤ Dollar D. and S. Wei. 2007. "(Das wasted) kapital: Firm ownership and investment efficiency in China." NBER working paper, No. 1303.

⑥ Li H., Meng L., Wang Q. and L. Zhou. 2008. "Political connections, financing and firm performance: Evidence from Chinese private firms." Journal of Development Economics, 87 (2): 283 - 299.

⑦ Levine R. 2005. "Finance and Growth: Theory and Evidence." Aghion P., Durlauf S., (Eds), Handbook of Economic Growth, Elsevier Science, The Netherlands.

⑧ Manova K. 2008. "Credit Constraints, Heterogeneous Firms and International Trade." NBER Working Paper No. 14531.

中国有一个更为开放和以市场主导的资本分配体系，其经济增长和出口贸易发展速度应该比观测到的更高（Boyreau - Debray，2003[①]；Guariglia and Poncet，2008[②]）。而另一种观点则认为作为一种替代机制的中国非正规金融机构，能够缓解正规金融体系的不足（Guariglia et al，2011）[③]。另外，中国不同所有制企业的信贷约束也存在差距，且外资企业比民营企业有更好的信贷条件。鉴于此，Manova et al（2011）认为 FDI 作为中国金融体系不健全的补偿组成部分，减轻了金融发展相对滞后对出口贸易的负面影响[④]。Jarreau and Poncet（2011）使用 1997—2007 年民营企业与外资企业的出口贸易数据，发现外资企业与民营企业的出口比例在金融依赖部门中达到 75%，而其他部门只有 25%。这意味着金融体系的不完善确实限制了中国民营企业进入出口市场的能力，而外资企业由于其能从母公司中获得相关资金，可以更为容易地克服出口市场的沉淀成本，出口绩效也表现得更好[⑤]。类似的还有，Manova et al（2011）使用 2005 年中国企业层面的出口数据，发现外资企业比国内民营企业所受到的融资约束更小，从而更容易出口。他们将这一发现解释为：存在一种融资约束影响中国企业出口行为的因果联系[⑥]。

在中国，扩大中小企业融资问题虽老生常谈但始终未能得到解决。与之相对应的却是中小企业出口繁荣对中国经济增长的贡献巨大。然而，本书仍然不能忽视它们融资难的问题，因为融资难势必会限制了中国企业在出口市场的做大做强。鉴于党的十八届三中全会提出“加快金融体制改革，促进要素有序自由流动，提高资源配置效率，培育参与和引领国际经济合作竞争新优势”之际，专题研究中国企业融资约束与出口增长问题

① Boyreau - Debray G. 2003. “Financial intermediation and growth: Chinese style”. World Bank Policy Research Working Paper No. 3027.

② Guariglia A. and S. Poncet. 2008. “Could financial distortions be no impediment to economic growth after all? Evidence from China.” Journal of Comparative Economics, 36 (4): 633 - 657.

③ Guariglia A., Liu X. and L. Song. 2011. “Internal Finance and Growth: Microeconometric Evidence on Chinese Firms.” Journal of Development Economics, 96 (1): 79 - 94.

④ Manova K., Wei S. J. and Z. Zhang. 2011. “Firm exports and multinational activity under credit constraints.” NBER Working Paper No. 16905.

⑤ Jarreau J. and S. Poncet. 2011. “Export Performance and Credit Constraints in China.” October 27, 2011, mimeo.

⑥ Manova K., Wei S. J. and Z. Zhang. 2011. “Firm exports and multinational activity under credit constraints.” NBER Working Paper No. 16905.

尤为必要。学术界也就如何缓解中国企业融资约束，实现出口的稳定可持续发展展开了研究。这也是本书力求从理论和实证两方面探求实现融资约束影响中国企业出口的重要原因。

二、理论背景

除了现实背景引起了作者对融资约束影响企业出口的研究兴趣外，还有关于这一论题在学术界的研究现状也是本书选题原因之一。最近几年，从微观企业层面研究融资约束对企业出口的影响得到了国内外学者的广泛关注（Manova et al，2011）①，无论是发达国家还是发展中国家的政策制定者均认识到，如果能够通过各种政策措施或金融改革减少企业所面临的融资约束，就能够促进一国出口扩展与提升，从而有助于该国经济增长（张杰等，2013）②。具体到中国，这项理论研究也取得了丰硕的成果（如阳佳余，2012③；朱英杰，2012④；孙建波、吴迪，2012⑤；毛毅，2013⑥；康志勇，2013⑦；雷日辉、张亚斌，2013⑧；项松林、魏浩，2014⑨；孔祥贞等，2013⑩），但这些理论与经验研究还存在以下改进：①直接套用新—新贸易理论解释融资约束与中国出口相互关系是否适用的问题；②分析角度单一，既缺乏在理论上系统地研究融资约束如何影响企业出口，也没有完整理论模型探析融资约束影响集约边际（企业出口量增长）与扩展边际（新出口企业数量的增加）的差异，更缺乏将中国实际结合起来，

① Manova K.，Wei S. J. and Z. Zhang. 2011. "Firm exports and multinational activity under credit constraints." NBER Working Paper No. 16905.

② 张杰、郑文平、束兰根，2013：《融资约束如何影响中国企业出口的二元边际》，《世界经济文汇》第4期。

③ 阳佳余，2012：《融资约束与企业出口行为：基于工业企业数据的经验研究》，《经济学（季刊）》第4期。

④ 朱英杰，2012：《融资约束、生产率与异质性企业的出口竞争力——微观基础的中国经验考察》，《世界经济研究》第9期。

⑤ 孙建波、吴迪，2012：《融资约束、金融发展与企业出口》，《南大商学评论》第20期。

⑥ 毛毅，2013：《融资约束、金融发展与企业出口行为》，《山西财经大学学报》第4期。

⑦ 康志勇，2013：《融资约束、货款拖欠与中国本土企业出口：机理与实证》，《世界经济研究》第8期。

⑧ 雷日辉、张亚斌，2013：《金融发展、融资约束与出口二元边际》，《上海金融》第7期。

⑨ 项松林、魏浩，2014：《流动性约束对中国企业生产率的影响》，《统计研究》第3期。

⑩ 孔祥贞、刘海洋、徐大伟，2013：《出口固定成本、融资约束与中国企业出口参与》，《世界经济研究》第4期。

分析中国出口企业的融资约束问题；③分析方法较为粗放，仅简单使用微观数据验证中国出口企业是否存在融资约束，以及融资约束的影响；④结论不一致，有的学者认为融资约束是制约中国企业出口的重要原因，而有的学者认为融资约束的影响作用并不大；⑤更为重要的是，鲜有参考文献在新—新贸易理论分析框架的基础上，将融资约束理论与中国实际结合起来，分析中国企业出口与对外贸易可持续发展问题。

尽管简单的“拿来主义”可以解释一些出口现象和问题，但研究结论是否可信值得怀疑。因此，在新—新贸易理论基础上，融入中国金融体制改革相对滞后、银行信贷所有制歧视等特有因素，分析我国企业出口增长抗波动性差的融资约束原因，以及实现出口可持续发展的相关对策，值得本书去分析和解答，希望可以提供一定的理论创新价值和实践应用价值。

总之，本书综合新—新贸易理论的新近发展，从融资约束出发，解释中国企业难以在出口市场中做大做强的原因，进而探求缓解出口企业的融资困境、实现对外贸易稳定发展的相关对策，希望对当前开放型经济的新一轮改革有所启示。

第二节 研究意义

从新—新贸易理论出发，选择“融资约束影响企业出口”作为研究课题，并以此为依据分析中国企业出口增长抗波动性差的原因和实现对外贸易可持续发展的相关对策，一方面是由于现实需要，另一方面则是由于其具有重要的理论价值。

一、现实意义

实际上，选题背景已经部分回答了这一问题。正如上面指出的，中小企业的出口繁荣，虽然带来了中国经济的高速增长，提高了人民生活水平和社会福利，但不少企业依然存在融资约束问题，融资难直接限制了企业在出口市场中的做大做强。党的十八届三中全会提出：要加快金融体制改革，促进资本要素有序自由流动，提高资源配置效率，培育参与和引领国际经济合作竞争的新优势。学术界也就如何缓解中小企业融资困境、减少融资约束制约企业参与国际竞争等问题展开了研究。这也是本课题力求从理论和实证两方面探求缓解融资约束制约中国企业出口的重要原因。具体来说，本课题的研究具有以下重要现实意义：

1. 全面认识融资约束影响中国企业出口问题。近期世界银行对中国境内 12400 家企业进行了调查，内容包括企业是否存在融资约束、缓解资金约束的融资难度、融资方式等各个方面。根据这一调查数据，可以发现融资约束制约中国企业出口的特征，表现为：①出口交货值——融资约束越大的企业，出口量越小。全部样本企业中，按融资约束严重、较重、一般和不存在四个等级，其平均出口分别为 50 万元、140 万元、300 万元和 470 万元，初步说明融资约束影响了出口企业做大做强。②融资约束限制企业出口的原因——难以支付进入国际市场的相关成本。超过 66% 的企业经理认为海外销售既需要收集国外市场的信息，也需要建立分销机构和发展市场渠道，还要对产品进行必要修改以便迎合国外消费者的需求等。受融资约束影响，企业难以支付进入国际市场的高昂成本，被迫放弃或减少出口计划。③缓解融资约束后企业会增加出口——获取外部融资越大的企业，出口占销售额的比重越高。例如全部样本企业，很难获得融资的企业平均出口比重只有 35.8%，较难融资的 40.3%、有点难的 40.5% 和较易融资的 49.1%，说明企业获得外部融资具有扩大出口的作用。④出口企业的融资困境——融资约束越大的企业，越难以获得外部融资。从融资量上看，融资约束严重企业，融资量越小，其平均融资量仅为 25 万元、低于融资约束较重的 92 万元、一般的 274 万元和不存在融资约束的 311 万元；从融资方式上看，外部融资以抵押贷款为主，以抵押贷款方式获得融资的企业比重高达 43.4%，而信贷投资比重仅为 15.7%，剩余 40.9% 的企业无任何融资机会①。本书不禁要问：为什么融资约束会制约中国企业出口？国际市场成本影响企业出口与融资约束有什么关系？如何缓解潜在出口企业的融资约束？金融体制改革助力出口企业做大做强的着力点在何处？这些将是本书所要研究的主要内容之一。

① 以上数据源自世界银行网站。

2. 深刻理解缓解企业融资约束与出口贸易可持续发展的关系。既然融资约束是影响企业出口的重要因素，缓解企业融资压力将有助于提升它们参与国际竞争程度，可以提高中国出口企业面广度（扩展边际）和深度（集约边际）、实现出口贸易的可持续发展。后危机时期，受国内人口红利减弱、人民币升值，以及发达国家再工业化战略和量化宽松货币政策的负面影响，中国出口贸易发展面临前所未有的挑战。鼓励更多企业参与国际竞争，既有利于扩大出口增长中新企业所占比重（扩展边际），也有利于现有企业扩大出口规模（集约边际），促进中国出口贸易向安全高效方向发展。与提高企业生产率水平的长期性、复杂性和不确定性相比，鼓励金融机构向出口企业提供融资支持、缓解它们进入国际市场成本的资金约束，是短期内能直接产生“提高出口增长中扩展边际和集约边际比重”的确定性效果，实现金融助力出口贸易稳定增长的积极作用。

3. 突出融资约束制约企业出口的理论分析，探讨融资异质性的稳定出口作用。随着微观数据可获得性的增强，越来越多的实证文献开始检验融资约束与企业出口的相互关系，但理论突破仍不多见。如何识别潜在企业可能成为出口商？影响潜在出口企业成功出口的关键因素包含哪些？为什么有些企业因为获得融资而成功出口，而有些失败？融资异质性影响企业出口的渠道到底是什么？对这些问题的考察在既往的研究中还不够系统、深入，有些甚至鲜有涉及。另外，关于新—新贸易理论和应用的研究，国际上也就十来年的时间，但研究对象仍集中在生产率的异质性，融资异质性还没有引起足够的重视。因此，这一领域的研究还存在着广阔的知识创新空间。

4. 比较内源性融资和外源性融资、银行信贷投资与抵押贷款作用企业出口的差异。通过理论分析融资促进企业出口作用，检验各种融资方式影响企业出口的区别与联系，并针对中国企业融资途径单一、融资规模偏小和促进企业参与国际竞争成功率较低的现状，分析制约企业出口的融资约束原因，以及金融机构缓解企业融资约束的衔接关系和协调程度，力图拓展新—新贸易理论及其应用范围，推动相关理论与经验研究进一步深入。

5. 讨论融资约束条件下，资本的跨境流动对区域经济融合的影响效应，并使用数值模拟和 OECD 国家样本数据进行实证检验，并以跨太平洋伙伴关系协定（TPP）为案例，探讨中国开放型经济如何适应并引领当前全球经贸格局的变化。

6. 提出缓解中国企业融资约束、实现对外贸易可持续发展的对策。通过本书的分析和论证，试图对如何妥善处理缓解微观企业的融资约束和实现宏观出口稳定增长之间的矛盾，整理出优化企业出口增长结构且适合中国国情的政策建议，目的是为了在提高中国企业出口质量的基础上实现对外贸易的可持续性发展。

二、理论意义

除了现实意义引起了本书研究的兴趣外，还有就是关于这一论题在学术界的研究现状也是选题原因之一。新—新贸易理论是理解国际贸易问题的新方法，已成功应用于很多国家的实践。然而，已有理论都是以发达国家较为成熟的市场机制为假设前提的，没有体现出像中国这样的发展中国家的特点，比如经济结构转型、金融体制改革滞后、信贷市场扭曲等问题。在新—新贸易理论的研究框架下，加入转型国家的这些特定变量，研究融资约束与企业出口的相互关系，是一个较为新颖的研究命题。从新—新贸易理论出发，融合金融学、发展经济学、新古典贸易理论和新贸易理论的研究成果，分析融资约束影响中国企业出口的原因，也是补充和完善新—新贸易理论的一种尝试。所以，无论是从对理论验证的角度，还是从理论深化的角度，上述研究都具有一定的理论价值。

第三节 研究目标与研究内容

一、研究目标

通过本书的分析，力求达到以下目标：

1. 理论研究目标。以金融学、发展经济学、新古典贸易理论和新贸易理论的研究成果为切入点，结合中国金融体制不健全这一特有因素，拓展经典的新—新贸易理论模型，在理论上说明融资约束与生产率一样，是决定企业出口的重要依据。

2. 经验分析目标。对微观企业的贸易数据进行规模、结构分解，对分解后的结果利用计量方程进行实证检验，验证上述理论预期的正确性，是为了说明内源性融资、外源性融资、银行信贷投资与抵押贷款等影响企业出口的作用是存在差异的，且融资约束影响中国出口增长的集约边际和扩展边际也有不同。

3. 政策启示目标。以理论分析结论和实证检验结果为基础，结合后危机时期中国出口贸易增长面临的现实背景，提出缓解出口企业的融资约束、实现出口贸易多元化有益且符合国情的相应对策，以期能对中国出口贸易可持续发展提供参考。

总之，通过本书的研究将试图回答以下问题：①全面认识融资约束影响企业出口作用；②突出融资异质性作用企业出口的途径；③强调企业内源性融资与外源性融资的区别与联系；④比较银行信贷投资与抵达贷款促进企业出口的不同；⑤明确融资异质性与生产率异质性在企业出口中的区别与联系；⑥比较融资约束对出口贸易结构中二元边际的影响；⑦提出缓解企业融资约束，实现出口贸易可持续发展的相关对策。

二、研究内容

全书由九章组成，除第一章导论和第二章文献综述外，各章的内容安排如下：

第三章构建了融资约束影响企业出口的新—新贸易模型。以出口选择而非生产选择的经典新—新贸易理论模型，其基本假设前提是不存在任何“扭曲”效应，尤其是金融市场不存在扭曲效应，而这并不完全符合发展中国家的现实经济情况。为此，本书使用融资约束变量对 Melitz（2003）理论模型进行拓展①，以期能为发展中国家普遍存在的融资约束制约企业出口问题提供一个通用分析框架，并提出融资约束也是制约企业出口与否的另一异质性源泉。

第四章分析了融资约束与企业生产率的互动关系。标准的新—新贸易理论大多从生产率的异质性出发，探讨企业出口的自我选择效应，即生产

① Melitz M. 2003. “The impact of trade on intra - industry reallocations and aggregate industry productivity.” Econometrica，71（6）：1695 - 1725.

率最高的企业出口、中等生产率的企业在国内市场销售、而低生产率的企业退出市场。然而，这种分析思路完全忽视了企业融资约束与生产率的互动关系，且无论是内部研发活动促进企业生产率内生增长，还是外部因素和全球化竞争中的技术溢出、学习效应，都需要相当规模的资金支持，才能实现从模仿到创新的技术进步，促进企业生产率水平提高（李永刚，2004①；Manova，2008②）。因此，受资金约束的企业，其生产率内生增长应该没有资金充沛企业大。为验证这一命题，本章使用中国微观企业数据进行实证检验，并对分行业、分地区和分所有制差异的稳健性检验。

第五章研究并论述了融资约束影响中国企业出口的计量检验问题。本章在第三章理论分析和第四章实证检验基础上，构建融资约束制约企业出口选择和出口供给的理论模型，探讨外源性融资与内源性融资影响企业出口的差异，并使用中国微观企业数据进行实证检验。为分析生产率水平、规模、市场竞争程度、税收负担、行业需求、要素密集度、企业经营年限等影响企业出口的作用机制，本书还将这些因素作为控制变量，放入到计量模型中进行实证检验。

第六章分析了银行外源性融资及其融资方式差异对中国企业出口的不同作用。本章在统计分析银行信贷融资作用企业出口的基础上，构建理论模型分析银行信贷融资与抵押贷款影响企业出口选择和出口供给的差异，力图分析和说明以下问题：①在缺乏直接上市融资背景下，越难以获得银行融资的企业越难以出口；②银行融资方式差异影响企业出口的效果存在不同后，出口企业的内源性融资与外源性融资所占比重应该显著不同、银行信贷投资与抵押贷款所占比重也应该存在显著差异；③讨论企业获取银行融资的依据，即企业为什么能以一种方式（如信贷投资）而不是另一种方式（如抵押贷款）获得融资；④分析企业的融资用途，因为融资如果仅仅是为了支付劳动工资或原材料等国内成本（非国际成本），内销企业也会面临相同的问题，体现不出融资异质性的出口促进作用。虽然两种银行融资都可以充当完备金融市场的投资者角色，起到促进企业出口的作用，但信贷投资的主动性、前向性和无须抵押等特点，决定了其促进企业

① 李永刚，2004：《论产业集群创新与模仿的战略选择》，《中国工业经济》第12期。

② Manova K. 2008. "Credit Constraints, Heterogeneous Firms and International Trade." NBER Working Paper No. 14531.

出口的作用应该比抵押贷款大。因此，本书的预期结论是：有银行信贷投资的企业更容易出口。为验证这一命题成立，本书使用世界银行《中国企业普查数据》进行实证检验。

第七章分析并论述了融资约束对出口贸易结构及其增长动力的影响。本章再使用上述结论拓展二元边际（集约边际与扩展边际）引力模型，试图分析融资约束、金融发展对中国出口贸易产品结构和国别结构调整的作用，用以解释中国出口增长固化在以少数老产品向少数发达国家大量出口的原因。鉴于中国金融市场化发展相对滞后，本书预测融资约束是制约中国出口贸易结构及其增长动力向扩展边际调整的重要障碍。为验证这一命题成立，本章还使用 1995—2009 年中国出口到 123 个国家或地区的 HS－6位码微观贸易数据进行实证检验①。另外，由于衡量集约边际和扩展边际的基期选择不同，新老产品出口身份也存在显著差异。为此，本书还采用逐年比较的方法，进行稳健性检验。

第八章在融资约束视角下构建了新—新贸易理论拓展模型，分析资本跨境投资对区域经济融合的影响，并使用数值模拟和 OECD 国家间样本数据进行实证检验。本章主要的目的是考察当前国际经贸格局出现重大调整，尤其是类似 TPP 的巨型经济一体化组织即将出现的背景下，探讨外商直接投资对区域经济融合的影响效应，用以解释即使美国等发达国家关闭跨太平洋伙伴关系协定谈判“大门”，依然相信存在一种市场“自发”的力量，促使 TPP“扩容”以实现更大区域的贸易投资自由化。中国也应该顺势而为，在“大规模走出”和“高质量引进来”的新对外开放战略引领下，促进开放型经济由简单融入跨国公司主导的全球价值量向嵌入全球创新链转变，实现中国外贸结构和企业出口行为向“高端引领”的方向转型升级。

第九章为结论、政策含义与研究展望。本章是对全书结论的总结，并根据这些研究结论提出缓解中国企业融资约束、促进企业出口增长、实现出口贸易可持续发展的对策建议。同时针对本书研究中的不足，提出未来进一步关注微观企业出口和新—新贸易理论发展的研究展望。

① HS－6 位码数据来自 CEPII BACI 数据库。

第四节 研究思路与研究方法

一、研究思路

本书研究思路是在现有文献的梳理和总结中确定，其目的是为了说明融资约束也是影响企业出口的重要因素。具体研究思路为：①从中国出口增长抗波动性差的现实背景出发，指出实现出口增长稳定发展的重要性和迫切性；②对金融发展有助于扩大企业出口的相关理论进行梳理和总结，构建融资约束影响企业出口的理论模型，说明缓解企业的融资约束有助于提高出口企业发展的广度和深度，实现出口贸易的稳定发展；③以微观企业数据和微观产品数据为基础，综合多种计量分析方法，全面、系统地检验理论预期结论正确性。技术路线图用图 1.1 表示。

二、研究方法

本书是在总结前人的成果基础上，综合采用定性和定量、规范与实证相结合的研究方法，对相关问题进行深入探索。

1. 理论研究方面。理论模型的建立是为应用分析服务的，同时应用分析又是对理论模型的深化。本书理论模型的构建，可能运用到的内容包括企业进入国际市场的成本理论、金融深化理论、金融约束理论、新贸易理论等。

2. 实证研究方面。本书力求使用最新计量分析方法对理论模型结果进行检验说明。在获得中国微观企业数据后，采用 LP 方法、面板分析方法、受限数据估计方法、非参数和半参数估计方法、多元回归方法、Tobit 方法、Heckman 检验等分析融资约束影响企业出口问题，力求得出更为准确的结论。上述分析主要使用 Eviews、Stata 和 Matlab 软件进行。

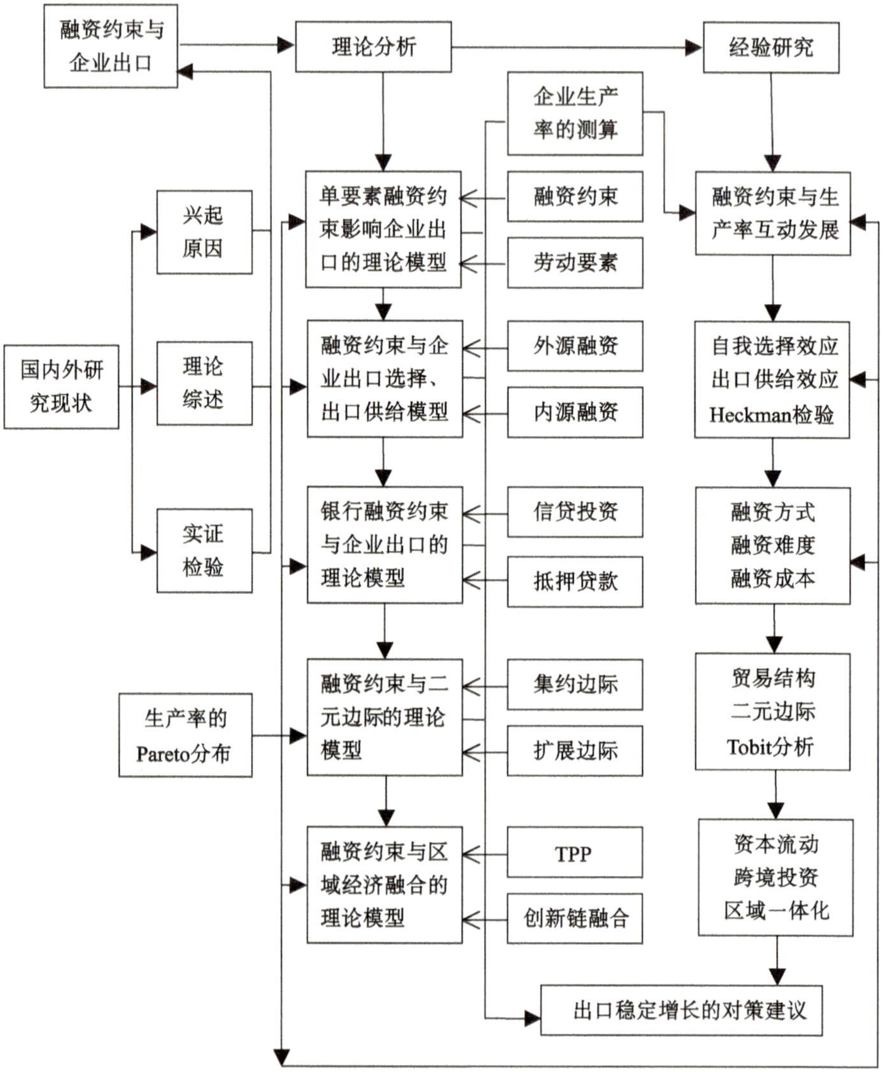

图 1.1　技术路线图

注：横向为分析问题思路，纵向为模型和经验分析思路。

3. 比较研究方面。通过纵向的历史比较，分析中国企业出口的变动规律，探求隐含在出口繁荣背后的危机，以及缓解企业融资约束的稳定出口增长作用。通过横向的企业比较，分析大型国有企业、民营企业和外资企业的融资约束和生产率增长之间的关系，寻找解决中国企业融资能力差的途径。同时，从融资约束制约企业出口的理论出发，比较内源性融资、外源性融资和商业信贷对企业出口选择和出口供给的不同影响，以及分地区、分行业和分所有制性质的差异。针对中国出口贸易增长动力主要源自集约边际，本书还试图从融资约束的视角给出新解释，并比较金融市场化对出口增长主要沿集约边际还是扩展边际调整的不同影响。

三、拟解决的关键问题

与之对应的是，本书研究包括以下三个拟解决的关键问题：

1. 融资约束制约企业出口的思想基础。融资约束是否抑制了企业出口？企业获得融资后，有没有显著促进其出口？如果能，内源性融资与外源性融资有什么差异？作为外源性融资重要手段的银行融资，其信贷投资促进企业出口的作用与抵押贷款又有何不同？对这些问题的解答，不仅是理解企业融资存在差异的关键，而且是政府制定金融扶持计划、缓解企业融资约束、进而促进企业参与国际市场、实现出口贸易平稳发展有效政策的关键。

2. 融资约束制约企业出口的理论模型构建。从新—新贸易理论分析框架出发，建立融资约束与企业出口的理论模型，是为了说明融资异质性应该同生产率异质性一样，是决定企业出口的重要依据。在此基础上，与已有理论模型进行比较，试图整合和解释现有文献出现分歧的原因，推动融资约束视角下新—新贸易理论研究的进一步发展。

3. 融资约束影响出口贸易结构及其增长动力的实证检验。选择《中国工业企业数据库》（1998—2008）、世界银行《中国企业普查数据库》（2005）、《联合国贸易统计数据库》（1995—2009）中的 HS－6 位码微观贸易数据以及 OECD 国家数据库为样本，实证检验中国企业融资约束影响出口的作用机制，并比较内源性融资与外源性融资，银行信贷投资与抵押贷款影响企业出口的不同，融资约束对出口增长二元边际，以及资本流动对区域经济融合的不同影响机制。这将是一种工作量大、耗时长的工作，也是本书拟突破的关键问题所在。

第五节 创新和研究不足

一、可能创新

与已有研究相比，本书可能具有如下主要创新点：

1. 理论研究创新。从理论上探讨融资约束与企业出口虽受到国内外专家学者的关注，但大部分内容还没有达到预期的效果。本书直接构建融资约束影响企业出口的理论模型，而非从新—新贸易已有理论中引申出来的结论，分析融资异质性影响企业出口作用机制。这样做将有助于推进了国内外有关研究的深度，一定程度上补充和发展相关理论研究水平。

2. 实证研究创新。本书将从多个不同角度全面探讨融资约束影响中国企业出口的发展现状，并将实证研究进一步延伸到内源性融资与外源性融资、银行信贷投资与抵押贷款、出口贸易结构调整与二元边际层面。另外，本书实证分析建立在大量翔实的微观企业数据和高位码微观产品数据基础上，从而提高了研究的可信度、说服力。

3. 研究视角和成果应用创新。本书将立足于实现中国出口贸易稳定发展的视角，注重生产率异质性和融资异质性日益突出的大背景下进行研究和创新。政策研究将紧密联系中国出口贸易增长的现实，力求政策方案具有延续性、阶段性、系统性和可操作性等特点，从而增强研究内容的实际应用价值。

通过这些分析和论证，本书力求从理论和实证两方面探求融资约束影响企业出口的作用机理，目的是在提高中国出口质量的基础上实现出口贸易的稳定发展。

二、研究不足

本书的研究是在现有文献的基础上融入了一些符合中国实际的假定，期望能从多个角度进行分析而得出有用的结论。但本书的分析也仅是新—

新贸易理论及其在中国应用的一个尝试和探索，没有对新一新贸易理论进行实质性的扩展和补充。另外，受数据限制，本书实证研究数据是来自世界银行的《中国企业普查数据》（2005）、《中国工业企业数据》（1998—2008）和 CEPII BACI 的 HS－6 位码微观贸易产品数据（1995—2009）。数据的难以获得导致的计量分析结论是否符合中国对外贸易的新近特点，还需要谨慎对待。本书将在未来的研究中，尽量获得更为翔实且样本年限更长、更新的数据，进一步关注中国对外贸易发展，尤其是微观层面的企业出口问题。

第二章

融资约束与企业出口：文献综述

自新贸易理论诞生以来，20 世纪国际贸易理论主要沿三个方向发展：动态化（时间维度）形成的贸易与新增长理论；集聚效应（空间维度）催生了新经济地理理论；实证分析产生的内生贸易政策理论（贸易政策的政治经济学）。进入 21 世纪后，国际贸易理论分析单位的微观化，直接催生了新—新贸易理论的诞生。新—新贸易理论将分析视角从产业间和产业内贸易，聚焦到企业间（异质性企业贸易理论）或企业内部组织结构（企业内生边界理论），从而使得国际贸易理论与企业组织理论在一般均衡分析框架下进一步融合。与此同时，国际贸易理论家日益将研究视角转至企业贸易过程的市场进入壁垒上来，进入出口市场沉底成本与由此引发的融资约束问题成为新—新贸易理论研究前沿。自 Chaney（2005）[①] 和 Manova（2008）[②] 在 Melitz（2003）[③] 企业异质性基础上，分别研究了融资约束与企业出口关系后，吸引了一批一线国际贸易经济学家参与讨论。可以说，国际贸易中有关进入市场的沉淀成本、融资约束与企业出口问题已经成为主流国际贸易学术界讨论的热门课题。本章就对上述理论研究和

① Chaney T. 2005. "Liquidity Constrained Exporters." Mimeo, Massachusetts Institute of Technology, 2005.

② Manova K. 2008. "Credit Constraints, Heterogeneous Firms and International Trade." NBER Working Paper No. 14531.

③ Melitz M. 2003. "The impact of trade on intra - industry reallocations and aggregate industry productivity." Econometrica, 71 (6): 1695 - 1725.

经验验证的最新发展进行综述，以期能对相关研究者提供借鉴。

第一节 融资约束影响企业出口兴起的原因

一、研究背景：贸易消失之谜与滞后效应

如果将亚当·斯密《国富论》（1776）① 中绝对成本学说作为主流国际贸易理论的起点，国际贸易理论在两百年间几乎都是以同质性代表企业为假设前提，直到 Melitz（2003）② 引进了企业生产率这一因素后，才将企业异质性引入国际贸易理论的研究中。

然而，无论是传统贸易理论还是新贸易理论或新一新贸易理论，理论与实现数据之间的差距依然很大，说明已有贸易理论的解释力远不能让人满意。在 Trefler（1995）经典文献中，现实贸易流量比理论预测的结果要少很多，这也被很多人称之为“贸易流失之谜”（Missing Trade）③。在很多人认为经济全球化使得国家间贸易壁垒趋于消失的时候，MaCallum（1995）对北美自由贸易区的美国和加拿大进行测算后，发现处于边界一侧的国内贸易是处于边界两侧国际贸易的 22 倍还多④！如此大的“边境效应”很难用关税和非关税壁垒来解释。Anderson and Van Wincoop（2004）使用新贸易理论构建引力模型重新检验了 MaCallum 的数据后，虽然发现边境阻力效应没有那么大，但等距离的国内贸易和国际贸易之间

① （英）亚当·斯密著（郭大力、王亚南译）：《国富论》，上海：上海三联书店，2009 年。

② Melitz M. 2003. “The impact of trade on intra – industry reallocations and aggregate industry productivity.” Econometrica，71（6）：1695 – 1725.

③ Trefler D. 1995. “The Case of the Missing Trade and Other Mysteries.” American Economic Review，85（5）：1029 – 1046.

④ MaCallum J. 1995. “National Borders Matter：Canada – U. S. Regional Trade Patterns.” American Economic Review，85（3）：615 – 623.

差别依然明显，说明现实世界的国际贸易量要比标准贸易理论所预测的小很多①。

更为重要的是，国际贸易的滞后效应问题也期待新理论进行解释。自二战以来，国际贸易已经获得了持续性增长。当贸易总量增长后，新的贸易联系产生，新的国家开始贸易，新的产品也开始贸易。但国际贸易流量稳定增长的背后，印证了巨大的国际贸易滞后效应，表现为总贸易流量的滞后、进出口产品价格的滞后以及企业出口身份的滞后等（Baldwin，1988②；Roberts and Tybout，1997③）。Campa（1998）发现贸易滞后效应与进入国际市场的先锋企业（即首先开始出口的企业）密切相关，且这些先锋企业与后来的出口企业在很多方面存在不同④。Bernard et al.（2009）使用美国出口企业和跨国公司数据，发现跨国公司往往倾向于做出口市场的先锋企业⑤。Roberts and Tybout（1997）对哥伦比亚企业进行研究后，发现企业目前的出口状态在很大程度上由其以前的出口经历决定。他们推测国外市场某些不被观察到的成本肯定在企业出口的决定中起重要作用，因为企业前期出口经历对后来出口的促进作用高达60%⑥。类似的结论，还有Bernard and Wagner（2001）对德国企业的考察⑦，以及Bernard and Jensen（2004）⑧ 对美国企业的分析等。

到底是什么在阻碍国际贸易呢？国际贸易期待新理论对此进行解释。

---

① Anderson J. E. and E. van Wincoop. 2004. "Trade Costs." NBER Working Paper No. 10480.

② Baldwin R. 1988 "Hysteresis in Import Prices: The Beachhead Effect." American Economic Review, 78 (4): 773 – 785.

③ Roberts M. J. and J. R. Tybout. 1997. "The decision to export in Colombia: An empirical model of entry with sunk costs." American Economic Review, 87 (4): 545 – 564.

④ Campa J., 1998. "Hysteresis in Trade: How Big are the Numbers?" New York University Working Paper, January 1998, mimeo.

⑤ Bernard A. B., Jensen, J. B., and P. K. Schott. 2009. "Importers, Exporters and Multinationals: A Portrait of Firms in the U. S. that Trade Goods." NBER Working Paper, January 2009, mimeo.

⑥ Roberts M. J. and J. R. Tybout. 1997. "The decision to export in Colombia: An empirical model of entry with sunk costs." American Economic Review, 87 (4): 545 – 564.

⑦ Bernard A. B. and J. Wagner. 2001. "Export entry and exit by German firms." Review of World Economics, 137 (1): 105 – 23.

⑧ Bernard A. and J. B. Jensen. 2004a. "Entry, Expansion, and Intensity in the US Export Boom, 1987 – 1992." Review of International Economics, 12 (4): 662 – 675.

二、国际贸易中的沉淀成本

Obstfeld and Rogoff（2000）指出贸易成本，尤其是那些本书难以观察到的隐形沉淀贸易成本，可能是导致“贸易流失之谜”的重要原因①。Anderson and Van Wincoop（2004）对世界贸易成本进行了全面考察。他们发现世界贸易的平均成本高达170%，其中国内贸易成本的增值效应为55%，而国际贸易成本的增值效应为74%。国际贸易成本中，除21%的运输费用外，与边境相关的贸易壁垒达到44%。这些边境贸易壁垒又可以进一步分解为：8%的关税与非关税壁垒、7%的语言障碍、14%的货币兑换成本、6%的商品供求匹配搜索成本、3%的跨国合约安全保障成本②。崔凡、宁丹虹（2010）认为上述成本中，语言障碍、信息匹配搜索等，都可以纳入到广义的信息成本范畴。而跨国合约的安全性问题涉及到法律制度问题，也与信息不对称有一定关系③。

由此可见，信息问题对国际贸易有相当大的影响。人们往往对国内市场的了解比国际市场多得多。国外陌生的风俗习惯、消费者偏好以及社会法律制度等。都构成了贸易商进入国外市场的障碍。当出口商寻找国外消费者时，信息不对称问题和搜寻成本要远大于国内贸易。这种信息问题造成的隐形沉淀成本比国际贸易政策分析中长期关注的关税和非关税壁垒成本还要大。正因为这样，全球范围内的贸易促进活动重点已经越来越多地从贸易自由化（即降低关税与非关税壁垒）转为贸易便利化（即降低信息成本等隐性成本）。

虽然直接从企业层面分析这些隐形沉淀成本的文献还较为稀缺，但几个部分的组成看来是必需的。首先是信息搜索—匹配成本。企业在出口之前，必须对产品是否适合目标市场需求、能否满足国外消费者偏好、是否符合相关国家的管理规定等信息进行搜索和匹配，以便决定出口是否有利可图。其次是产品修改成本。企业一旦确定目标市场后，还需要对产品进

---

① Obstfeld M. and K. Rogoff. 2000. “The Six Major Puzzles in International Macroeconomics. Is There a Common Cause?”, in B. S. Bernanke and K. Rogoff, eds., NBER Macroeconomics Annual 2000. Cambridge, MA: MIT Press, 2000, pp. 339 – 390.

② Anderson J. E. and E. van Wincoop, 2003. “Gravity with Gravitas: A Solution to the Border Puzzle.” American Economic Review, 93 (1), 170 – 192.

③ 崔凡、宁丹虹，2010：《国际贸易中的网络和中介——国际贸易研究的最新发展》，《经济学动态》第8期。

行必要修改，以适应相关国家的风俗、习惯和管理规定等。最后是建立分销体系成本。企业对国外市场的了解程度远低于国内市场，成功出口的另一个关键因素是在目标市场建立分析体系，促进产品被国外消费者所接受。

国外市场的这些隐性成本，构成了企业成功出口的主要障碍之一（Otsuki and Wilson，2004[①]），且出口企业必须对这些成本进行事前投资。Becker et al（2013）认为出口市场的前期成本往往是无形的，也难以观察，投资需要经过长期的时间酝酿。在企业自有资金存在不足的前提下，金融发展对企业出口起重要作用[②]。因为金融欠发达后，企业获取外部融资将会变得困难，影响到这些隐性成本的投资，尤其是那些出口涉及到更多沉淀成本的企业。由此可见，出口沉淀成本是影响企业出口的重要因素，而融资约束是国际贸易滞后效应的重要原因。

然而，现有贸易理论之中活跃的贸易主体都是生产企业，对融资约束制约企业贸易的投资活动视而不见。正因为如此，有学者批评标准国际贸易理论充其量是国际生产结构理论，而非贸易理论（Herrmann - Pillath，2006[③]）。因为即使在新近发展起来的新—新贸易理论中，生产率异质性只能决定生产企业的国别分布，商品交换活动被视为不同生产者之间依据生产率差异直接交易的行为。但是，即便海外销售是有利可图的，出口还取决于企业是否具备充足资金，以便提前支付进入海外市场的沉淀成本（Greenaway et al.，2007[④]）。但融资约束影响企业进入出口市场的投资活动被理论所抽象掉。正因为如此，贸易经济学家开始从企业进入国际市场的沉淀成本出发，对融资约束与企业出口之间关系进行深入研究。

---

① Otsuki T. and J. S. Wilson. 2004. "Standards and technical regulations and firms in developing countries: New evidence from a World Bank technical barriers to trade survey." World Bank, Preliminary Draft.

② Becker B., Chen, J. and D. Greenberg. 2013. "Financial Development, Fixed Costs, and International Trade." Review of Corporate Finance Studies, 2 (1): 1 - 28.

③ Herrmann - Pillath C. 2006. "Endogenous regionalism." Journal of Institutional Economics, 2 (3): 297 - 318.

④ Greenaway D., Guariglia A. and R. Kneller. 2007. "Financial factors and exporting decisions." Journal of International Economics, 73 (2): 377 - 395.

第二节

融资约束影响企业出口的理论与经验分析

一、理论分析

为解释出口市场中企业存在的滞后效应，Chaney（2005）[①] 和 Manova（2008）[②] 在 Melitz（2003）[③] 的基础上，分别建立了一个融资约束与企业出口的新—新贸易理论模型，用以说明融资约束在企业出口中的作用。他们认为出口涉及的进入成本势必比国内市场大很多，因此只有生产率高且具有充足资金的企业才能进入出口市场，企业出口的滞后效应与融资约束有关。在动态环境中，已经出口的企业还可能从其他国家的出口活动中积累足够的资金，以便最终进入一个新的市场。

融资约束影响企业出口的理论，可以很好地解释很少有企业出口的事实，即出口商往往是那种不存在融资约束的典型企业，如 Bernard and Jensen（2004a）对美国[④]、Aw and Huang（1995）对中国台湾和韩国[⑤]、Clerides et al.（1998）对哥伦比亚、墨西哥和摩洛哥国家的分析[⑥]等。融资约束影响企业出口的理论同样适用于为什么有的出口企业可以向许多国外市场出口，而有些只能出口到少数几个国外市场，如 Eaton et al.

① Chaney T. 2005. "Liquidity Constrained Exporters." Mimeo, Massachusetts Institute of Technology, 2005.

② Manova K. 2008. "Credit Constraints, Heterogeneous Firms and International Trade." NBER Working Paper No. 14531.

③ Melitz M. 2003. "The impact of trade on intra - industry reallocations and aggregate industry productivity." Econometrica, 71 (6): 1695 - 1725.

④ Bernard A. and J. B. Jensen. 2004a. "Entry, Expansion, and Intensity in the US Export Boom, 1987 - 1992." Review of International Economics, 12 (4): 662 - 675.

⑤ Aw B. Y. and A. Huang. 1995. "Productivity and the export market: A firm level analysis." Journal of Development Economics, 47 (2): 313 - 332.

⑥ Clerides S. K., Saul L. and J. R. Tybout. 1998. "Is learning by exporting important? Microdynamic evidence from Colombia, Mexico, and Morocco." Quarterly Journal of Economics, 113 (3): 903 - 947.

(2011) 使用法国企业的研究[①]等。

与出口和生产率之间的因果关系类似，出口和融资约束之间的因果关系也存在争论，即企业是先缓解了融资约束再出口还是先出口后缓解了融资约束。但是 Chaney (2005)[②] 和 Manova (2008)[③] 主张只有那些没有融资约束的企业才能够出口，且企业克服资金约束的能力是内生决定的。企业获得资金既可以从以前的经营活动中继承，也可以从国内生产活动中产生，其目的是为了支付进入国际市场成本。在均衡状态下，只有小部分企业能够收集到足够资金，然后成功出口，从而内生决定了企业出口的先后顺序问题。

融资约束影响企业出口的理论是建立在出口市场的沉淀成本基础上。不少实证文献表明新出口企业在出口市场上将遭遇更多沉淀成本 (Roberts and Tybout, 1999[④]; Bernard and Wagner, 2001[⑤]; Bernard and Jensen, 2004b[⑥])。这些沉淀成本本身很难观察，但企业对其进行投资后，经过长期发展可以形成无形资产，甚至是企业特有的专有资产。Das et al. (2007) 对哥伦比亚企业进行分析后，发现出口贸易沉淀成本大约在 34.4 万美元到 43 万美元之间[⑦]。他们认为这些沉淀成本必须提前投资，从而使得只有那些有充足资金的企业才能支付这些成本，进入出口市场。所以，当出口市场存在沉淀成本后，企业是否存在融资约束对其出口决定有重要影响。

---

① Eaton J., Kortum, S. and F. Kramarz. 2011. "An Anatomy of International Trade: Evidence from French Firms." American Economics Review, Econometrica, 79 (5): 1453 - 1498.

② Chaney T. 2005. "Liquidity Constrained Exporters." Mimeo, Massachusetts Institute of Technology, 2005.

③ Manova K. 2008. "Credit Constraints, Heterogeneous Firms and International Trade." NBER Working Paper No. 14531.

④ Roberts M. J. and J. R. Tybout. 1999. "An Empirical Model of Sunk Costs and the Decision to Export." The World Bank Policy Research Working Paper Series 1436.

⑤ Bernard A. B. and J. Wagner. 2001. "Export entry and exit by German firms." Review of World Economics, 137 (1): 105 - 123.

⑥ Bernard A. B. and J. B. Jensen. 2004b. "Why some firms export." Review of Economics and Statistics, 86 (2): 561 - 569.

⑦ Das S., Roberts M. J. and J. R. Tybout. 2007. "Market entry costs, producer heterogeneity, and export dynamics." Econometrica, 75 (3): 837 - 873.

二、实证检验

已有文献就融资约束与企业出口之间的相互关系问题还没有完全解决，是出口改善了企业的融资约束还是缓解融资约束有助于企业出口，依然存在争论。

一部分研究者认为出口改善了企业的融资约束。使用英国大规模制造业面板数据后，Greenaway et al.（2007）认为出口能提高企业的财务健康状况①。换句话说，他们没有发现融资约束能抑制企业出口，而是出口改善了企业的财务状况。因此，他们认为出口缓解了企业的融资约束，因为参与出口时间越长使得企业具有更多现金流。Bridges and Guariglia（2008）则将视角放在英国存活企业上。他们发现只有纯内销企业才会出现融资约束制约企业发展的问题，并解释这种现象为国际活动给企业提供了缓解资金约束的庇护所，或者提供了使用国际资金的可能，因此国际化对企业财务状况有好处②。

另一部分研究者认为融资约束是阻碍企业出口的重要因素，至少具有融资约束的企业，其出口身份具有滞后效应。实际上，在资本市场不完善的条件下，至少有三个原因让人们认为出口企业应该比非出口企业具有更少的融资约束特征。首先是出口市场的沉淀成本，使得没有足够资金的企业，其产品出口到国外市场的难度很大。这意味着融资约束更少的企业，更容易出口。经验研究已经证明了有很大部分企业所面临的贸易壁垒是需要提前支付进入出口市场的沉淀成本所致，且融资约束带来的投资不足是导致企业出口滞后效应的关键（Roberts and Tybout，1997③；Bernard and

① Greenaway D.，Guariglia A. and R. Kneller. 2007. "Financial factors and exporting decisions." Journal of International Economics，73（2）：377 - 395.

② Bridges S. and A. Guariglia，2008，"Financial Constraints，Global Engagement，and Firm Survival in the UK：Evidence from Micro Data"，Scottish Journal of Political Economy，55（4）：444 - 464.

③ Roberts M. J. and J. R. Tybout. 1997. "The decision to export in Colombia：An empirical model of entry with sunk costs." American Economic Review，87（4）：545 - 564.

Wagner, 2001[①]; Bernard and Jensen, 2004a[②]; Das et al., 2007[③])。Moini (2007) 通过对美国非出口企业进行研究后，也认为企业未能成为出口商的主要障碍是这些需要提前支付的高昂成本[④]。

其次，出口也能提高企业获得资金的事实。出口企业在原则上应该比非出口企业具有更稳定的现金流，如同它们能从国际市场的分散化销售所得到的好处一样。Campa and Shaver (2002)[⑤] 和 Bridges and Guariglia (2008)[⑥] 假定国际经济周期具有不完全相关的特征，企业出口应该能够减少需求冲击带来的产品销售波动问题。他们认为相对于从未出口的企业而言，始终出口的企业，其投资与现金流的联系程度更低。投资的现金流敏感程度越强，往往意味着企业存在的融资约束问题越难，所以投资与现金流联系程度低可以看作出口企业融资约束小的信号。另外，本书还考虑到企业进入和退出出口市场情况，并发现当企业没有在国外市场销售产品后，它们的融资约束更严重，因而认为出口能帮助企业减轻融资约束。这些文献的一个薄弱环节可能是，出口量对缓解融资约束没有帮助。实际上，如果分散化销售真能发挥作用的话，任何人都会预期到出口销售比将与企业减轻融资约束的能力正相关。但上述文章中未能发现这种联系。

最后，出口企业通常被认为比内销企业更具有高效率和竞争力的信号。在信息不完全条件下（这也是金融市场不完善的核心部分），出口活动向外部投资者传递了一个清新的信号。因为只有最好的企业才能出口，所以出口本身代表高效率。投资者向这些出口企业进行投资时，成本更低且收益更高。Ganesh - Kumar et al (2001) 发现这种联系机制在印度等新

---

① Bernard A. B. and J. Wagner. 2001. "Export entry and exit by German firms." Review of World Economics, 137 (1): 105 - 123.

② Bernard A. and J. B. Jensen. 2004a. "Entry, Expansion, and Intensity in the US Export Boom, 1987 - 1992." Review of International Economics, 12 (4): 662 - 675.

③ Das S., Roberts M. J. and J. R. Tybout. 2007. "Market entry costs, producer heterogeneity, and export dynamics." Econometrica, 75 (3): 837 - 873.

④ Moini A. 2007. "Export Behavior of Small Firms: The Impact of Managerial Attitudes." The International Executive, 33 (2): 14 - 20.

⑤ Campa J. and J. Shaver. 2002. "Exporting and Capital Investment: On the Strategic Behavior of Exporters." IESE Business School Research Paper No. 469.

⑥ Bridges S. and A. Guariglia, 2008, "Financial Constraints, Global Engagement, and Firm Survival in the UK: Evidence from Micro Data", Scottish Journal of Political Economy, 55 (4): 444 - 464.

兴市场国家表现得尤为明显，因为这些国家的特征是制度并不完善①。另外，出口也意味着对国际金融市场的开放，并能获得国际投资者的投资，至少在那些涉及目的地的国家，因为外汇收入是获得外国金融市场资金的更好抵押品。Tornell and Westermann（2003）通过对新兴市场国家出口企业进行实证检验后，发现这种信号传递渠道较为明显②。

通过上述文献可以发现，迄今为止融资约束与企业出口的关系仍存在争论。

第三节　金融发展与银行融资的作用

一、金融发展与企业出口

当融资约束成为困扰企业对进入国际市场沉淀成本进行投资与否的问题时，金融市场的发展状况将对企业出口决定和出口销售收入产生重要影响。由于出口市场沉淀成本的投资回报难以抵押给外部投资者，所以受融资约束的企业很难获得外部资金支持（Myers and Majluf，1984③；Harris and Raviv，1990④）。如果这种关系的分析属实，将会产生一个金融发展与国内企业出口能力之间的互动联系。

出口沉淀成本与金融发展之间相互作用的假定，提出了三个方面的实证预测结论。

1. 金融发展应该对总出口有正向影响，因为当外部金融越容易获得

① Ganesh - Kumar A.，K. Sen and R. Vaidya. 2001. "Outward Orientation，Investment and Finance Constraints：A Study of Indian Firms." Journal of Development Studies，37（4）：133 - 149.

② Tornell A. and F. Westermann. 2003. "Credit Market Imperfections in Middle Income Countries." NBER Working Papers No. 9737.

③ Myers S. and N. Majluf. 1984. "Corporate financing and investment decisions when firms have information that investors do not." Journal of Financial Economics，13（2）：187 - 222.

④ Harris M. and A. Raviv. 1990. "Capital structure and the informational role of debt." Journal of Finance，45（2）：321 - 349.

后，就有越来越多的企业出口（Beck，2003[①]；Manova，2007[②]）。金融发展影响总出口可以追溯到麦金龙的金融深化理论。Hellman el al（2000）提出“金融约束论”，指出发展中国家通过贷款干预的金融约束战略，可以影响总出口贸易水平的作用[③]。宏观数据的实证文献也证实了这一点，例如 Beck（2002）使用1966—1995年65个样本国家数据[④]，Svaleryd and Vlachos（2005）使用 OECD 国家数据，都发现了金融发展改善出口贸易总量的作用。[⑤]

2. 从对外贸易的组成来看，需要提前支付出口沉淀成本的行业，金融发展的作用也越大，金融发展可以起到改善贸易结构的作用。Wolde - Rufael（2009）认为不同行业的技术特征对金融部门依赖程度是存在差异的，金融发展能起到改善一国贸易结构的目的[⑥]。Svaleryd and Vlachos（2005）从跨行业和跨区域的层面上对这一问题进行了检验，结果发现沉淀成本越高的行业，出口对金融发展的敏感性越强[⑦]。Beck（2003）认为越依赖外部融资的行业，一国金融部门发展水平越高，该行业的出口份额和贸易盈余也越多。他对1980—1989年墨西哥和韩国的陶器和塑料制品行业进行比较分析后，发现墨西哥私人部门通过金融市场获得的信贷投资占 GDP 的比重约为12%，但韩国的这一指标达到66%。陶器是一个较少使用外部融资的行业，但塑料制品却严重依赖外部融资，所以1980—

① Beck T. 2003. “Financial Dependence and International Trade” Review of International Economics, 11 (2): 296 - 316.

② Manavo K. 2007, “Credit constraints, heterogeneous firms and international trade”, Mimeo, Stanford University.

③ Hellman T. K. Murdock and J. Stigliz, 2000, “Liberalization, Moral Hazard in Banking, and Prudential Regulation: Are Capital Requirements Enough?”, The American Economic Review, 90 (1): 147 - 165.

④ Beck T. 2002, “Financial Development and International Trade: Is There a Link?”, Journal of International Economics, 57 (1): 107 - 131.

⑤ Svaleryd H. and J. Vlachos. 2005. “Financial markets, the pattern of industrial specialization and comparative advantage: Evidence from OECD countries.” European Economic Review, 49 (1): 113 - 144.

⑥ Wolde - Rufael Y. 2009. “Re - examining the financial development and economic growth nexus in Kenya.” Economic Modelling, 26 (6): 1140 - 1146.

⑦ Svaleryd H. and J. Vlachos. 2005. “Financial markets, the pattern of industrial specialization and comparative advantage: Evidence from OECD countries.” European Economic Review, 49 (1): 113 - 144.

1989 年间墨西哥在塑料制品行业的贸易盈余要比陶器低 0.05 个百分点，但同期韩国在塑料制品行业的贸易盈余比陶器高出 0.29 个百分点[①]。也就是说，对于更多依赖外部融资的行业而言，金融市场发展更好的国家，这些行业的出口份额和贸易盈余也更大。

Kletzer and Bardhan（1987）在 H－O 模型中引入金融部门后[②]，发现金融部门的发展，能够显著提升一个国家密集（主要依靠）使用外部融资行业的比较优势。他们沿用 H－O 模型的 2×2×2 分析方法，假定两部门只使用土地和劳动两种要素，但其中一个部门需要外部融资以提供生产资本。他们表示如果一国在这个部门具有更低程度的融资约束，那么该部门就会使用外部融资机会进行专业化生产，则该国在密集使用外部融资的部门上具有比较优势。如果一国或因为外部融资价格更高，或因为信贷配给的原因，导致该部门具有相对较高程度的融资约束时，那么这个国家将在不需要生产资本的部门上进行专业化生产，即在不需要外部融资的部门上具有比较优势。中国金融发展也具有类似效果，包群、阳佳余（2008）认为金融发展水平是影响中国工业制成品比较优势的重要变量[③]，包群、张雅楠（2010）还认为区域金融发展水平对中国高技术产品出口比较优势的形成有重要作用[④]。

3. 从企业角度看，向一个新市场出口或者出口一种新产品需要支付沉淀成本。当外部金融越容易获得后，企业参与出口活动的概率也就越高。国外实证文献也验证了金融发展促进企业出口的作用，如 Campa and Shaver（2002）使用西班牙企业数据[⑤]、Greenaway et al（2007）[⑥]和

① Beck T. 2003. "Financial Dependence and International Trade" Review of International Economics, 11（2）：296－316.

② Kletzer K. h and P. Bardhan. 1987. "Credit Markets and Patterns of International Trade." Journal of Development Economics, 27（1－2）：57－70.

③ 包群、阳佳余，2008：《金融发展影响了中国工业制成品出口的比较优势吗?》，《世界经济》第 3 期。

④ 包群、张雅楠，2010：《金融发展、比较优势与我国高技术产品的出口》，《国际金融研究》第 11 期。

⑤ Campa J. and J. Shaver. 2002. "Exporting and Capital Investment：On the Strategic Behavior of Exporters." IESE Business School Research Paper No. 469.

⑥ Greenaway D., Guariglia A. and R. Kneller. 2007. "Financial factors and exporting decisions." Journal of International Economics, 73（2）：377－395.

Bridges and Guariglia (2008)[①] 使用英国企业数据、Muûls (2008) 使用比利时企业数据[②]、Manole and Spatareanu (2010) 使用捷克企业数据[③]等。金融发展是否也影响中国企业的出口，同样引起了学者们的关注，但结论有些不同。一些学者认为中国金融发展能缓解出口企业的融资约束，起到扩大出口的作用，如 Du and Grirma (2007)[④]、孟夏和陈磊 (2012)[⑤]、陈磊和宋丽丽 (2011)[⑥]、姚耀军 (2010)[⑦]、孙灵燕和崔喜君 (2011)[⑧]、Manova et al (2011)[⑨] 等。然而，另一些学者却认为中国金融改革和创新力度不足，金融发展还未能起到促进企业出口的作用，相反，企业融资约束限制了它们参与国际市场，如于洪霞等 (2011)[⑩]、孙灵燕和李荣林 (2011)[⑪]、戴金平和袁其刚 (2010)[⑫] 等。

二、银行融资与企业出口

在融资约束与企业出口文献中，有一类专门检验银行融资对企业出口的影响。这是因为在资本市场不发达的国家中，企业尤其是中小企业向银

① Bridges S. and A. Guariglia, 2008, "Financial Constraints, Global Engagement, and Firm Survival in the UK: Evidence from Micro Data", Scottish Journal of Political Economy, 55 (4): 444 464.

② Muûls M. 2008. "Exporters and Credit Constraints: A Firm - level Approach." NBER Working Paper, No. 139.

③ Manole V. and M. Spatareanu, 2010, "Exporting, Capital Investment and Financial Constraints", LICOS Discussion Paper Series, discussion paper, No. 252.

④ Du J. and S. Girma, 2007, "Finance and Firm Export in China", Brookings Kyklos, 60 (1): 37 - 54.

⑤ 孟夏、陈磊，2012：《金融发展、FDI 与中国制造业出口绩效——基于新新贸易理论的实证分析》，《经济评论》第 1 期。

⑥ 陈磊、宋丽丽，2011：《金融发展与制造业出口的二元边际——基于新新贸易理论的实证分析》，《南开经济研究》第 4 期。

⑦ 姚耀军，2010：《金融发展对出口贸易规模与结构的影响》，《财经科学》第 4 期。

⑧ 孙灵燕、崔喜君，2011：《FDI、融资约束与民营企业出口——基于中国企业层面数据的经验分析》，《世界经济研究》第 1 期。

⑨ Manova K., Wei S. J. and Z. Zhang. 2011. "Firm exports and multinational activity under credit constraints." NBER Working Paper No. 16905.

⑩ 于洪霞、龚六堂、陈玉宇，2011：《出口固定成本融资约束与企业出口行为》，《经济研究》第 4 期。

⑪ 孙灵燕、李荣林，2011：《融资约束限制中国企业出口参与吗?》，《经济学季刊》第 1 期。

⑫ 戴金平、袁其刚，2010：《金融压抑对出口企业影响的实证分析——基于上市企业研究》，《国际贸易问题》第 7 期。

行融资，是解决融资约束的主要途径。如同文献在理论上研究银行信贷约束制约企业决策和动态发展的作用一样（Bernanke and Gertler，1990①；Clementi and Hopenhayn，2006②），越来越多的文献意识到银行融资对企业国际化的重要作用，并表示出口企业更容易受到信贷不完全的影响。

Manova（2010）③ 首先将信贷约束融入 Melitz（2003）④ 的理论模型中，用以分析信贷约束对企业出口决定的影响。类似 Chenay（2005）⑤ 的结论，Manova 也认为企业进入国际市场需提前支付相当规模的固定沉淀成本，潜在出口企业必须拥有足够资金。当企业自身资金不足时，需要向银行部门寻求融资。由于银行部门难以收集外国市场的信息，所以潜在出口企业不能对信贷投资者许诺出口带来的投资回报。因此，银行部门出于对信贷风险的控制，一般不愿意将资金借给这些企业，以相信它们会在出口市场中获利。企业在外国市场销售产品时，银行执行与借款企业之间的国际交易合同也会受到限制，毕竟国内市场中借款者和贷款者之间关系的法律和规定与出口市场所在国家不同。

许多文献已经表明，上述信息不对称与委托代理问题带来的信贷融资约束，已经对企业的投资活动产生不利影响（Fazzari et al，1988⑥；Carpenter et al，1998⑦；Nickell and Nicolitsas，1999⑧；Benito and Hernando，

---

① Bernanke B. and M. Gertler. 1990. "Financial fragility and economic performance." Quarterly Journal of Economics，105（1）：87－114.

② Clementi G. and H. Hopenhayn. 2006. "A theory of financing constraints and firm dynamics." Quarterly Journal of Economics，121（1）：229－265.

③ Manova K. 2010. "Credit Constraints，Heterogeneous Firms，and International Trade." Mimeo，Stanford University.

④ Melitz M. 2003. "The impact of trade on intra－industry reallocations and aggregate industry productivity." Econometrica，71（6）：1695－1725.

⑤ Chaney T. 2005. "Liquidity Constrained Exporters." Mimeo，Massachusetts Institute of Technology，2005.

⑥ Fazzari S.，R. Hubbard and B. Petersen，1988，"Financing Constraints and Corporate Investment"，Brooking Paper on Economic Activity，19（1）：141－195.

⑦ Carpenter R. E.，Fazzari S. M. and B. C. Petersen. 1998. "Financing Constraints and Inventory Investment：A Comparative Study with High－frequency Panel Data." Review of Economics and Statistics，80（4）：513－519.

⑧ Nickell S. and D. Nicolitsas. 1999. "How does Financial Pressure Affect Firms?" European Economic Review，43（6）：1435－1456.

2007[①])。这些研究基于这样一种事实，具有融资约束的企业很难获得银行外援性融资。因为不能选择最优的资本结构，企业在现实生产活动中也不能进行最优投资，受融资约束的企业势必会损失部分可获利投资的机会，损害企业的最优资源配置，从而不利于企业生产率的提高（Bernanke and Gertler，1990[②]；Clementi and Hopenhayn，2006[③]；Antràs and Caballero，2010[④]）。

近来，一些微观层面的研究已经间接给出了银行信贷约束对企业国际贸易的影响效应。使用负债资产比或利息支付等代理变量后，Muûls（2008）对比利时制造业企业进行分析后，发现银行信贷资金越少的企业越不可能出口，受银行信贷约束的企业，出口额也更少[⑤]。使用中国企业数据，Manova et al（2011）认为对于严重依赖外部融资的部门而言，外资企业和联营企业比中国民营企业有更好的出口表现。他们的结论似乎预示着银行信贷约束制约了中国企业出口，且外资企业能够从母公司中获得外部资金，可以有效克服这种信贷约束的不利影响[⑥]。类似的还有，韩剑、王静（2012）以2003—2007年工业企业数据为基础，将企业融资划分为内部融资、银行贷款融资和商业信用融资后，认为银行贷款约束构成了中国企业参与国际市场的障碍[⑦]；林玲等（2009）进一步指出本土企业难以从正规银行金融体系中获取充分的融资支持，抑制了出口绩效的持续增进[⑧]。

---

① Benito A. and I. Hernando. 2007. "Firm Behavior and Financial Pressure: Evidence from Spanish Panel Data." Bulletin of Economic Research, 59 (4): 283 - 311.

② Bernanke B. and M. Gertler. 1990. "Financial fragility and economic performance." Quarterly Journal of Economics, 105 (1): 87 - 114.

③ Clementi G. and H. Hopenhayn. 2006. "A theory of financing constraints and firm dynamics." Quarterly Journal of Economics, 121 (1): 229 - 265.

④ Antràs P. and R. J. Caballero. 2010. "On The Role Of Financial Frictions And The Saving Rate During Trade Liberalizions." Journal of the European Economic Association, 8 (2/3): 442 - 455.

⑤ Muûls M. 2008. "Exporters and Credit Constraints: A Firm - level Approach." NBER Working Paper, No. 139.

⑥ Manova K., Wei S. J. and Z. Zhang. 2011. "Firm exports and multinational activity under credit constraints." NBER Working Paper No. 16905.

⑦ 韩剑、王静，2012：《中国本土企业为何舍近求远：基于金融信贷约束的解释》，《世界经济》第1期。

⑧ 林玲、李江冰、李青原，2009：《金融发展、融资约束与中国本土企业出口绩效——基于省际面板数据的经验研究》，《世界经济研究》第4期。

不过也有学者指出，使用负债资产比和（或）银行依存比（Bank Dependency Ratio）等代理变量分析融资约束对企业出口的作用，可能产生误导。这是因为企业在更容易获得融资的条件下，作为高度依赖融资便利的结果，将导致企业具有较高的负债资产比或银行依赖比问题。实际上，正如已有文献指出的那样（Abel and Eberly，2011①；Gomes，2001②），这些变量与企业未来盈利能力高度相关，高负债资产比或银行依存比的企业，实际上并不一定是存在融资约束的企业。他们建议直接使用企业和借款银行之间的匹配数据，分析融资的供给与需求方面的因素，以及它们对企业出口的影响。假定富有效率的银行具备甄别、检测企业国际竞争力的能力，也能对企业出口提供有效的管理建议，那么与这些高效率银行相联系的企业，应该具有更少的融资约束，也能较为便利地获得银行融资支付进入国际市场的沉淀成本，获取更好的机会进入海外市场。在使用1997—2008年日本企业数据（BSBSA）进行分析，Inui et al（2012）发现银行融资效率有助于企业参与出口，但对企业持续出口的作用没有帮助③。这意味着银行效率主要是有助于企业克服出口的固定沉淀成本，以促进企业出口的作用，但对可变成本的作用不大。

受此启发，一些贸易经济学家开始直接使用银行与企业的调查数据，分析银行融资对企业出口的促进作用。Bartoli et al（2012）使用2001年意大利银行集团UniCredit提供的6000家企业数据后，发现企业获得银行融资支持后，提高了企业参与出口市场的意愿。与没有得到银行融资的企业相比，银行融资支持企业出口的作用提高了5.8%④。

从改革开放以来，中国被认为金融体系远远落后于经济快速发展的需要。很多研究结果表明中国资本要素的分配和使用是低效率的（Boyreau－Debray，2003⑤）。文献大多认为造成中国金融体系效率低下的原因有

---

① Abel A. B. and J. C. Eberly. 2011. "How Q and Cash Flow Affect Investment without Frictions: An Enalytic Explanation." Review of Economic Studies. 78 (4): 1179－1200.

② Gomes J. F. 2001. "Financing Investment," American Economic Review 91, pp. 1263－1285.

③ Inui T., Miyakawa D. and Shoji K. 2012. "Bank Efficiency and Client Firms' Export Behavior: Evidence from Firm－Bank Match－Level Data." March 2012, mimeo.

④ Bartoli F., Ferri G., Murro, P. and Rotondi, Z. 2012. "Bank Support and Export: Evidence from Small Italian Firms." SERIES Working Paper No. 42.

⑤ Boyreau－Debray G. 2003. "Financial intermediation and growth: Chinese style'. World Bank Policy Research Working Paper No. 3027.

以下两点：一是大部分银行部门始终保持了国有控股的主导地位，行政干预的低效常常会导致银行信贷资源分配的扭曲（Dollar and Wei，2007[①]）；二是金融市场发展的相对滞后，使得企业难以获得可替代的融资资源（Li et al，2008[②]）。

然而，自20世纪中期以来，中国经济取得了令人瞩目的增长（约10%的年增长率），而企业出口部门的增长速度更快（年均约25%的增长速度），似乎在不断挑战被广泛接受的观点，即一个功能全面的金融部门是经济增长不可缺少的组成部分（Levine，2005[③]），尤其是对于出口部门的发展（Manova，2008[④]）。关于中国经济增长和出口贸易发展，一种观点认为金融部门的扭曲对经济增长仍然有负向作用。如果中国有一个更为开放和以市场主导的资本分配体系，中国经济增长和出口贸易发展速度应该比观测到的更高（Boyreau - Debray，2003[⑤]；Guariglia and Poncet，2008[⑥]）。

另一种观点认为中国非正规金融机构作为一种替代机制，能够缓解正规金融体系的不足（Guariglia et al，2011[⑦]）。这些文献提出中国不同所有制企业的信贷约束存在很大差距，且外资企业比民营企业有更好的信贷条件。因此，他们认为FDI作为国内金融体系不健全的补偿组成部分，减轻了金融发展相对滞后对出口贸易的负面影响。Jarreau and Poncet（2011）使用1997—2007年中国民营企业与外资企业的出口贸易数据，发现外资企业与民营企业的出口比例在金融依赖部门中达到75%，而其他部门只

---

① Dollar D. and S. Wei. 2007. "（Das wasted）kapital: Firm ownership and investment efficiency in China." NBER working paper, No. 1303.

② Li H., Meng L., Wang Q. and L. Zhou. 2008. "Political connections, financing and firm performance: Evidence from Chinese private firms." Journal of Development Economics, 87（2）: 283 - 299.

③ Levine R. 2005. "Finance and Growth: Theory and Evidence." Aghion P., Durlauf S.,（Eds）, Handbook of Economic Growth, Elsevier Science, The Netherlands.

④ Manova K. 2008. "Credit Constraints, Heterogeneous Firms and International Trade." NBER Working Paper No. 14531.

⑤ Boyreau - Debray G. 2003. "Financial intermediation and growth: Chinese style'. World Bank Policy Research Working Paper No. 3027.

⑥ Guariglia A. and S. Poncet. 2008. "Could financial distortions be no impediment to economic growth after all? Evidence from China." Journal of Comparative Economics, 36（4）: 633 - 657.

⑦ Guariglia A., Liu X. and L. Song. 2011. "Internal Finance and Growth: Microeconometric Evidence on Chinese Firms." Journal of Development Economics, 96（1）: 79 - 94.

有 25%[1]。这意味着金融体系的不完善限制了民营企业进入出口市场的能力，而外资企业由于其能从母公司中获得资金，从而能更容易克服出口市场的沉淀成本，出口绩效也表现的更好。类似的还有，Manova et al（2011）使用 2005 年中国企业层面的出口数据，发现外资企业比国内民营企业所受到的融资约束更小，从而更容易出口[2]。他们将这一发现解释为：存在一种信贷约束影响中国企业出口行为的因果联系。

受数据限制，获取有关中国企业的银行直接融资资料还较为匮乏，进而实证检验银行融资作用企业出口的相关文献仍较少出现。

第四节

融资约束对出口贸易结构与经常项目的影响

一、集约边际与扩展边际

在新贸易理论基础上，Chaney（2008）[3] 在 Melitz（2003）[4] 模型中引入企业生产率的 Pareto 分布和进入市场的固定企业数量，建立了一个包含集约边际和扩展边际的引力模型。使用企业的自由进入市场条件代替企业数量固定，Arkolakis et al（2008）也得出同样的引力模型[5]。在他们的模型中，扩展边际是指新进入出口市场的企业数量增加，而集约边际指国际市场老企业出口量的增长。不少实证文献已经发现许多国家或地区的出

① Jarreau J. and S. Poncet. 2011. "Export Performance and Credit Constraints in China." October 27, 2011, mimeo.

② Manova K., Wei S. J. and Z. Zhang. 2011. "Firm exports and multinational activity under credit constraints." NBER Working Paper No. 16905.

③ Chaney T. 2008. "Distorted Gravity: The Intensive and Extensive Margins of International Trade." American Economic Review, 98 (4): 1707 - 1721.

④ Melitz M. 2003. "The impact of trade on intra - industry reallocations and aggregate industry productivity." Econometrica, 71 (6): 1695 - 1725.

⑤ Arkolakis C., S. Demidova., P. Klenow. and A. Rodríguez - Clare, "Endogenous Variety and the Gains from Trade", American Economic Review, 2008, 98 (2), 444 - 450.

口增长主要沿集约边际和扩展边际调整的事实，如 Amurgo – Pacheco and Pierola（2008）选择了 1990—2005 年 24 个发达国家和发展中国家的样本①、Amiti and Freund（2007）对中国出口增长②、Frensch（2010）对欧洲新兴经济体国家③、Kang（2004）对韩国和中国台湾④、Hillberry and McDaniel（2002）对 NAFTA 中墨西哥和美国出口增长的研究⑤等。类似的还有钱学锋（2008）⑥、钱学锋和熊平（2010）⑦、项松林（2011b）⑧、项松林（2014）⑨ 等文献。

虽然 Manova（2008）⑩ 和 Chaney（2005）⑪ 同时表达融资约束制约企业出口的观点，但他们就融资约束是制约出口企业数量增加还是制约企业出口量增长的问题，还存在细微区别。Manova 假定企业必须借助外部融资才能支付出口市场的沉淀成本，因为生产率更高的企业能够获得更高的利润，也能给外部融资的投资者提供更大回报，这些企业一般很少受到融资约束影响，从而更容易出口。Chaney 的研究方法与此不同，他假定企业必须使用国内销售的现金流支付进入国际市场的沉淀成本。由于生产率更高的企业能够从国内销售中产生更大的现金流，这些企业一般很少发生流动性约束，所以出口也更容易。因此，Manova 和 Chaney 提供了一个关于企业出口的共同的预测结论：缓解潜在出口企业的融资约束，有助于提高出口增长的扩展边际；受融资约束的企业，其参与出口的可能性

---

① Arkolakis C.，S. Demidova.，P. Klenow. and A. Rodríguez – Clare，"Endogenous Variety and the Gains from Trade"，American Economic Review，2008，98（2），444 – 450.

② Amiti M. and C. Freund. 2007. "An Anatomy of China' s Trade Growth." IMF Working Paper.

③ Frensch R. 2010. "Trade Liberalization and Import Margins." Emerging Markets Finance and Trade，46（3）：4 – 22.

④ Kang K. 2004. "The Path of the Extensive Margin（Export Variety）：Theory and Evidence." University of California，Davis Working Paper，mimeo.

⑤ Hillberry R. H. and C. A. McDaniel. 2002. "A Decomposition of North American Trade Growth since NAFTA." US International Trade Commission Working Paper，2002 – 12 – A.

⑥ 钱学锋，2008：《企业异质性、贸易成本与中国出口增长的二元边际》，《管理世界》第 9 期。

⑦ 钱学锋、熊平，2010：《中国出口增长的二元边际及其因素决定》，《经济研究》第 1 期。

⑧ 项松林，2011b：《异质性企业、结构转型与稳定出口》，《经济评论》第 4 期。

⑨ 项松林、赵曙东、魏浩，2014：《农业剩余劳动力转移与发展中国家出口贸易结构：理论与中国经验研究》，《世界经济》第 3 期。

⑩ Manova K. 2008. "Credit Constraints，Heterogeneous Firms and International Trade." NBER Working Paper No. 14531.

⑪ Chaney T. 2005. "Liquidity Constrained Exporters." Mimeo，Massachusetts Institute of Technology，2005.

更小。

虽然 Manova 和 Chaney 在出口增长的扩展边际问题上表达了共同的观点，但他们对集约边际有不同论断。Manova 认为融资约束会抑制老企业的出口量，但 Chaney 认为融资约束对企业的出口额没有影响。产生这两种不同预测结论的根源是：企业融资是否用于支付生产的可变成本。Manova 认为企业必须使用外部融资支付与出口有关的可变生产成本。她表示某些中等生产率的企业不是因为在出口市场不能获利而减少出口，而是因为如果这些企业利用外部融资实现出口后，生产扩大带来的可变生产成本也将增加。这些企业由于不能获得足够的收入支付给融资提供方，自愿将出口额降低到最优水平以下，以减少对外部融资的需求。因此，融资成本压力促使老出口企业在自有资金存在约束的条件下，抑制出口量的增长。在 Chaney 的模型中，融资约束仅制约企业的出口条件，出口量的大小完全由企业生产率决定。他认为企业从融资活动中收集足够资金，以便支付进入出口市场的沉淀成本。至于出口扩大后的可变生产成本增加问题，企业既可以使用销售收入增加后的自有资金，也可以求助于外国贸易信贷投资商的资金，覆盖这些成本。因此，Manova 和 Chaney 就融资约束与出口增长的集约边际之间的关系，存在不同观点。前者认为融资约束会制约企业的出口量，后者认为融资约束对企业出口量的影响是中性的。

实证检验上，融资约束制约出口增长扩展边际的结论较为一致。Minetti、Murro and Zhu（2012）使用意大利企业数据后发现，具有融资约束的企业，其参与出口的概率比没有融资约束的企业低 39%①。Berman and Héricourt（2010）通过对包括中国在内的 9 个发展中国家和新兴市场国家的 5000 家企业进行分析后，也发现融资约束制约了企业参与出口活动，缓解企业融资约束有助于提高出口增长中扩展边际的作用②。Bellone et al（2010）使用法国制造业企业的大规模数据后，发现更容易获得融资的企业，更容易进入国际市场，且进入国际市场的时间也缩短了③。Inui et al

① Minetti R., Murro, P. and S. C. Zhu. 2012. "Corporate Governance and Firm Internationalization." Michigan State University, mimeo.

② Berman N. and J. Héricourt. 2010. "Financial factors and the margins of trade: evidence from cross - country firm - level data." Journal of Development Economics, 93 (2): 206 - 217.

③ Bellone F., P. Musso, L. Nesta and S. Schiavo. 2010. "Financial Constraints and Firm Export Behaviour." World Economy, 33 (3): 347 - 373.

（2012）从银行融资角度出发，发现当借款银行更有效率后，企业更愿意出口①。Manole et al（2010）使用捷克共和国的365家出口企业数据后，发现企业实际现金流越高，融资约束越少，它们更倾向于进入出口市场②。类似的还有，Harrison and McMillan（2003）对象牙海岸国家的企业③、Héricourt and Poncet（2009）对中国企业的研究④等。所有这些研究都同意融资约束负向影响扩展边际。但是，也有研究文献提出了一些相反结论。例如，Stiebale（2011）使用AMADEUS数据库中的法国制造业企业数据后，发现融资促进企业参与出口市场的作用在控制企业生产率和规模的作用后消失了⑤。他们强调金融促进企业生产率创新和提高的作用，要比解决融资约束更强。

与扩展边际相对一致的经验文献不同，集约边际的实证文献存在较大差异。同样使用4680家意大利制造业企业数据，Minetti、Murro and Zhu（2012）发现在控制生产率等其他有关影响集约边际的变量后，企业融资越大，出口的边际利润越少，出口与非出口企业之间的利润差异达到39%⑥。他们同样发现这种机制表现在高度依赖外部融资的企业（即高技术企业）更为明显，说明融资约束同样制约了企业出口量的增长。但Berman and Héricourt（2010）通过对发展中国家和新兴市场国家的一些企业样本进行分析后，认为融资约束只对企业进入出口市场起作用，对出口额没有影响⑦。Inui et al（2012）使用日本企业出口数据后，发现融资约

---

① Inui T.，Miyakawa D. and Shoji K. 2012. "Bank Efficiency and Client Firms' Export Behavior: Evidence from Firm－Bank Match－Level Data." March 2012，mimeo.

② Manole V. and M. Spatareanu，2010，"Exporting，Capital Investment and Financial Constraints"，LICOS Discussion Paper Series，discussion paper，No. 252.

③ Harrison A. and M. McMillan. 2003. "Does direct foreign investment affect domestic firm credit constraints?" Journal of International Economics，61（1）：73－100.

④ Héricourt J. and S. Poncet. 2009. "FDI and credit constraints：firm level evidence in China." Economic Systems，33（1）：1－21.

⑤ Stiebale J. 2011. "Do Financial Constraints Matter for Foreign Market Entry? A Firm－level Examination." World Economy，34（1）：123－153.

⑥ Minetti R.，Murro P. and S. C. Zhu. 2012. "Corporate Governance and Firm Internationalization." Michigan State University，mimeo.

⑦ Berman N. and J. Héricourt. 2010. "Financial factors and the margins of trade：evidence from cross－country firm－level data." Journal of Development Economics，93（2）：206－217.

束促进企业持续出口的作用并不显著①。他们将这个现象解释为融资约束只对企业初始出口的沉淀成本有关，对持续出口的作用不大。Buch et al (2009) 使用德国的跨国公司数据后，也发现融资约束并不影响企业的海外销售，尽管海外分支企业也会遇到融资约束的问题②。他们认为一旦企业开始出口后，国内市场的融资约束对于企业出口来说不是问题。Muûls (2008) 也认为融资约束不是企业建立海外分支机构的重要问题，尽管进入出口市场本身受生产率和融资约束的影响③。他们认为国内金融市场扭曲的重要性，在企业开始建立海外分支机构后变得越来越小，这些融资约束更可能影响海外分支机构的现金流。由此可见，融资约束是否制约集约边际还存在争论，不同国家的情况也有所不同。

二、J 曲线效应与经常项目调整

本国货币贬值后，经常项目收支状况反而会比原先恶化，出现进口增加而出口减少的情况。这一变化被贸易经济学家称为“J 曲线效应”。其形成原因在于消费和生产活动在短期内的“粘性作用”。相对汇率变化，消费者和生产者都需要一定时间来调整自己的消费和生产行为。“时滞效应”使得一国进口和出口贸易量在短期内不会发生明显变化，但由于本币贬值后，以外币计价的出口收入相对减少，以本币计价的出口支出相对增加，从而造成经常项目收支出现逆差增加或顺差减少的情况。经过一段时间调整后，对外贸易开始出现进口减少、出口增加的情况。当本币贬值带来的贸易量变化大于价格变化后，国际收支状况开始向有利方向发展，最终使经常项目收支状况得到根本性改善，以恢复两国间的贸易平衡。经常项目的这一调整过程视不同国家具体情况而定，通常需要经历数月甚至一两年的时间。

然而，现有文献几乎很难观察到这种汇率波动对贸易流量的影响。例如，欧元区成立以来，欧元兑美元的汇率已经经历了较大幅度波动，但是

① Inui T., Miyakawa D. and Shoji K. 2012. “Bank Efficiency and Client Firms' Export Behavior: Evidence from Firm - Bank Match - Level Data.” March 2012, mimeo.

② Buch C. M., Kesternich I. Lipponer A. and M. Schnitzer. 2009. “Financial Constraints and the Margins of FDI.” University of Munich Discussion Paper No. 2009 - 17.

③ Muûls M. 2008. “Exporters and Credit Constraints: A Firm - level Approach.” NBER Working Paper, No. 139.

欧洲与美国之间的贸易模式基本没有发生任何系统性影响。美元对大多数贸易伙伴国的持续性贬值，也没有减少美国持续性的贸易赤字。相反，美元贬值后，相对便宜的国内价格使得许多外国企业开始进入美国市场。类似的，不少中等收入国家在本国货币大规模贬值后，经常项目的失衡问题也没有改善。本币贬值没有将国家间双边贸易调整到平衡状态，说明存在某种因素制约了汇率波动对经常项目调整的作用。除非本书假定造成贸易调整的商品需求都是完全无弹性的，这显然与现实情况不符。

Chaney（2005）推测扩展边际是协调上述汇率波动与贸易平衡之间矛盾关系的关键。在出口市场存在沉淀成本和企业融资约束条件下，虽然有些企业可以从出口活动中获利，但由于不能获得充足资金对这些沉淀成本进行投资，阻碍了它们进入国际市场①。因此，只有那些生产率足够高且在国内销售中获得足够资金的企业，才能成功出口。如果本国货币升值，已经出口的企业必将失去部分竞争优势，从而减少出口量。出口企业减少国外市场的份额，符合传统竞争性国际贸易理论。但是，本币升值也意味着国内资产相对国外出现了升值。这种升值效应将导致一些原本由于存在融资约束不能进入出口市场的企业，因为国内资产价值的升值，缓解了它们的资金限制，从而成功出口。因此，本币升值后，虽然出口增长的集约边际会下降，但扩展边际将提高，意味着该国的总出口应该没有太大影响。如果两国双边贸易商品存在较大差异性（替代弹性不大），一国汇率升值虽然降低了已有企业的出口量，但新企业开始出口将部分抵消该国总出口减少的作用。当扩展边际正向作用超过集约边际的负向影响后，一国总出口甚至会在本币升值后出现增加的情况。换句话说，存在企业异质性和融资约束条件下，扩展边际使得一国经常项目调整不完全等同于汇率波动理论。汇率升值后，一些企业受其国内资产增加的支持，进入出口市场。这种新增加的出口企业，扩大了该国贸易增长的扩展边际，抵消了现有出口商出口规模的减少（即出口的集约边际减少）。

如果一国企业更容易获得外部融资（金融市场的深化），或者更多企业能获得更为便宜的外部融资（金融市场的广化），将有助于它们克服国际市场沉淀成本的障碍，促进越来越多的企业参与国际贸易，总出口随之

① Chaney T. 2005. "Liquidity Constrained Exporters." Mimeo, Massachusetts Institute of Technology, 2005.

扩大。虽然 Chenay 始终强调深化或扩大金融市场有助于总出口的增长，但他并不认为金融市场的发展一定能促进经常账户的稳定或加速其不稳定，因为企业的融资约束问题在金融市场发展状况不同的国家具有不同效应。不过有一种情况可以肯定，即金融市场完善的国家，其出口比金融市场不完善的国家更容易波动。这是因为在金融市场不完善的国家中，将有不少企业因为融资约束而不能出口。如果本币出现升值，资产的升值效应促进部分受融资约束的企业开始出口。于是，这些新出口企业将会减少汇率波动对现有出口企业的负面影响，缓解总出口增长的波动。但在金融市场完善的国家中，企业一般不存在融资约束，本币升值促进新企业出口的作用很小。也就是说，如果没有企业存在融资约束的话，汇率波动缓冲总出口波动的通道就不存在了。因此，金融市场发育完善的国家，总出口响应汇率变动的速度更加迅速。从这个角度上看，Chenay 就金融发展、J 曲线效应与经常项目调整之间关系，提供了一个有趣视角。

扩展边际在贸易调整中的作用已在 Krugman（1980）的开创性研究中得到了体现①。从微观实证视角看，大部分贸易总量的调整来源于出口市场中的企业进入和退出。Eaton et al（2011）对法国出口数据进行分解后，表示法国出口总量的波动中，大部分是由出口企业数量变动引起的，而不是每个企业的出口量的多寡②。Helpman et al（2007）使用零点贸易矩阵（两国中没有企业发生贸易）来推断贸易的扩展边际信息，并从中估计国家间的贸易壁垒的大小③。Broda and Weinstein（2004）使用美国高位码进口数据，得出进口总量的调整非常接近于向美国出口的企业数量。他们扩展了 Krugman 的双边贸易流量模型，指出在过去 30 年里，进口贸易提供给美国消费者的外国商品品种数量增加了 4 倍，且扩展边际可以解释每年占 GDP 百分之三的贸易福利改善④。

与新贸易理论不同，新一新贸易理论强调每个企业出口量的多少（集约边际）和有多少企业出口（扩展边际）同等重要，但贸易总量调整

---

① Krugman P. 1980. “Scale Economies, Product Differentiation, and the Pattern of Trade”, American Economic Review, 70 (5): 950 – 959.

② Eaton J., Kortum S. and F. Kramarz. 2011. “An Anatomy of International Trade: Evidence from French Firms.” American Economics Review, Econometrica, 79 (5): 1453 – 1498.

③ Helpman E., Melitz M. and Y. Rubinstein. 2007. “Estimating Trade Flows: Trading Partners and Trading Volumes.” NBER Working Paper No. 12927.

④ Broda C. and D. E. Weinstein. 2004. “Globalization and the Gains from Variety.” Federal Reserve Bank of New York, Mimeo.

中企业进入和退出出口市场更为重要。Ruhl（2003）使用新—新贸易理论分析框架，认为扩展边际可以解释贸易壁垒的短期弹性与长期弹性之间差异的问题。Ruhl 发现当汇率向均值高频变化时，将会触发扩展边际对贸易总量的反向调整，这可以解释为什么汇率似乎对总贸易流量没有太大影响的原因①。Chaney（2005）解释贸易总量调整相应汇率变动较为温和的原因是：首先，出口市场中企业进入和退出的几乎同时发生；其次，当汇率升值时，一些现有出口企业将在国外市场的竞争中处于劣势，从而停止出口；最后，但几乎同时，以外币表示的国美资产将会增加，从而使得原来融资约束且不能出口企业开始出口②。所以，集约边际和扩展边际对出口增长的净效应应该是温和的。在某种条件下，实际汇率升值即使导致某国失去贸易竞争力，也可能导致该国出口总量的实际增长。

Becker et al（2013）更是从微观角度分析金融发展水平对 J 曲线和经常项目调整的影响③。他们认为企业向一个新市场出口或者出口一种新产品需要支付新的沉淀成本，因此新出口企业需要资金用来支付这些成本。当外部金融越容易获得后，出口对货币贬值的响应程度也越高。当经常账户处于逆差的情况下，减少新出口企业进入国外市场的资金约束，将会对出口增长有积极作用。如果新企业进入出口市场的条件越困难，保持现有企业的出口状态也对稳定出口有积极作用。正因为如此，他们预期一国金融发展将在集约边际和扩展边际两个方向上，促进经常项目调整应对汇率波动的变化，且金融发展水平越高的国家，其经常项目响应汇率变动的速度更快。例如，如果日元对英镑相对升值，虽然巴西和土耳其对日本的出口增长比英国高，但这种经常项目的调整速度在巴西更快，因为巴西相对土耳其的金融发展水平更高。Desai et al（2008）对美国 1991—1999 年贸易动态调整的分析结论④，也与此类似。

---

① Ruhl K. 2003. "Solving the Elasticity Puzzle in International Economics." University of Minnesota, Mimeo. Schumpeter, J. A. 1942. "Capitalism, Socialism and Democracy." Unwin, London.

② Chaney T. 2005. "Liquidity Constrained Exporters." Mimeo, Massachusetts Institute of Technology, 2005.

③ Becker B., Chen J. and D. Greenberg. 2013. "Financial Development, Fixed Costs, and International Trade." Review of Corporate Finance Studies, 2 (1): 1-28.

④ Desai M., C. F. Foley and K. J. Forbes. 2008. "Financial constraints and growth: Multinational and local firm responses to currency depreciations." Review of Financial Studies, 21 (6): 2857-2888.

第五节

小　结

自融资异质性概念提出之后，吸引了一大批一线贸易经济学家参与讨论。在无论是发达国家还是发展中国家或新兴市场国家的企业样本中，大多数实证研究文献已经发现了融资约束制约企业参与出口的证据。这些文献的一个共同特点是：加快国内金融市场发展，缓解潜在出口企业的融资约束，可以增加它们对出口市场沉淀成本的投资，促进国际贸易更好发展。虽然融资约束制约微观企业的固定资产投资、研发、就业和增长等问题早已得到了广泛关注（Fazzari et al，1988①；Nickell and Nicolitsas，1999②；Brown et al，2009③），但新近发展起来的融资异质性与企业出口理论，还是给现有国际贸易理论注入了新的活力，提高了理论解释现实贸易数据的能力（Bellone et al，2010④；Campello et al，2010⑤；Bellone et al，2010⑥；Amiti and Weinstein，2011⑦；Paravisini et al，2011⑧）。

---

① Fazzari S.，R. Hubbard and B. Petersen，1988，"Financing Constraints and Corporate Investment"，Brooking Paper on Economic Activity，19（1）：141－195.

② Nickell S. and D. Nicolitsas. 1999. "How does Financial Pressure Affect Firms?" European Economic Review，43（6）：1435－1456.

③ Brown J. R.，Fazzari S. M. and B. C. Petersen. 2009. "Financing Innovation and Growth：Cash Flow，External Equity and the 1990s R&D Boom." Journal of Finance，64（1）：151－185.

④ Bellone F.，P. Musso L. Nesta and S. Schiavo. 2010. "Financial Constraints and Firm Export Behaviour." World Economy，33（3）：347－373.

⑤ Campello M.，J. R. Graham and C. R. Harvey. 2010. "The real effects of financial constraints：Evidence from a financial crisis." Journal of Financial Economics，97（3）：470－487.

⑥ Bellone F.，P. Musso，L. Nesta and S. Schiavo. 2010. "Financial Constraints and Firm Export Behaviour." World Economy，33（3）：347－373.

⑦ Amiti M. and D. Weinstein. 2011. "Exports and Financial Shocks." Quarterly Journal of Economics，126（4）：1841－1877.

⑧ Paravisini D.，Rappoport V.，Schnabl，P. and D. Wolfenzon. 2011. "Dissecting the Effect of Credit Supply on Trade：Evidence from Matched Credit－Export Data." NBER Working Paper No. 16975.

细心的读者可能会发现，本书前面提到的不少文献都与中国有关。由于篇幅所限，本书还不得不舍弃了一些涉及中国的其他文献。讨论的文献与中国有关，这其实并非出于本书的刻意挑选。实际上，由于中国对外贸易的独特地位和重要影响，研究出口市场沉淀成本、企业融资约束与贸易增长的课题，就很可能涉及中国的贸易问题。

中国金融市场的放开还只是20世纪90年代中期以后的事情，作为国家控股的四大商业银行也只是在2006年以后才允许上市。随着外资银行的准入、城商行等股份制银行与地方商业银行的发展，作为融资中介的金融市场的格局已经发生了重大变化。如何看待大型国有商业银行的多元化经营和股份制商业银行在企业融资中的作用，如何看待中国中小民营企业普遍存在的融资难问题对出口贸易的影响，以及如何看待企业融资约束对中国经常项目调整的作用，对于这些问题，正在兴起的融资约束与企业出口理论能够给本书提供新的视角，也可能为本书研究得出的相关政策提供新的理论依据。

从 Melitz (2003)[①] 关于新—新贸易理论的开创性研究出发，一些中国学者已经对企业异质性和出口之间的互动关系产生了浓厚的兴趣。中国改革开放的成功和对外贸易的繁荣与外资密切相关，在很大程度上也是借助于外商投资的力量实现跨越式发展。然而，本轮金融危机期间，中国出口增长也出现了大幅波动。一些学者借助新近兴起的融资约束与企业出口相关理论，对如何促进中国出口贸易稳定发展的价值进行了探索。虽然这些研究都还在起步阶段，但能很好地把国际前沿理论与中国实际结合在一起，具有广阔的研究前景。

① Melitz M. 2003. "The impact of trade on intra - industry reallocations and aggregate industry productivity." Econometrica, 71 (6): 1695 - 1725.

第三章

融资约束的新—新贸易模型：理论分析

为研究发展中国家普遍存在的融资约束问题，本章首先对 Melitz (2003)① 经典的单要素新—新理论模型进行了以下拓展：第一，将经济部门划分为生产部门和金融部门；第二，当出口存在固定成本后，企业如果能获得金融部门信贷支持，更容易支付进入国际市场成本，出口也更为容易；第三，发展中国家金融发展水平不高，企业外源性融资渠道不畅，受融资约束的企业由于缺乏适当的融资机会，会被迫放弃或减少出口计划。将“融资约束”（Hellman et al，2000）② 融入标准的新—新贸易理论模型中，本章试图说明：第一，行业内生产率存在差异的企业，由于国际市场存在固定成本，在没有融资的前提下，只有部分生产率高的企业能克服这些成本，并向国外市场出口；第二，随着金融发展水平的提升，企业可以从外界获得融资机会，并利用外源性融资支付上述固定贸易成本，实现成功出口，起到扩大行业内企业出口面广度的作用；第三，由于发展中国家普遍存在的金融抑制作用，企业获取外源性融资的渠道相对狭窄，金融发展促进企业出口的作用受到限制，出口贸易发展速度并没有体现出比

① Melitz M. 2003. “The impact of trade on intra - industry reallocations and aggregate industry productivity.” Econometrica, 71 (6): 1695 - 1725.

② Hellman T. K. Murdock and J. Stigliz, 2000, “Liberalization, Moral Hazard in Banking, and Prudential Regulation: Are Capital Requirements Enough?”, The American Economic Review, 90 (1): 147 - 165.

现有观察到数据更好的特点。因此，融资约束制约了发展中国家企业在出口市场的做大做强。

第一节 基本分析框架

一、消费者偏好

假定存在两个国家：本国 H 和外国 F。本国是存在金融抑制的发展中国家，外国是发达国家。两国只存在两个产品部门：农业部门 A 和工业部门 M。农业部门生产一种不可贸易的同质农产品，工业部门生产可贸易的 N（$N\geqslant 1$）种制成品，且不同企业生产的制成品 i 具有水平差异。消费者消费 q_A 个单位的农产品和 C_i（$i=1$，2，…，N）个单位制成品的效用函数使用 C－D 形式表示，消费工业产品 i 不同品种 $q_i(\omega)$ 的效用函数使用 CES 函数形式表示，总效用函数为：

$$\ln U = \alpha_0 \ln q_A + \sum_{i=1}^{N} \alpha_i \ln C_i, C_i = \left(\int_{\omega\in\Omega_i} q_i(\omega)^{\rho} d\omega\right)^{1/\rho} (0 < \rho < 1) \quad (3.1.1)$$

使用计算商品 m 对商品 n 的替代弹性计算公式（武康平，2006）：

$$ES_{mn} = \frac{d\ln(C_n/C_m)}{d\ln(u'(C_m)/u'(C_n))} \quad (3.1.2)$$

可知，农产品对工业制成品的替代弹性为 1，工业制成品 i 两个不同品种（ω）之间的替代弹性为 $\sigma_i=1/(1-\rho)>1$，工业产品不同品种之间的相互替代关系大于农产品对工业制成品的替代。

假定农产品的价格为 1，第 i 种工业制成品品种 ω 的价格为 $p_i(\omega)$，则第 i 种制成品的价格指数 P_i 为 $\left[\int_{\omega\in\Omega} p_i(\omega)^{1-\sigma_i} d\omega\right]^{1/(1-\sigma_i)}$。若消费者的

收入为 I，消费者最大化问题的解可以按照 Dixit and Stiglitz（1977）① 两步最大化过程完成。

第一步，确定消费者既定收入在各商品组之间的最优配置：

$$\begin{cases} \max \ln U = \alpha_0 \ln q_A + \sum_{i=1}^{N} \alpha_i \ln C_i \\ \text{s.t. } I = q_A + \sum_{i=1}^{N} P_i C_i \end{cases} \tag{3.1.3}$$

使用 Lagrange 方法计算的各种商品需求函数为（蒋中一，2003②）：

农产品需求函数：$q_A = \alpha_0 I$　　(3.1.4)

工业制成品 i 的需求函数：$C_i = \alpha_i I / P_i$　　(3.1.5)

第二步，确定各商品组内不同产品品种 $q_i(\omega)$ 的最优配置：

$$\begin{cases} \max C_i = \left(\int_{\omega \in \Omega_i} q_i(\omega)^{\rho} d\omega \right)^{1/\rho} \\ \text{s.t. } \int_{\omega \in \Omega} p_i(\omega) q_i(\omega) d\omega = C_i = \alpha_i I / P_i \end{cases} \tag{3.1.6}$$

再使用动态优化理论可以得到第 i 种工业制成品品种 ω 的需求函数为：

$$q_i(\omega) = \left[\frac{p_i(\omega)}{P_i} \right]^{-\sigma_i} \frac{\alpha_i I}{P_i} \tag{3.1.7}$$

公式（3.1.5）和（3.1.7）表示消费者对工业制成品的需求函数和对每种工业制成品各个品种的需求函数。这两个需求函数均为相应价格的减函数，其经济含义是当价格提高时，消费者对该商品或者该品种的需求下降。由于假定的同质农产品价格为常数 1，因此公式（3.1.4）表示的农产品需求函数仅由消费者的收入决定，收入增加，相应地需求也增加。

根据企业的销售收入等于销售价格乘以销售量（$r = p \times q$），生产第 i 种工业制成品品种 ω 的企业销售收入为：

$$r_i(\omega) = p_i(\omega) q_i(\omega) = \alpha_i I \left[\frac{p_i(\omega)}{P_i} \right]^{1-\sigma_i} = R_i \left[\frac{p_i(\omega)}{P_i} \right]^{1-\sigma_i} \tag{3.1.8}$$

① Dixit A. and J. Stiglitz (1977): "Monopolistic Competition and Optimum Product Diversity," American Economic Review, 67, 297 - 308.

② 蒋中一，2003：《动态最优化基础》，商务印书馆。

其中，$R_i = \alpha_i I = \int_{\omega \in \Omega} p_i(\omega) q_i(\omega) d\omega$ 表示第 i 种工业制成品行业的总收入，也等于消费者消费第 i 种工业制成品所有品种的总消费。

由于替代弹性 $\sigma_i > 1$，公式（3.1.8）表示生产品种 ω 的企业销售收入是自身产品价格 $p_i(\omega)$ 的减函数和第 i 个行业价格指数 P_i 增函数，说明生产品种 ω 的企业提高自身产品价格时，消费者会选择其他差异产品进行替代，该品种生产企业的收入减少；如果消费者对该行业的需求增加，导致行业价格指数上升，生产该行业各个品种的企业销售收入都将提高。

二、生产技术

假定企业进行生产时仅投入一种劳动生产要素，且劳动力的总供给保持不变，即 $L^m > 1$（$m = H, F$）为常数。

农业部门的生产行为。假定农业部门的生产时完全竞争的，且规模报酬不变，设定农业部门的产出函数为：

$$\ln q_A^m = \ln \varphi_A^m + \ln L_A^m, \quad m = H, F \tag{3.1.9}$$

其中，φ_A 表示农业部门的劳动生产率；L_A 表示农业部门的劳动投入量；q_A 表示农业部门产出量。根据利润最大化的名义工资等于边际劳动产出，本国和外国农业部门就业工人的名义工资由下式决定：

$$W_A^m = \varphi_A^m P_A^m, \quad m = H, F \tag{3.1.10}$$

为方便计算，假定两国农产品的价格均为 1，农业部门的劳动生产率也为 1，则两国农业部门的实际工资也为 1。

制造业部门的生产行为。与新贸易理论（Krugman，1980[①]）一样，制造业部门的生产行为是规模报酬递增，且是垄断竞争的。所不同的是，生产企业的劳动要素投入不仅取决于产量，而且取决于生产企业的劳动生产率状况。企业生产工业制成品存在固定生产成本 f_d（用劳动衡量）。根据 Melitz（2003）经典理论，生产率为 φ 的企业，生产 $q_i(\varphi)$ 个单位的工业制成品的劳动投入为[②]：

---

① Krugman P. 1980, "Scale Economies, Product Differentiation, and the Pattern of Trade", American Economic Review, 70 (5): 950 -959.

② Melitz M. 2003. "The impact of trade on intra - industry reallocations and aggregate industry productivity." Econometrica, 71 (6): 1695 -1725.

$$L_i(\varphi)=f_d+\frac{q_i(\varphi)}{\varphi} \tag{3.1.11}$$

相同固定生产成本下，企业生产率越高，生产同等产量所需的劳动投入越小。生产率相对较高的企业在国内市场上生产和销售差异产品具有竞争优势（但并不代表在国际市场上也具有优势）。

假定第 i 个制成品行业的名义工资为 $W_i^m(m=H,F)$，根据垄断竞争下的边际成本等于边际收益定价法则，则品种 ω 的国内价格为：

$$p_i(\omega)=\frac{\sigma_i W_i^m}{(\sigma_i-1)\varphi} \tag{3.1.12}$$

由公式（3.1.7～8）和（3.1.11～12），相应地生产品种 ω 的企业收入与利润为：

$$r_i(\omega)=\alpha_i I\left[\frac{\sigma_i W_i^m}{(\sigma_i-1)\varphi P_i}\right]^{1-\sigma_i}=R_i\left[\frac{\sigma_i W_i^m}{(\sigma_i-1)\varphi P_i}\right]^{1-\sigma_i} \tag{3.1.13}$$

$$\pi_i(\omega)=r_i(\omega)-W_i^m L_i(\varphi)=\frac{\alpha_i I}{\sigma_i}\left[\frac{\sigma_i W_i^m}{(\sigma_i-1)\varphi P_i}\right]^{1-\sigma_i}-W_i f_d \tag{3.1.14}$$

由于 $\sigma_i>1$，易证 $\partial r_i(\omega)/\partial\varphi>0$、$\partial\pi_i(\omega)/\partial\varphi>0$、$\partial r_i(\omega)/\partial W_i^m<0$、$\partial\pi_i(\omega)/\partial W_i^m<0$ 成立。因此，可以得出以下重要结论：①生产可贸易制成品的企业，其生产率越高，收入和利润越大；②制成品行业的工资水平越低，制成品行业生产企业的收入和利润越大。

第二节 企业出口决定和潜在生产者市场进入

一、可贸易制成品的企业出口决定

假定国内市场与国外市场是分割的，企业出口需支付固定贸易成本 f_x 和可变贸易成本 τ。可变贸易成本采用冰山成本（Iceberg costs）形式，出口 $\tau>1$ 个单位的产出只能有 1 个单位到达国外市场。由 CES 效用函数的加成（mark－up）原理，品种 ω 的出口价格和出口销售收入分别为：

$$p_{i,x}(\omega)=\tau p_i(\omega)=\frac{\sigma_i\tau W_i^m}{(\sigma_i-1)\varphi}\ ,\ m=H,F \tag{3.2.1}$$

$$r_{i,x}(\omega)=\tau^{1-\sigma_i}r_i(\omega) \tag{3.2.2}$$

对于生产率分别为 φ' 和 φ'' 的品种 ω 的两个生产企业而言，由公式（3.1.13）和（3.2.2），当替代弹性（$\sigma_i>1$）保持不变时，给定生产率水平，企业在国外和国内销售收入仅取决于出口可变成本；给定一个市场，不同企业的相对销售收入只取决于相对生产率，即：

$$\frac{r''_i(\omega)}{r'_i(\omega)}=\frac{r''_{i,x}(\omega)}{r'_{i,x}(\omega)}=\left(\frac{\varphi''}{\varphi'}\right)^{\sigma_i-1} \tag{3.2.3}$$

从而，生产率越高的企业，出口获得的收入越大。企业生产率的异质性与出口参与正相关。以上工业部门的生产条件适用于本国和外国，下面重点关注作为发展中国家的本土企业情况。

由公式（3.1.8），本国企业出口第 i 种工业制成品品种 ω 的出口额为：

$$x_i^H(\omega)=r_{i,x}^H(\omega)=R_i^F[p_{i,x}^F(\omega)/P_i^F]^{1-\sigma_i}=\alpha_iI^F\ [p_{i,x}^F(\omega)/P_i^F]^{1-\sigma_i} \tag{3.2.4}$$

由公式（3.1.11），本国企业出口第 i 种工业制成品品种 ω 的出口总成本为：

$$c_{i,x}^H(\varphi)=W_i^Hf_x^H+W_i^H\tau q_i^H(\varphi)/\varphi \tag{3.2.5}$$

由公式（3.2.1），本国企业出口第 i 种工业制成品品种 ω 的国外价格为：

$$p_{i,x}^F(\omega)=\tau\sigma_iW_i^H/[(\sigma_i-1)\varphi] \tag{3.2.6}$$

根据利润公式：$\pi_{i,x}^H(\omega)=r_{i,x}^H(\omega)-c_{i,x}^H(\varphi)=p_{i,x}^F(\omega)\times q_i^H(\omega)-c_{i,x}^H(\varphi)$，则本国企业出口第 i 种工业制成品品种 ω 的利润为：

$$\pi_{i,x}^H(\omega)=\frac{\alpha_iI^F}{\sigma_i}\left[\frac{\sigma_i\tau W_i^H}{(\sigma_i-1)P_i^F\varphi}\right]^{1-\sigma_i}-W_i^Hf_x^H \tag{3.2.7}$$

再由公式（3.1.14），本国企业仅在国内市场销售第 i 种工业制成品品种 ω 的利润为：

$$\pi_i^H(\omega)=\frac{\alpha_iI^H}{\sigma_i}\left[\frac{\sigma_iW_i^H}{(\sigma_i-1)P_i^H\varphi}\right]^{1-\sigma_i}-W_i^Hf_d^H \tag{3.2.8}$$

本国企业在国内市场销售或出口的最低条件是利润为零，在此基础上定义利润为零的企业生产率水平为临界生产率，即

定义 1：出口零利润（Export Cutoff Profit，ECP）条件为企业的出口

利润为零，对应的企业生产率水平称之为出口的临界生产率。

定义2：生产零利润（Zero Cutoff Profit，ZCP）条件为企业在国内市场销售的利润为零，对应的企业生产率水平称之为生产的临界生产率。

由公式（3.2.7）和（3.2.8），本国企业出口或生产第 i 种工业制成品品种 ω 的临界生产率分别为：

$$\varphi_{i,x}^{H*} = \frac{\sigma_i \tau}{(\sigma_i - 1) P_i^F} [W_i^H]^{\frac{\sigma_i}{\sigma_i - 1}} \left[\frac{\sigma_i f_x^H}{\alpha_i I^F} \right]^{\frac{1}{\sigma_i - 1}} \tag{3.2.9}$$

$$\varphi_i^{H*} = \frac{\sigma_i}{(\sigma_i - 1) P_i^H} [W_i^H]^{\frac{\sigma_i}{\sigma_i - 1}} \left[\frac{\sigma_i f_d^H}{\alpha_i I^H} \right]^{\frac{1}{\sigma_i - 1}} \tag{3.2.10}$$

由于 $\partial \varphi_{i,x}^{H*} / \partial W_i^H < 0$、$\partial \varphi_i^{H*} / \partial W_i^H < 0$，$\partial \varphi_{i,x}^{H*} / \partial I^F < 0$、$\partial \varphi_i^{H*} / \partial I^H < 0$，所以有以下结论成立：①发展中国家实际工资越低，企业生产或出口的临界生产率越低，已经生产或出口的企业越容易在市场中生存，产品生产或出口可能性越大；②国内外市场规模越大，生产或出口的临界生产率越小，生产或出口获利的可能性越大；③外国市场规模越大，本国企业的出口越容易，本国具有向大国出口的趋势；④本国市场规模越大，企业获取非负利润的生产率要求越小，不利于本国企业生产率的提高。

企业出口临界生产率与生产的临界生产率之间的关系可以表示为：

$$\varphi_{i,x}^{H*} = \Lambda \varphi_i^{H*}, \quad \Lambda \equiv \frac{\tau P_i^H}{P_i^F} \left[\frac{I^H}{I^F} \times \frac{f_x^H}{f_d^H} \right]^{\frac{1}{\sigma_i - 1}} \tag{3.2.11}$$

只要出口的固定成本相对于生产的固定成本足够大，就有 $\Lambda > 1$ 成立。于是，生产率高于 $\varphi_{i,x}^{H*}$ 的本国企业出口，低于 φ_i^{H*} 退出国内市场，处于 φ_i^{H*} 和 $\varphi_{i,x}^{H*}$ 的本国企业只在国内市场销售。企业生产率与出口的相互关系类似于产业内的达尔文进化过程：生产率最高的企业出口，企业的规模将越来越大，增加其市场份额和利润；中等以上生产率的企业仍然出口，并增加市场份额，但利润会有所减少；中等生产率的企业只能在国内市场销售，市场份额和利润都减少；生产率最差的企业最终被逐出市场。企业的出口行为存在自我选择效应，也是异质企业贸易理论模型的核心观点之一。

在公式（3.2.11）中，如果本国市场规模相对于外国市场规模越大，越有可能出现 $\Lambda > 1$ 成立，从而出口企业临界生产率水平高于仅在国内市场销售的临界生产率，出现“本土市场效应”促进出口临界生产率提高的现象。出口临界生产率的提高，一方面使得原本可以出口的一些企业被迫退出出口市场，从而减少出口企业的数量（扩展边际）；另一方面，使得生产率高于出口临界生产率的企业，其生产产品和出口产品规模增大，从而导致本国成功出口的企业，出口量越来越大（集约边际）。也就是说，“本土市场效应”有利于成功出口企业贸易量的增长，而不利于新出口企业数量的扩张，加深了发展中国家出口增长由集约边际为主向扩展边际为主调整的难度（项松林等，2014①）。

二、潜在生产者的自由进入

潜在生产者可以选择进入市场生产差异化产品，也可以选择不进入市场，即潜在生产者的市场策略为｛进入市场，不进入市场｝。选择进入市场策略需一次性支付固定进入成本 f_e^H（用劳动衡量），并在支付这一沉淀成本后，从生产率累计分布函数 $G(\varphi)$ 中得到自身企业的生产率水平 φ。通过与临界生产率水平 φ_i^{H*} 的比较，选择进入市场生产差异化产品，或者退出市场。也就是，当潜在生产者观测到自身企业生产率高于零利润生产率时，企业进入市场生产产品，否则，立刻从市场中退出。因此，潜在生产者进入生产市场的概率表示为：

$$p_i^H = \begin{cases} p_i^{in} = 1 - G(\varphi_i^{H*}), \varphi_i^H \geqslant \varphi_i^{H*} \\ 0, \varphi_i^H < \varphi_i^{H*} \end{cases} \tag{3.2.12}$$

其中，p_i^{in} 表示成功进入市场的概率。相应地，由公式（3.2.8），潜在生产者在一个时期 t 的利润表示为：

$$\pi_{i,t}^{in} = \begin{cases} \pi_i^{He}(\omega) - W_i^H f_e^H = \dfrac{\alpha_i I^H}{\sigma_i}\left[\dfrac{\sigma_i W_i^H}{(\sigma_i - 1) P_i^H \varphi}\right]^{1-\sigma_i} - W_i^H f_e^H, \varphi_i^H \geqslant \varphi_i^{H*} \\ - W_i^H f_e^H, \varphi_i^H < \varphi_i^{H*} \end{cases} \tag{3.2.13}$$

将时期扩展 t 到无穷期（$t \in [0, \infty]$）后，成功进入市场生产差异化产品的企业可能仍面临一些不确定性因素影响企业发展，比如，国家宏观政策调整、产业规制、消费者偏好的改变等可能影响到企业的生存状况。

① 项松林、赵曙东、魏浩，2014：《农业剩余劳动力转移与发展中国家出口贸易结构：理论与中国经验研究》，《世界经济》第 3 期。

简单起见，假定成功进入市场的潜在生产者，每期都面临外生给定的概率 δ 导致其破产（$0<\delta<1$ 相当于企业的破产率）。当不存在时间的折旧率时，潜在生产者的预期利润为：

$$\sum_{t=0}^{\infty}(1-\delta)^{t}E_{t}(\pi_{i,t}^{in})=\begin{cases}\sum_{t=0}^{\infty}(1-\delta)^{t}p_{i}^{in}\pi_{i}^{He}(\omega)=\dfrac{1}{\delta}p_{i}^{in}\pi_{i}^{He}(\omega),\varphi_{i}^{H}\geqslant\varphi_{i}^{H*}\\ 0,\varphi_{i}^{H}<\varphi_{i}^{H*}\end{cases}\tag{3.2.14}$$

潜在生产者进入市场的决策是最大化其终身利润：

$$\max\{\frac{1}{\delta}p_{i}^{in}\pi_{i}^{He}(\omega)-W_{i}^{H}f_{e}^{H},0\}\tag{3.2.15}$$

如果生产者的预期利润大于进入市场的固定沉淀成本，将获得正的终身利润。这样将会有大量的潜在进入者进入该行业，使生产者的预期利润下降，直到和进入沉淀成本相等。于是，潜在生产者的自由进入条件可以定义为：

定义 3：生产的自由进入条件（Free entry，FE）表示潜在生产者进入市场的预期利润等于固定进入成本（终身利润为零）。此时任何新的潜在生产者均不存在进入市场的经济动力，进入市场生产差异化产品的策略与不进入市场的策略无差异。生产的自由进入条件对应的生产率水平，称之为自由进入临界生产率。

根据生产的自由进入条件定义和公式（3.2.8）、（3.2.12～15），潜在生产者自由进入市场的临界生产率 φ_{i}^{H*} 表示为：

$$W_{i}^{H}=\left\{\frac{\alpha_{i}I^{H}}{\sigma_{i}}\left[\frac{\sigma_{i}}{(\sigma_{i}-1)P_{i}^{H}\varphi_{i}^{H*}}\right]^{1-\sigma_{i}}\left[\frac{\delta f_{e}^{H}}{1-G(\varphi_{i}^{H*})}\right]^{-1}\right\}^{\frac{1}{\sigma_{i}}}\tag{3.2.16}$$

同样，可以定义潜在生产者出口进入条件和对应自由进入临界生产率 $\varphi_{i,x}^{e*}$。

定义 4：出口的自由进入条件（Free export entry，FEE）表示潜在生产者进入出口市场的预期利润等于固定进入成本（终身利润为零）。此时任何新的潜在生产者均不存在进入出口市场的经济动力，进入出口市场生产差异化产品的策略与不进入出口市场的策略无差异。出口的自由进入条件对应的生产率水平，称之为自由出口临界生产率。

首先，潜在生产者出口的前提是其生产率水平高于出口的最低临界生产率，所以，出口的概率可表示为：

$$p_{i,x}=\begin{cases}1-G(\varphi_{i,x}^{H^*}),\varphi_{i,x}^{H}\geqslant\varphi_{i,x}^{H^*}\\0\ ,\varphi_{i,x}^{H}<\varphi_{i,x}^{H^*}\end{cases}\tag{3.2.17}$$

其次，潜在生产者进入出口市场的前提是成功进入国内的生产市场，其出口成功的概率比成功进入国内市场的概率低。由条件概率计算公式，成功进入国际市场的概率 $p_{i,x}^{in}$ 为：

$$p_{i,x}^{H}=\begin{cases}p_{i,x}^{in}=\dfrac{1-G(\varphi_{i,x}^{H^*})}{1-G(\varphi_{i}^{H^*})},\varphi_{i,x}^{H}\geqslant\varphi_{i,x}^{H^*}\\0,\varphi_{i,x}^{H}<\varphi_{i,x}^{H^*}\end{cases}\tag{3.2.18}$$

相应地，潜在生产者的出口预期利润为：

$$\sum_{t=0}^{\infty}(1-\delta)^{t}E_{t}(\pi_{i,x,t}^{in})=\begin{cases}\sum_{t=0}^{\infty}(1-\delta)^{t}p_{i,x}\pi_{i,x}^{He}(\omega)=\dfrac{1}{\delta}p_{i,x}\pi_{i,x}^{He}(\omega),\varphi_{i,x}^{H}\geqslant\varphi_{i,x}^{H^*}\\0,\varphi_{i,x}^{H}<\varphi_{i,x}^{H^*}\end{cases}\tag{3.2.19}$$

如果生产者选择出口，则预期的总利润为国内销售预期利润加上出口的预期利润。潜在生产者进入国际市场、选择出口策略的行为是最大化其终身利润，即

$$\begin{aligned}&\max\left\{\frac{1}{\delta}p_{i}^{in}\pi_{i}^{He}(\omega)+\frac{1}{\delta}p_{i,x}\pi_{i,x}^{He}(\omega)-W_{i}^{H}f_{e}^{H},0\right\}\\&=\max\left\{\frac{1}{\delta}p_{i}^{in}[\pi_{i}^{He}(\omega)+p_{i,x}^{H}\pi_{i,x}^{He}(\omega)]-W_{i}^{H}f_{e}^{H},0\right\}\end{aligned}\tag{3.2.20}$$

类似地，倘若出口策略的终身利润高于固定成本，将引起大量的潜在生产者进入国际市场，直到出口策略的终身利润等于固定成本，选择出口策略和不选择出口策略无差异。根据出口自由进入条件的定义，自由出口的临界生产率 $\varphi_{i,x}^{H^*}$ 为：

$$\begin{aligned}W_{i}^{H}&=(I^{H}(P_{i}^{H})^{\sigma_i-1}+p_{i,x}^{in}I^{F}(P_{i}^{F}/\tau)^{\sigma_i-1})^{\frac{1}{\sigma_i}}\times\\&=\left[\frac{\sigma_i}{(\sigma_i-1)}\right]^{\frac{1-\sigma_i}{\sigma_i}}\left[\frac{\alpha_i p_{i}^{in}}{\sigma_i\delta f_{e}^{H}}\right]^{\frac{1}{\sigma_i}}(\varphi_{i,x}^{H^*})^{\frac{\sigma_i-1}{\sigma_i}}\end{aligned}\tag{3.2.21}$$

上述分析中，累计分布函数 $G(\varphi)$ 的具体形式成为后续分析的重要障

碍。本文遵循 Melitz and Ottaviano（2008）[①]、Chaney（2008）[②]、Arkolakis et al（2008）[③] 等的企业生产率 Pareto 分布出发，对上述问题进行简化处理。Pareto 形式的分布函数与密度函数为：

$$G(\varphi)=1-(\varphi_{\min}/\varphi)^{k},\ g(\varphi)=k\varphi_{\min}^{k}\varphi^{-(k+1)},\ \varphi\in[\varphi_{\min},\infty),\ k\in(\sigma_i-1,\infty) \tag{3.2.22}$$

其中，参数 k 决定 Pareto 分布的峰度；$\varphi_{\min}$ 为生产率的下界。将公式（3.2.22）代入到（3.2.16）和（3.2.21）中，则自由进入国内市场条件（FE）与自由进入国际市场条件（FEE）分别表示为：

$$\varphi_i^{H*}=[W_i^H]^{\frac{\sigma_i}{\sigma_i-k-1}}\left[\frac{\alpha_i I^H}{\sigma_i}\right]^{\frac{-1}{\sigma_i-k-1}}\left[\frac{\sigma_i}{(\sigma_i-1)P_i^H}\right]^{\frac{\sigma_i-1}{\sigma_i-k-1}}\left[\frac{\delta f_e^H}{(\varphi_{\min})^k}\right]^{\frac{1}{\sigma_i-k-1}} \tag{3.2.23}$$

$$\varphi_{i,x}^{H*}=[W_i^H]^{\frac{\sigma_i}{\sigma_i-1-k}}\left[\frac{\sigma_i}{(\sigma_i-1)}\right]^{\frac{\sigma_i-1}{\sigma_i-1-k}}\left[\frac{\alpha_i(\Lambda\varphi_{\min})^k}{\sigma_i\delta f_e^H}\right]^{\frac{1}{1+k-\sigma_i}} \tag{3.2.24}$$
$$\times[I^H(P_i^H)^{\sigma_i-1}+(\Lambda)^k I^F(P_i^F/\tau)^{\sigma_i-1}]^{\frac{1}{1+k-\sigma_i}}$$

将公式（3.2.23）与（3.2.24）进行比较，由于 $\Lambda>1$，所以，潜在生产者要想成功进入出口市场所需的最小生产率水平高于仅成功进入国内市场的生产率水平（$\varphi_{i,x}^{H*}>\varphi_i^{H*}$），即有下式成立：

$$\varphi_{i,x}^{H*}=\frac{[I^H(P_i^H)^{\sigma_i-1}+(\Lambda)^k I^F(P_i^F/\tau)^{\sigma_i-1}]^{\frac{1}{1+k-\sigma_i}}(\Lambda)^{\frac{k}{1+k-\sigma_i}}\varphi_i^{H*}}{[I^H(P_i^H)^{\sigma_i-1}]^{\frac{1}{1+k-\sigma_i}}} \tag{3.2.25}$$

所以，潜在生产者的自我选择效应：生产率最高的选择进入国际市场出口；生产率最低的选择不进入市场生产；生产率居中的选择仅进入国内市场销售。

---

① Melitz M. J. and G. Ottaviano, 2008, "Market Size, Trade, and Productivity", Review of Economic Studies, 75 (1): 295 – 316.

② Chaney T. 2008. "Distorted Gravity: The Intensive and Extensive Margins of International Trade." American Economic Review, 98 (4): 1707 – 1721.

③ Arkolakis C., S. Demidova., P. Klenow. and A. Rodríguez – Clare, "Endogenous Variety and the Gains from Trade", American Economic Review, 2008, 98 (2), 444 – 450.

第三节
融资约束对企业出口的作用

一、融资约束对企业出口的影响

上述分析中，企业支付进入国际市场成本的资金完全来自销售收入的积累。如果企业在销售过程中，发现自身积累的资金不足以支付进入出口市场成本后，出口计划将自动放弃或减少。事实上，如果企业能够获得来自金融部门的资金援助，并将这些信贷资金用于支付出口市场的成本，将极大程度提高它们参与国际竞争的动力和积极性，起到稳定出口的作用。下面对这一理论机制进行模型化说明。

假定在初始状态下，行业内生产率存在差异的企业，由于国际市场存在固定成本，只有部分生产率高的企业在没有外源性融资的前提下，才能克服这些成本，并向国外市场出口。随着金融发展水平的提升，银行向企业提供了外源性融资机会，一些企业可以使用银行融资支付进入国际市场的固定成本。于是，对于急需使用外源融资支付进入国际市场相关成本的企业而言，发展中国家金融发展后，外部融资可获得性的增加，出口也更容易。因此，本书预期的结论是：获得外部融资的企业更容易出口。

假定企业存在流动资金不足，自身难以筹集足够资金支付进入国际市场成本，需要使向金融部门申请融资支持。假定企业所需融资总量为 A，由 Chaney (2005) 可知，企业成功出口的条件是外源性融资与国内销售利润之和不能低于进入国际市场的固定成本，否则外部融资起不到促进企业出口的作用①。根据这个假定，则有下式成立：

$$\pi_i^H(\omega)+A\geqslant W_i^H f_x^H \tag{3.3.1}$$

① Chaney T. 2005. "Liquidity Constrained Exporters." Mimeo, Massachusetts Institute of Technology, 2005.

成本贸易条件下，企业出口的条件是获得非负利润。相应地，企业出口利润为零的条件也称为出口临界条件（Export Cutoff Profit，ECP），对应的生产率是出口零利润生产率，则企业出口的临界条件为：

$$\pi_{i,x}^{H}(\omega)=r_{i,x}^{H}(\omega)-W_{i}^{H}f_{x}^{H}=0 \tag{3.3.2}$$

零利润条件下，企业也不可能占用过多的外源性融资，毕竟外部融资是需要支付利息成本的。所以，零利润条件的企业银行融资约束为$\pi_{i}^{H}(\omega)+A=W_{i}^{H}f_{x}^{H}$。将其带入到公式（3.3.2），并反复使用公式（3.1.13），可以得出融资约束与企业国内生产的临界生产率之间的关系为：

$$\varphi_{i}^{H*}=\frac{\sigma_{i}W_{i}^{H}}{(\sigma_{i}-1)P_{i}^{H}}\left[\frac{R_{i}^{H}}{\tau^{1-\sigma}-\sigma_{i}^{\ \ -1}}\right]^{\frac{1}{(\sigma_{i}-1)}}[A-W_{i}^{H}f_{d}^{H}]^{\frac{1}{(\sigma_{i}-1)}} \tag{3.3.3}$$

再将公式（3.2.11）代入上式，则融资约束与企业出口的临界生产率关系为：

$$\varphi_{i,x}^{H*}=\Lambda\frac{\sigma_{i}W_{i}^{H}}{(\sigma_{i}-1)P_{i}^{H}}\left[\frac{R_{i}^{H}}{\tau^{1-\sigma}-\sigma_{i}^{\ \ -1}}\right]^{\frac{1}{(\sigma_{i}-1)}}[A-W_{i}^{H}f_{d}^{H}]^{\frac{1}{(\sigma_{i}-1)}} \tag{3.3.4}$$

当$\sigma_{i}>1$且$\tau^{1-\sigma}>\sigma_{i}^{\ \ -1}$时，可以得出$\partial\varphi_{i,x}^{H}/\partial A>0$且$\partial^{2}\varphi_{i,x}^{H}/\partial A^{2}<0$成立。一阶偏导为正，说明融资约束反而提高了企业出口的临界生产率，融资缺口越大的企业，越难以成功出口。二阶偏导为负，说明外源性融资约束构成企业运行的成本负担，融资越多，生产率提高幅度越慢，对企业持续提高参与国际市场的竞争力不利。融资约束与企业出口之间的关系可以表示为图 3.1。

零利润条件$\pi_{i,x}^{H}(\omega)=0$将图 3.1 的空间划分为两个部分：上方表示相同生产率条件下企业融资低于零利润条件的融资水平；下方表示相同生产率下企业融资高于零利润融资水平。对于上方的某企业 N 点而言，如果它与出口利润为零的企业具有相同的生产率水平，当其融资能力更差时，则出口概率将会减弱，N 点向下移动。类似地，对于下方的某企业 M 来说，如果它与出口利润为零的企业具有相同的生产率，而融资能力更强，出口概率将会增强，M 点向上移动。总之，均衡的结果处于曲线$\pi_{i,x}^{H}(\omega)=0$上。这反映出企业融资约束与生产率的相互促进关系：①融资能力强的企业可以弥补生产率缺陷，利用外源性融资支付国际贸易的固定成本而成功出口；②融资能力差的企业，即便出口也会因为难以克服国际市场的固定成本而出口意愿减小。因此，本书可以得到以下性质：

性质 3.1：融资约束应该和生产率异质性一样，成为决定企业出口的重要因素，至少企业参与国际市场的初始阶段是这样。

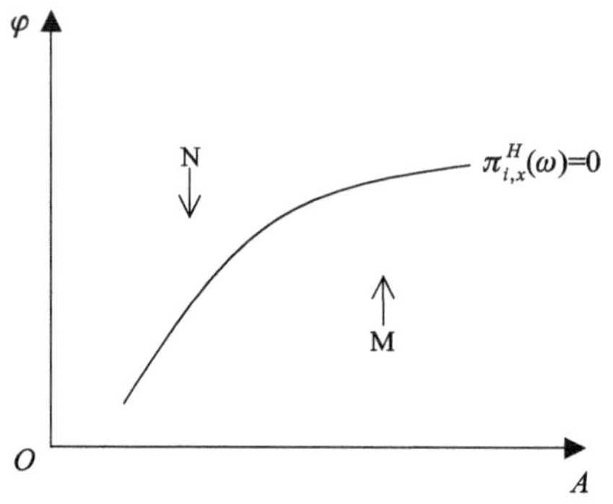

图 3.1　融资约束与企业出口的相位图

二、融资约束对潜在生产者进入市场的影响

同样假定潜在生产者进入市场也存在流动资金不足，必须使用外源性融资以支付进入国际市场成本。如果潜在生产者所需外源性融资总量为 A，根据前面的假定，也要求它们成功出口的条件要求所需外源性融资与进入市场后国内销售之和不低于进入国际市场的固定成本。由于外部融资有利息支付成本，潜在生产者也不可能占用过剩外源性融资，因此潜在生产者每期进入市场的外部融资必须满足 $\pi_i^{He}(\omega)+A=W_i^H f_e^H$ 成立，则终生融资约束条件为：

$$\frac{1}{\delta}p^{in}[\pi_i^H(\omega)+A]=W_i^H f_e^H \tag{3.3.5}$$

成本贸易条件下，潜在生产者进入出口市场的条件是获得非负利润。但在垄断竞争条件下，某一潜在生产者成功出口获得非负利润后，会引起众多其他潜在生产者进入出口市场，导致所有生产者都不可能获得正利润。于是，潜在生产者自由进入出口市场的条件要求只能获得终生的零利润（FEE），相应的自由进入出口市场的临界条件为：

$$\frac{1}{\delta}p_{i,x}^H\pi_{i,x}^{He}(\omega)=\frac{1}{\delta}p_{i,x}^H r_{i,x}^H(\omega)-W_i^H f_x^H=0 \tag{3.3.6}$$

将 $r_{i,x}^{He}(\omega)=\dfrac{r_i^{He}(\omega)}{\sigma}-W_i^H f_e^H$，$p_i^{in}=1-G(\varphi_i^{H*})=(\varphi_{\min}/\varphi_i^{H*})^k$ 和 $p_{i,x}^H=$

$(\varphi_{\min}/\varphi_{i,x}^{H*})^k$ 代入上式，则有下式成立：

$$(\varphi_i^{H*}/\varphi_{i,x}^{H*})^k\tau^{1-\sigma}r_i^{He}(\omega)=\frac{r_i^{He}(\omega)}{\sigma}-W_i^Hf_e^H+\delta A \tag{3.3.7}$$

再将公式（3.1.13）和（3.2.25）代入（3.3.7），可以得出潜在生产者自由进入国内市场和国际市场的临界生产率为：

$$\varphi_i^{He*}=\frac{\sigma_iW_i^H}{(\sigma_i-1)P_i^H}\left[\frac{R_i^H}{(1/B)^k\tau^{1-\sigma}-\sigma_i{}^{-1}}\right]^{\frac{1}{(\sigma_i-1)}}[A-W_i^Hf_e^H]^{\frac{1}{(\sigma_i-1)}} \tag{3.3.8}$$

$$\varphi_{i,x}^{He*}=\frac{B\sigma_iW_i^H}{(\sigma_i-1)P_i^H}\left[\frac{R_i^H}{(1/B)^k\tau^{1-\sigma}-\sigma_i{}^{-1}}\right]^{\frac{1}{(\sigma_i-1)}}[A-W_i^Hf_e^H]^{\frac{1}{(\sigma_i-1)}} \tag{3.3.9}$$

其中：$B=\dfrac{[I^H\ (P_i^H)^{\sigma_i-1}+(\Lambda)^kI^F\ (P_i^F/\tau)^{\sigma_i-1}]^{\frac{1}{1+k-\sigma_i}}(\Lambda)^{\frac{k}{1+k-\sigma_i}}}{[I^H\ (P_i^H)^{\sigma_i-1}]^{\frac{1}{1+k-\sigma_i}}}>1$ 成立。

当 $\sigma_i>1$ 时，由于 $\partial\varphi_i^{He}/\partial A>0$ 和 $\partial\varphi_{i,x}^{He}/\partial A>0$ 成立，说明潜在生产者面临融资约束后，自由进入国内和出口市场的临界生产率要求更高。如果这些生产者的生产率水平达不到零利润要求，它们将放弃进入市场的计划，导致国内生产和出口企业数量的减少。相反，如果潜在生产者能够获得外源性融资机会，并利用这些融资支付相应成本，企业生产和出口的积极性将得到大幅提高，不仅有利于企业出口量的增长，而且有利于新出口企业数量的扩张，起到稳定出口的作用。于是，本书能得到以下重要性质：

性质 3.2：成本贸易条件下，融资约束提高了潜在生产者成功出口的零利润条件，对潜在生产者进入出口市场有制约作用。

三、企业出口与潜在生产者进入市场的融资约束比较

虽然融资约束同时提高了企业出口和潜在生产者进入市场的临界条件，但作用大小存在显著差异。由公式（3.3.3）和（3.3.9）可知：

$$\frac{\varphi_{i,x}^{He*}}{\varphi_{i,x}^{H*}}=\frac{B}{\Lambda}\left[\frac{\tau^{1-\sigma}-\sigma_i{}^{-1}}{(1/B)^k\tau^{1-\sigma}-\sigma_i{}^{-1}}\right]^{\frac{1}{(\sigma_i-1)}}\left[\frac{A-W_i^Hf_e^H}{A-W_i^Hf_d^H}\right]^{\frac{1}{(\sigma_i-1)}} \tag{3.3.10}$$

由于 $B>1$，则 $\tau^{1-\sigma}-\sigma_i{}^{-1}>(1/B)^k\tau^{1-\sigma}-\sigma_i{}^{-1}$ 和 $B>\Lambda$ 成立。又因为 $f_d^H>f_e^H$，则 $\varphi_{i,x}^{He*}>\varphi_{i,x}^{H*}$ 成立。也就是说，融资约束对潜在生产者自由进入出口市场的临界生产率要求比生产企业成功出口还要大。这是因为潜在生产者实现出口不仅需要面临生产企业同样需要支付的固定出口成本，而

且还面临进入生产市场的额外沉淀成本。对于受资金约束的潜在生产者而言，成功出口的条件更为苛刻。如果生产率水平较低，又没有外部融资渠道，它们放弃出口的概念更大。因此，本书可以得到如下重要性质：

性质 3.3：成本贸易条件下，融资约束制约潜在生产者进入出口市场的作用比生产企业成功出口更大。

不仅如此，潜在生产者如果面临融资约束，其进入国内生产并生存下来的概率也更为困难。由公式（3.3.3）和（3.3.8）可知，潜在生产者与生产企业的国内零利润条件之比为：

$$\frac{\varphi_i^{He*}}{\varphi_i^{H*}}=\left[\frac{\tau^{1-\sigma}-\sigma_i^{-1}}{(1/B)^k\tau^{1-\sigma}-\sigma_i^{-1}}\right]^{\frac{1}{(\sigma_i-1)}}\left[\frac{A-W_i^Hf_e^H}{A-W_i^Hf_d^H}\right]^{\frac{1}{(\sigma_i-1)}} \tag{3.3.11}$$

上式中，当 $B>1$ 且 $f_d^H>f_e^H$ 时，$\varphi_i^{He*}>\varphi_i^{H*}$ 也是成立的。融资约束下，潜在生产者进入国内市场的临界条件高于生产企业的原因在于：一方面潜在生产者进入市场需要支付额外的固定沉淀成本，且只有提前支付这些沉淀成本后，才能观测到自身生产率是否适合市场条件要求；另一方面，与已经生产企业相比，潜在生产者未进入市场以前，不能通过任何国内销售的途径，增加自身流动性资金。当潜在生产者试图进入国内市场，如果存在资金约束且缺乏相应融资渠道，进入国内市场的计划很可能搁浅。于是，本书又可以得到以下性质：

性质 3.4：进入市场存在沉淀成本条件下，融资约束对潜在生产者国内生产的抑制作用比已经生产企业继续在国内市场中存活大。

第四节 稳态均衡与贸易开放的影响

一、封闭条件的稳态均衡

封闭条件的稳态均衡涉及到需求与供给均衡以及融资约束对企业生产率的影响，行业稳态均衡也主要集中在以下 3 个方面：第一，工业部门行业均衡临界生产率和金融部门均衡融资数量；第二，行业内均衡的企业数量；第三，行业均衡产出。

无论是已经生产的企业还是潜在生产者进入市场的新企业，根据行业垄断竞争的假定，只要获得正的利润，就会引来众多的潜在生产者进入市场，从而将利润减少到零。也就是，无论老企业还是成功进入市场的新企业，都不可能获得超额利润。联立生产企业的零利润条件（3.3.3）和潜在生产者进入国内市场零利润条件（3.3.8），可以得出工业部门均衡临界生产率和金融部门均衡融资量。因此，必然存在一个均衡解(φ_i^{H*}, A^*)，使得封闭条件的国内生产与融资供给达到均衡。

性质 3.5：存在解(φ_i^{H*}, A^*)，使得农业部门就业人数和制造业部门行业内生产企业的临界生产率达到均衡。均衡解为：

$$\begin{cases} \varphi_i^{H*} = \dfrac{\sigma_i}{(\sigma_i - 1)P_i^H}(\varphi_1 W_i^H)^{\frac{\sigma_i}{\sigma_i - 1}}\left[\dfrac{R_i^H}{\tau^{1-\sigma} - \sigma_i^{\ -1}}\right]^{\frac{1}{(\sigma_i - 1)}} \\ A^* = \varphi_1 W_i^H \end{cases} \tag{3.4.1}$$

其中：$\phi_1 = [(1/B)^k \tau^{1-\sigma} - \sigma_i^{\ -1}][f_e^H - f_d^H]/[(1/B)^k \tau^{1-\sigma} - \tau^{1-\sigma}] + f_e^H$。

当 $B > 1$、$\sigma_i > 1$ 且 $\tau^{1-\sigma} > \sigma_i^{\ -1}$时，易证$\dfrac{\partial \phi_1}{\partial P_i^H} < 0$、$\dfrac{\partial \phi_1}{\partial f_d^H} > 0$、$\dfrac{\partial \phi_1}{\partial f_e^H} < 0$、$\dfrac{\partial B}{\partial I^H} < 0$、$\dfrac{\partial \phi_1}{\partial I^H} > 0$ 成立。从而，下列公式也是成立的：

$$\begin{cases} \dfrac{\partial \varphi_i^{H*}}{\partial W_i^H} > 0 \\ \dfrac{\partial A^*}{\partial W_i^H} > 0 \end{cases},\ \begin{cases} \dfrac{\partial \varphi_i^{H*}}{\partial f_d^H} > 0 \\ \dfrac{\partial A^*}{\partial f_d^H} > 0 \end{cases},\ \begin{cases} \dfrac{\partial \varphi_i^{H*}}{\partial f_e^H} < 0 \\ \dfrac{\partial A^*}{\partial f_e^H} < 0 \end{cases},\ \begin{cases} \dfrac{\partial \varphi_i^{H*}}{\partial P_i^H} < 0 \\ \dfrac{\partial A^*}{\partial P_i^H} < 0 \end{cases},\ \begin{cases} \dfrac{\partial \varphi_i^{H*}}{\partial I^H} > 0 \\ \dfrac{\partial A^*}{\partial I^H} > 0 \end{cases} \tag{3.4.2}$$

性质 3.6：长期均衡中，CES 效用函数和市场的垄断竞争使得国内生产的临界生产率与发展中国家劳动力使用成本、固定生产成本、经济规模正相关，而与潜在生产者进入市场的沉淀成本、行业价格指数负相关。

实际上，性质 3.6 反映了发展中国家企业生产存在的普遍现象。首先，劳动力使用成本和固定生产成本的提高，增加了企业经营生产的风险，只有生产率相对较高的企业，才能在市场经济中生存下来，并取得非负利润。随着行业生产率相对较低企业退出市场，存活企业的生产效率普遍得到提高，从而长期均衡中生产差异化产品的类似企业，其零利润生产率水平也要内生增长。其次，随着制成品工业部门的快速发展，如果整个行业的价格指数提高，生产企业的非负利润预期逐渐增强，吸引越来越多的潜在生产者进入市场。当行业价格指数足够高后，即使进入市场的潜在生产者生产效率没有达到最低生产率水平要求，也可能通过行业产品的高位价格获取非负利润，导致长期均衡时均衡临界生产率的降低。再次，潜在生产者进入市场沉淀成本的减小也具有类似作用，因为沉淀成本下降后它们进入市场的壁垒就会降低，获取非负利润对生产率水平的要求也大不如前，从而导致固定沉淀成本减小后，均衡零利润生产率反而下降的情况发生。最后，发展中国家经济规模扩大后，均衡零利润生产率也会增加。这是因为：一方面消费者收入增长后对产品质量的偏好会大幅提高；另一方面潜在生产者市场进入也随经济规模扩大繁荣起来。当众多生产者涌向市场，竞争也更加激烈，再加上消费者对产品品质要求的提升，势必会造成不少低生产效率企业被迫退出市场，从而行业内生存下来企业，其生产率水平更高，均衡零利润生产率也自然上升。

类似的还有均衡融资。当劳动力使用成本和固定生产成本上扬后，生产率水平不高的企业，从市场销售中直接筹集到必要的流动性资金将会变得困难。受资金约束的企业，其所需外源性融资量也水涨船高，导致金融部门均衡融资供给提高。进入市场的沉淀成本下降，潜在生产者所需的外部融资必然减少，金融部门均衡融资供给也将下降。行业价格指数也有类似的效果。当行业产品价格都得到上涨后，既定条件下的生产企业利润有所增长，内源性融资能力得到加强，从而对外源性融资的需求减少。经济规模提高后，一方面消费者收入增长，从而金融部门吸收存款后的信贷供给将大幅提高；另一方面众多企业在同一市场中竞争，增加研发投资、修改产品设计、提升产品质量等满足消费者日益高涨的需求变得必不可少，也提高了金融部门信贷资金需求。两方面共同作用，导致经济规模扩大后，金融部门的均衡融资供给相应提高。因此，本书又可以得到以下性质：

性质 3.7：长期均衡中，均衡融资与劳动力使用成本、企业固定生产成本、经济规模成正比，而与潜在生产者进入市场的沉淀成本、行业价格指数成反比。

制造业行业内均衡企业数量要求成功进入生产市场的潜在生产企业数量与受国家宏观政策调整、产业规制、消费者偏好改变等因素使已有生产企业倒闭的数量相等。使用 p_i^{in} 表示成功进入生产市场的概率，$M_{i,e}$ 表示潜在生产者总数，δ 表示企业死亡率，M_i 表示生产企业数量，根据均衡企业数量定义，有 $p_i^{in}M_{i,e}=\delta M_i$ 成立。按照 Chaney（2008）假定：本国生产企业的数量与本国的规模成正比，即 $M_i^H=\lambda Y^H=\lambda L^H W_i^H$①。将公式（3.2.22）代入，则

$$M_{i,e}=\lambda\delta W_i^H\ (\varphi_i^H/\varphi_{\min})^k \tag{3.4.3}$$

再将公式（3.4.1）确定的均衡临界生产率代入（3.4.3）式就可以确定均衡时的工业部门潜在生产企业均衡数量。

行业的均衡产出等于生产率超过零利润生产率的所有生产企业的总和。计算行业的均衡产出涉及生产企业的个数、生产率超过零利润的概率密度函数以及每个符合条件的生产企业产出函数。根据 Chaney（2008）生产企业数量的假定，$M_i^H=\lambda L^H W_i^H$ 成立。由 Melitz（2003）的假定，生产率超过零利润的概率密度函数为 $\mu(\varphi)=g(\varphi)/[1-G(\varphi)](\varphi>\varphi^*)$②。再使用企业产出函数（3.1.13）和公式（3.2.22）的生产率 Pareto 分布，本国第 i 种工业制成品行业的均衡产出 q_i 为：

$$q_i=\int_{\varphi_i^{H*}}^{\infty}r_i^H(\omega)M_i^H\frac{g(\varphi_i^H)}{1-G(\varphi_i^{H*})}d\varphi_x^H=\lambda L^H[\sigma_i/(\sigma_i-1)]^{1-\sigma_i}[k/(k+1-\sigma_i)]R_i^H(P_i)^{\sigma_i-1}(W_i^H)^{2-\sigma_i}(\varphi_i^{H*})^{\sigma_i-1} \tag{3.4.4}$$

同样由公式（3.4.1）确定的均衡解也能保证公式（3.4.4）行业产出达到均衡。

性质 3.8：存在均衡解 (φ_i^{H*},A^*) 使得工业部门企业的零利润生产率、企业数量、行业产出和金融部门的融资供给达到均衡。

以上均衡分析是在封闭条件下进行的，以下重点分析开放条件下的均衡行业产出。

二、贸易开放的影响

同样，联立传统出口企业的零利润条件（3.3.4）和潜在生产者的自

---

① Chaney T. 2008. "Distorted Gravity: The Intensive and Extensive Margins of International Trade." American Economic Review, 98 (4): 1707 - 1721.

② Melitz M. 2003. "The impact of trade on intra - industry reallocations and aggregate industry productivity." Econometrica, 71 (6): 1695 - 1725.

由进入出口市场条件（3.3.9），可以得出开放条件下的工业部门企业均衡生产率和金融部门的均衡融资供给，即：

$$\begin{cases} \varphi_{i,x}^{H*} = \dfrac{\sigma_i}{(\sigma_i - 1)P_i^H}(\varphi_2 W_i^H)^{\frac{\sigma_i}{\sigma_i - 1}}\left[\dfrac{R_i^H}{\tau^{1-\sigma} - \sigma_i^{\ -1}}\right]^{\frac{1}{(\sigma_i - 1)}} > \varphi_i^{H*} \\ A_x^* = \varphi_2 W_i^H > A^* \end{cases} \quad (3.4.5)$$

其中：$\varphi_2 = [(1/B)^k \tau^{1-\sigma} - \sigma_i^{\ -1}][f_e^H - f_d^H]/[(B^{-k} - \chi^{\sigma_i - 1})\tau^{1-\sigma} - (1 - \chi^{\sigma_i - 1})\sigma_i^{\ -1}] + f_e^H$，$\chi = B/\Lambda$。

性质 3.9：存在均衡解(φ_i^{H*}, A^*)贸易开放后，也存在均衡解$(\varphi_{i,x}^{H*}, A_x^*)$使得工业部门出口企业零利润生产率和金融部门融资供给达到均衡。

由于 $B < \Lambda$、$\chi < 1$ 成立，于是$(B^{-k} - \chi^{\sigma_i - 1})\tau^{1-\sigma} - (\chi^{\sigma_i - 1} - 1)\sigma_i^{\ -1} < (1/B)^k \tau^{1-\sigma} - \tau^{1-\sigma}$也成立。比较 φ_1 和 φ_2 分母，当其他参数保持不变的前提下，有 $\varphi_2 > \varphi_1$ 成立。相应地，有 $\varphi_{i,x}^{H*} > \varphi_i^{H*}$ 和 $A_x^* > A^*$ 成立，即贸易开放后，出口企业均衡零利润生产率高于国内生产企业，金融部门均衡融资量也更大。于是，本书能得到以下性质：

性质 3.10：贸易开放后，工业部门出口企业的零利润生产率高于国内生产企业，出口企业所需金融部门均衡融资量也更大。

贸易开放后，由于本国企业将产品出口到国际市场需支付额外的可变贸易成本和固定贸易成本，出口企业零利润生产率比封闭条件的零利润生产率高，这是 $\varphi_{i,x}^{H*} > \varphi_i^{H*}$ 成立的根本原因，即出口企业的生产率水平普遍比仅在国内市场销售的企业生产率高。也就是说，即使当生产企业面临融资约束时，出口自我选择效应依然存在，生产率最高的企业出口、中等生产率的企业服务国内市场、而低生产率的企业从市场中退出。

发展中国家从封闭走向开放后，一方面导致出口企业临界生产率的提高，增强出口企业的市场垄断力量；另一方面，开放促进国外企业进入国内市场，导致国内市场上较低生产率的企业退出市场。因此，存在行业内的资源再分配效应，使得工业部门的生产要素从低生产率企业向高生产率企业流动，生产率高的出口企业销售收入和利润都得到增加。这种资源再分配效应可以通过公式（3.1.14～16）、（3.2.2）、（3.2.7）决定的出口销售收入和利润明显看出：

企业销售收入：

$$\begin{cases} r_i^H(\omega)=0,\varphi<\varphi_i^{H*}\text{（不生产）} \\ r_i^H(\omega)=R_i^H\left[\dfrac{\sigma_i\mu\,(L_A^H)^{\mu-1}}{(\sigma_i-1)\varphi P_i^H}\right]^{1-\sigma_i},\varphi\geqslant\varphi_i^{H*}\text{（国内销售）} \\ r_{i,x}^H(\omega)=[1+\tau^{1-\sigma_i}(R_i^F/R_i^H)]r_i^H(\omega)\ ,\varphi\geqslant\varphi_{i,x}^{H*}\text{（出口）} \end{cases} \tag{3.4.6}$$

企业利润：

$$\begin{cases} \pi_i^H(\omega)=0,\varphi<\varphi_i^{H*}\text{（不生产）} \\ \pi_i^H(\omega)=(R_i^H/\sigma_i)\{\sigma_i\mu\,(L_A^H)^{\mu-1}/[(\sigma_i-1)\varphi P_i^H]\}^{1-\sigma_i}-\mu\,(L_A^H)^{\mu-1}f_d^H, \\ \varphi\geqslant\varphi_i^{H*}\text{（国内销售）} \\ \pi_{i,x}^H(\omega)=[(R_i^F/R_i^H)(\tau P_i^H/P_i^F)^{1-\sigma_i}+1]\pi_i^H(\omega)-\mu\,(L_A^H)^{\mu-1}f_x^H, \\ \varphi\geqslant\varphi_{i,x}^{H*}\text{（出口）} \end{cases} \tag{3.4.7}$$

公式（3.4.6）和（3.4.6）表明企业的销售收入和利润与其生产率水平正相关，出口企业销售收入和利润比仅在国内市场中销售的企业大，低于零利润生产率的企业退出市场，其收入和利润均为零。这样就存在三种资源再分配效应：

性质 3.11：当发展中国家从封闭走向开放后时，随着行业内低生产率企业的生产要素向高生产率企业流动，存在三种资源再分配效应扩大高生产率企业市场垄断力量：一是工业部门内的劳动再分配效应，行业内低生产率企业的劳动要素向高生产率企业流动；二是工业部门内的资金要再分配效应，行业内低生产率企业的资金向高生产率企业流动；三是部门间的资金再分配效应，金融部门的闲置资金不断向工业部门流动。而 Melitz (2003)① 的文献仅存在后一种资源再分配效应。

不仅如此，贸易开放后，虽然存在部分生产率较低的本国制造业企业由于不能获得非负利润而退出市场，但生产率较高、竞争力较强的生产企业由于国际需求增加而要扩大产品生产，进而对企业自身流动性资金要求更高。再加上企业在出口之前必须对产品是否适合目标市场的需求、能否

① Melitz M. 2003. "The impact of trade on intra - industry reallocations and aggregate industry productivity." Econometrica, 71 (6): 1695 - 1725.

满足国外消费者的偏好、是否符合相关国家对产品的管理和规定等信息进行搜索和匹配。企业一旦确定目标市场后，还需要对产品进行必要修改，以适应相关国家的风俗、习惯和管理规定等产品修改成本。企业对国外市场的了解程度远低于国内市场，必须在目标市场建立分销体系，促进产品被国外消费者所接受，这时涉及的成本问题等，都对企业流动性资金提出了挑战。更为重要的是：上述成本必须在企业出口之前进行投资，构成了它们成功出口的前期沉淀成本。如果生产企业不能从国内销售活动中筹集到足够资金，只能仰仗金融部门提供的外源性资金，难以完成成功出口的目的。因此，贸易开放后，本国工业企业的融资约束更大，需要金融部门提供的融资量也更多，即 $A_x^* > A^*$ 成立。于是，贸易开放加剧了发展中国家的资金缺口压力。

性质 3.12：贸易开放后，发展中国家出口企业的资金缺口更大，金融抑制限制了本土企业在出口市场的做大做强。

实际上，融资约束影响中国企业出口贸易发展更是如此。改革开放初期，由于我国存在较为严重的资金缺口压力，虽然劳动力资源禀赋丰裕，但出口贸易发展并不顺畅，直到通过吸引外资弥补资金缺口，外向型经济发展才取得令世人瞩目的成就。但随着中国农业剩余劳动力转移的推进，低成本生产的竞争优势逐渐消退，外资企业存在撤离中国的危险，而完全依赖本土企业参与国际竞争仍未实现。这也是目前不少学者都在探讨的重要课题。一个很重要的原因是：我国本土企业尤其是中小民营企业融资难问题始终没能有效解决。经过多年努力，中国经济发展成就举世瞩目，资金缺口也得到了有效缓解，但问题是金融市场化改革较为滞后，只有为数不多的大企业才能在证券市场直接上市融资，绝大多数中小企业由于缺少担保机构和抵押物，向银行借款成为最廉价和最便捷的外源性融资方式。然而，受政策导向和国有企业“软预算”的影响，国有大型商业银行主导的信贷配给难以真正给中小企业“输血”，而民营中小企业又是中国出口贸易发展的主力军。受资金约束的民营企业不是不想成为出口商，而是因为缺乏合适的外源性融资机会，被迫放弃或减少出口计划，导致本土企业参与国际市场的程度相对偏低。

结合性质 3.1 的融资约束是影响企业参与国际竞争的结论，再加上性质 3.12 的贸易自由化加剧了发展中国家的资金缺口压力，因此，当发展中国家本土企业存在融资约束时，金融发展能缓解出口企业的融资约束，起到扩大出口的作用。

性质 3.13：发展中国家加速国内金融市场改革，提高资金配置效率，能有效缓解本土企业参与国家竞争的融资压力。因此，金融发展可以达到影响发展中国家出口贸易水平的作用，起到改善贸易结构的目的。

上述逻辑是：发展中国家的本土企业存在融资约束，进入国际市场的固定成本增加了出口企业的资金压力，只有部分生产率高的企业才能从国内市场销售中筹集到足够资金，以进入出口市场。同时，开放的贸易自由化和资源再分配效应，使得本国生产率较高的企业，其出口销售收入和规模越来越大，而潜在生产者又因为需要同时支付固定生产成本和进入国际市场成本的双重压力，如果还存在较为严重的融资约束时，其成功出口的概率越来越小。一旦发展中国家完成金融市场化改革，完全消除了企业外部融资的阻力，可以自由支配内源性融资和外源性融资两种资源，上述所有理论公式的证明立刻退化为 Melitz（2003）经典的单要素异质性企业模型①，融资约束影响企业出口的企业也不复存在。所以，本书能得到以下重要性质：

性质 3.14：发展中国家完成金融市场化改革后，如果企业不存在任何融资约束，且可以自由支配内源性融资和外源性融资两种资源，上述融资约束的异质性企业出口模型退化为 Melitz（2003）的模型，企业出口与否完全由生产效率高低决定。否则，融资约束终将伴随着发展中国家本土企业出口发展的全过程。

为了更为准确地把握上述理论分析及其性质，本书将在下一章建立融资约束影响企业出口的经验模型，然后使用中国微观企业数据进行验证。

第五节

小　　结

发展中国家普遍存在金融抑制问题，如何化解企业“融资难”一直

① Melitz M. 2003. “The impact of trade on intra – industry reallocations and aggregate industry productivity.” Econometrica，71（6）：1695 – 1725.

是这些国家理论研究者和政策实践者关注的焦点问题之一。本书从企业进入国际市场的固定成本出发，构建了企业融资约束条件下的新—新贸易理论模型，以分析融资约束与企业出口之间的互动关系，得出以下重要结论：

1. 即使发展中国家生产企业存在融资约束，生产企业和潜在生产者的自我选择效应依然是存在的。竞争机制使得生产率最高的企业出口，生产率居中的企业在国内市场销售，低生产率的企业退出市场。当然，自我选择效应也是新—新贸易理论的核心观点之一。

2. 成本贸易条件下，融资约束是制约企业出口的重要因素，融资能力强的企业可以弥补生产率缺陷，利用外源性融资支付国际贸易的固定成本而成功出口；但融资能力差的企业，即便出口也会因为难以克服国际市场的固定成本而减小出口意愿。这间接反映出企业融资约束与生产率的相互促进关系，使得融资异质性应该和生产率异质性一样，成为决定企业出口与否的重要依据。

3. 与封闭条件相比，贸易开放后，发展中国家出口企业的资金缺口更大，金融抑制将制约本土企业在出口市场的做大做强。这些国家如果能加速国内金融市场改革，提高资金配置效率，将有效缓解本土企业进入国际市场的融资压力，提高企业参与国际竞争的积极性，起到提高本国出口贸易水平和改善贸易结构的作用。

第四章

融资约束影响企业出口的基础：生产率视角

新一新贸易理论认为生产率是影响企业出口的前提，而本书在前一章理论模型中发现融资约束也是影响企业出口的重要因素。为此，本章首先从前文理论分析结论出发，构建融资约束影响企业生产率的经验研究模型，用以分析企业融资约束与企业生产率之间的关系，并使用中国微观企业数据进行实证检验，作为分析融资约束是否存在制约企业出口的基础。本章结论表明，缺乏外源性融资条件下，受融资约束的企业，其生产率水平低于自有资金充足的企业。在控制劳动生产率、行业规模、银行信贷融资、商业信贷融资、出口贸易等因素基础上，使用1998—2008年微观企业数据进行检验后，本章又发现融资约束确实具有制约中国企业创新投资的作用，不利于企业生产效率的持续改善，且民营企业生产率更容易受到融资约束的影响。这些结论说明，政府应加快金融体制的改革与创新，鼓励金融机构向企业尤其是民营企业提供信贷资金，以解决它们的融资约束问题，这既有利于提高企业的生产率水平，也有利于企业增加研发等生产性投资，实现经济增长向创新型经济的稳定发展。

第一节 资金约束影响企业生产率的作用机制

一、企业生产率内生增长的重要性

在中国经济快速增长的过程中，不同企业的生产率存在较大差异，经营绩效也显著不同（吴延兵，2012①；易靖韬、傅佳莎，2011②）。是什么因素影响了中国企业的生产率？对这一问题的解答，不仅是理解企业生产率差异的关键，而且是制定加速企业创新型经济发展、实现我国经济稳定增长的有效政策的关键。

生产率内生增长对经济发展的意义不言而喻。Solow（1957）早就提出一国经济增长与人民生活水平的提高，不是因为资本和劳动等生产要素的积累，而是技术进步引起的全要素生产率差异③。此后，不少理论研究和实证检验文献都发现：资本、劳动等生产要素不是引起经济增长的原因，而是经济发展的结果；经济增长的跨国差异确实不是由生产要素的积累造成的，而是由全要生产率本身内生决定的（Hall and Jones，1999④；Easterly and Levine，2001⑤）。这说明本书依然有必要从微观层面探索影响企业生产率增长的相关因素。

现有文献大多从内部因素、外部因素和全球化竞争三个方面分析企业生产率的差异。内部因素主要从知识积累的视角出发，认为企业自身的研

① 吴延兵，2012：《国有企业双重效率损失研究》，《经济研究》第3期。

② 易靖韬、傅佳莎，2011：《企业生产率与出口：浙江省企业层面的证据》，《世界经济》第5期。

③ Solow M. 1957. "Technical Change and the Aggregate Production Function." The Review of Economics and Statistics, 39 (4): 312-320.

④ Hall R. E. and C. I. Jones. 1999. "Why do Some Countries Produce So Much More Output per Worker than Others?" Quarterly Journal of Economics, 114 (1): 83-116.

⑤ Easterly W. and R. Levine. 2001. "It's not Factor Accumulation: Stylized Facts and Growth Models." World Bank Economic Review, 15 (2): 177-219.

发活动是促进技术进步和生产率提高的源泉（Caselli，1999①；Faggio et al，2007②）。外部因素则主要从产业集聚的角度，分析技术溢出效应对企业生产率水平的影响，如 Moretti（2004）对美国企业③、Martin（2008）对英国企业④、戴翔等（2013）对中国企业的研究⑤等。全球化竞争是基于出口选择效应和出口学习效应，分析企业在贸易开放后获取先进生产技术、管理经验的途径（Melitz；2003⑥；Helpman，2006⑦），以及产品交流、规模经济和企业创新的出口回报对生产率水平的作用（钱学锋等，2011⑧）。

二、融资约束制约企业生产率内生增长的原因

与这些研究视角不同，本章重点关注融资约束与企业生产率之间的关系。这是因为：首先从内部因素看，企业提高生产率水平的研发活动，往往受到自身资金约束的影响，且只有规模大的企业才可能拥有足够的资金，以支持自身企业的研发活动并承担研究与发展风险（Research and Development，R&D），而那些规模小的企业则不能在研发活动上投入足够资金，不利于生产率水平的持续改善；其次从外部因素和全球化竞争看，无论是接受产业集群的技术溢出，还是全球化竞争中的出口选择效应或者出口学习效应，企业都需要支付一定的费用才能成功出口，然后才能在国际市场的竞争中，实现从模仿到创新的技术进步，进而促进生产率水平的

① Caselli 1999. "Technological Revolutions." American Economic Review, 89 (1): 78 - 102.

② Faggio, Salvanes and Reenen, 2007. "The Evolution of Inequality in Productivity and Wages: Panel Data Evidence". CEP Discussion Paper, No. 821.

③ Moretti. 2004. "Workers' Education, Spillovers, and Productivity: Evidence from Plant - Level Production Functions." American Economic Review, 94 (3): 656 - 690.

④ Martin. 2008. "Productivity Dispersion, Competition and Productivity Measurement." CEP Discussion Paper, No. 692.

⑤ 戴翔、韩剑、张二震，2013：《集聚优势与中国企业"走出去"》，《中国工业经济》第 2 期。

⑥ Melitz M. 2003. "The impact of trade on intra - industry reallocations and aggregate industry productivity." Econometrica, 71 (6): 1695 - 1725.

⑦ Helpman. 2006. "Trade, FDI and the organization of firms." Journal of Economic Literature, 44 (3): 589 - 630.

⑧ 钱学锋、王菊蓉、黄云湖、王胜，2011：《出口与中国工业企业的生产率——自我选择效应还是出口学习效应?》，《数量经济技术经济研究》第 2 期。

提高（李永刚，2004[①]；Manova，2008[②]）。因此，一些研究认为，金融机构如果能对流动资金不足的企业提供外源性融资机会，并指导它们进行更有效率的创新，是可以促进企业生产率水平提高的（Aghion et al，2010[③]）。宏观数据研究文献也证明了这一点，如 Levine and Zervos（1998）使用跨国面板数据分析股票市场、银行发展与经济增长之间关系时，指出股票市场与银行业发展都正向促进了企业生产率的增长[④]。类似的还有 Huang and Lin（2009）[⑤] 对 71 个国家、Rioja and Valev（2004）[⑥] 对 74 个国家、Dabla – Norris et al（2010）[⑦] 对 63 个国家的分析等。

然而，微观层面的研究文献似乎暗示着企业很难从银行等正规金融机构获得外源性融资。例如，Brown et al（2009）认为企业对提高生产率水平的创新活动进行投资时，往往具有比较大的无形资产（如专利知识等），而这些通常不能作为抵押品从银行获得贷款；再加上创新活动本身具有的高风险性和不确定性特征，银行出于控制风险的考虑，一般也不提供相应的信贷融资[⑧]。Nucci et al（2005）使用意大利企业数据后，发现企业的杠杆率与生产率之间呈现典型的负相关关系，暗示着负债融资提高企业生产率的促进作用不大[⑨]。Nunes et al（2007）对葡萄牙企业进行研究后，也发现了杠杆率与企业生产率之间的负相关关系。这些结论一方面说明企业很难从银行部门获得信贷融资，以支付提高生产率水平的相关投资；另一方面

① 李永刚，2004：《论产业集群创新与模仿的战略选择》，《中国工业经济》第 12 期。

② Manova K. 2008. "Credit Constraints, Heterogeneous Firms and International Trade." NBER Working Paper No. 14531.

③ Aghion P., Angeletosb, GM, Banerjeeb A. and K. Manova. 2010. "Volatility and Growth: Credit Constraints and the Composition of Investment." Journal of Monetary Economics, 57 (3): 246 – 265.

④ Levine R. and S. Zervos. 1998. "Stock Markets, Banks, and Economic Growth." The American Economic Review, 88 (3): 537 – 558.

⑤ Huang H. and S. Lin. 2009. "Non – linear Finance – Growth Nexus: A Threshold with Instrumental Variable Approach." Economics of Transition, 17 (3): 439 – 466.

⑥ Rioja F. and N. Valev. 2004. "Finance and the Sources of Growth at Various Stages of Economic Development." Economic Inquiry, 42 (1): 127 – 140.

⑦ Dabla – Norris E., Kersting E. and G. Verdier. 2010. "Firm Productivity, Innovation, and Financial Development." International Monetary Fund Working Paper, No. WP/10/49.

⑧ Brown J. R., Fazzari S. M. and B. C. Petersen. 2009. "Financing Innovation and Growth: Cash Flow, External Equity and the 1990s R&D Boom." Journal of Finance, 64 (1): 151 – 185.

⑨ Nucci F., Pozzolo A. F. and F. Schivardi, 2005. "Is Firm' s Productivity Related to Its Financial Structure? Evidence from Microeconomic Data." Rivista di Politica Economica, I – II: 177 – 198.

也暗示着融资约束的企业，其生产率水平将低于自有资金充足的企业[①]。

三、中国企业融资约束制约生产率内生增长的现实

尽管融资因素与企业生产率之间存在密切联系，但人们更愿意相信企业生产率是决定其流动资金多寡的重要因素。为说明融资约束对企业生产率的影响效应，本书首先从异质性企业理论分析框架出发，构建融资约束与企业生产率的理论模型，并在理论上说明内源性融资也是影响企业进行创新投资、促进生产率水平提高的重要因素。

改革开放以来，中国被认为金融体系远远落后于经济的快速发展。很多研究结果表明中国资本要素的分配和使用是低效率的（Boyreau - Debray，2003[②]），且行政干预和金融市场发展滞后是造成这一现象的主要原因（Dollar and Wei，2007[③]；Li et al，2008[④]）。然而，自上世纪中期以来，中国经济取得的令人瞩目成就，似乎在不断挑战被广泛接受的观点，即一个功能全面的金融部门是经济增长不可缺少的组成部分，尤其是企业生产率的内生增长（Ayyagari et al，2011[⑤]）。本章的研究对于正确理解中国企业在较为困难的外部融资条件下，如何利用内源性融资促进生产率水平提高，进而促进经济增长的问题，具有重要现实意义。

与更为关注外源性融资与企业生产率之间联系的文献不同，本章着重讨论企业内源性融资与生产率之间的关系。之所以选择内源性融资，一方面是因为企业现金流在中国企业增长中的重要作用（Ding et al，2012[⑥]），

---

① Nunes P. M. , Sequeira T. N. and Z. Serrasqueiro. 2007. "Firms" Leverage and Labor Productivity: A Quantile Approach in Portuguese Firms." Applied Economics, 39 (14): 1783 - 1788.

② Boyreau - Debray G. 2003. "Financial intermediation and growth: Chinese style'. World Bank Policy Research Working Paper No. 3027.

③ Dollar D. and S. Wei. 2007. " (Das wasted) kapital: Firm ownership and investment efficiency in China." NBER working paper, No. 1303.

④ Li H. , Meng L. , Wang Q. and L. Zhou. 2008. "Political connections, financing and firm performance: Evidence from Chinese private firms." Journal of Development Economics, 87 (2): 283 - 299.

⑤ Ayyagari M. , Demirgüç - Kunt A. and V. Maksimovic. 2011. "Firm Innovation in Emerging Markets: The Role of Finance, Governance, and Competition." Journal of Finance and Quantitative Analysis, 46 (6): 1545 - 1580.

⑥ Ding S. , Guariglia A. and J. Knight. 2012. "Does China Overinvest? Evidence from a Panel of Chinese Firms." Leverhulme Centre for Research on Globalization and Economic Policy, Research Paper 12/04.

另一方面是因为绝大多数的民营企业都存在较为典型的外部融资难问题（Allen et al，2005①）。不仅如此，本书还关注不同所有制企业的内源性融资差异，然后分析这种内源性融资差异对企业生产率的影响效应。

通过上述分析，本书发现内源性融资显著正向影响企业生产率。这既体现了微观企业资源配置效率的改进，将内部资金更好地配置在生产性投资上；也说明了中国企业存在较为严重的信贷融资约束，因为在道德风险和逆向选择条件下，现金流更少的企业更难从银行等金融机构获得外源性融资。

区分所有制后，本书还发现民营和外资企业的生产率水平更容易受内源性融资影响，而国有和集体企业对此没有影响。一个可能的原因是银行尤其是国有商业银行的信贷发放具有“所有制信贷歧视” （Huang，2005②；Hao，2006③），国有和集体企业受益于软预算约束，出现内源性融资作用企业生产率不显著的结果。加入外源性融资变量后，内源性融资与银行信贷融资的交互作用，显著正向影响民营企业和外资企业的生产率，说明政府鼓励银行等金融机构向企业提高信贷投资，依然有助于进一步提高它们的长期生产率。

第二节 实证模型、数据来源与处理

一、实证模型

对公式（3.3.3）取其自然对数可以构成融资量影响企业生产率的实

① Allen F.，Qian J. and M. Qian. 2005. “Law，Finance and Economic Growth in China.” Journal of Financial Economics，77（1）：57－116.

② Huang Y.，2005，“Selling China：Foreign Direct Investment during the Reform Era”，Cambridge：Cambridge University Press.

③ Hao C. 2006. “Development of Financial Intermediation and Economic Growth：The Chinese Experience.” China Economic Review，17（4）：347－362.

证模型①。考虑数据的可获得性和实证分析的可能性，本书选择的计量模型为：

$$\ln\varphi_{it} = \alpha_0 + \alpha_1 \ln W_{it} + \alpha_2 \ln R_{it} + \alpha_3 \ln A_{it} + \alpha_4 cv_{it} + \varepsilon_{it} \quad (4.2.1)$$

其中：i 表示企业；t 表示时间（年度）；$\ln\varphi_{it}$ 为企业生产率的对数；$\ln W_{it}$ 为劳动力实际工资的对数；$\ln R_{it}$ 为企业所在行业的产出对数；$\ln A_{it}$ 为企业融资的对数；cv_{it} 为其他控制变量；ε_{it} 为随机误差项；$\alpha_i(i=0,1,\cdots)$ 为待估计的系数。

二、变量选择、数据来源和处理

计量方程（4.2.1）中的变量涉及中国企业的生产率水平、实际工资、行业产出、融资量等，本书使用国家统计局《中国工业企业数据》（1998—2008）的相关数据进行实证检验。在数据处理中，本书以 1998 年为基期，使用中经网统计数据库公布的价格指数对 1999—2008 年的相关数据进行平减。剔除企业工业增加值大于工业总产值、工业增加值为负、总资产和工资等财务变量小于 0 的异常观测值后，得到了 528811 家企业样本作为最终实证研究数据。为分析企业所有制性质的影响效应，本书还使用实际资产中各投资主体所占比重的方法，划分企业所有制形式，即国有企业（国有资本占比超过 50%）、集体企业（集体资本占比超过 50%）、民营企业（民营资本占比超过 50%）、外资企业（外资资本占比超过 50%）。在实际应用中，本书还将港澳台资本占主导地位的企业也划归为外资企业行列。

（一）企业生产率（$\ln\varphi_{it}$）

衡量企业生产率的首先变量是全要素生产率（TFP）。本书使用 Levinsohn and Petrin（2003）的增加值方法进行计算②。LP 方法计算全要素生产率时，产出变量用工业增加值表示，资本变量用固定资产表示，自由变量用雇佣劳动人数表示；多项式变量用工业中间投入表示（均为自然对数值）。

---

① 对公式（3.3.3）取自然对数后，使用一阶泰勒展开式的方法，并将剩余部分看成误差项，就可以得到公式（4.2.1）。

② Levinsohn J. and A. Petrin. 2003. "Estimating Production Functions Using Inputs to Control Unobservables." Review of Economic Studies, 70（2）: 317 – 341.

（二）实际工资（$\ln(W_{it})$）

类似盛丹等（2011）[①] 的做法，本书选择工人的实际工资作为劳动生产率指标代入计量方程（4.2.1）的回归分析中，并预期劳动生产率越高的企业，其全要素生产率也应该越大，即 $\alpha_1>0$ 成立。

（三）企业所在行业的实际产出（$\ln(R_{it})$）

本书首先使用工业品出厂价格指数将各企业名义产出调整为实际值；然后按《中国工业企业数据库》提供的方法，划分企业所属的四分位行业；最后并将各细分行业内所有企业的实际产出汇总为该行业产出，并作为企业所属行业的实际产出变量。

（四）企业融资（$\ln(A_{it})$）

企业融资可分为内源性融资和外源性融资两大类。内源性融资主要指企业自有资金和在生产经营过程中积累的部分资金，在数量上等于净利润加上折旧、摊销后减去股利。Fazzari et al（1988）认为提高企业营运效率是获得内部融资的根本途径[②]。在已有研究中，通常使用经营现金流表示企业的内源性融资，且经营现金流越大的企业，内源性融资能力越强（Guariglia and Mateut，2006[③]）。为排除企业规模的影响，本文还借鉴韩剑、王静（2012）的方法[④]，使用经营净现金流与固定资产价值之比作为内源性融资的变量，并使用 $\ln(IF_{it})$ 表示。由内源性融资正向影响企业生产率的理论分析结论，预期其系数符号显著为正。

除内源性融资外，企业外源性融资可获得性的增强，也可以改善其资金约束状况。外源性融资主要是企业利用上市融资、银行贷款和商业信用

---

① 盛丹、包群、王永进，2011：《基础设施对中国企业出口行为的影响："集约边际"还是"扩展边际"》，《世界经济》第1期。

② Fazzari S.，R. Hubbard and B. Petersen，1988，"Financing Constraints and Corporate Investment"，Brooking Paper on Economic Activity，19（1）：141－195.

③ Guariglia A. and S. Mateut. 2006. "Credit Channel，Trade Credit Channel，and Inventory Investment：Evidence from a Panel of UK Firms." Journal of Banking and Finance，30（10）：2835－2856.

④ 韩剑、王静，2012：《中国本土企业为何舍近求远：基于金融信贷约束的解释》，《世界经济》第1期。

方式获得外部融资。在我国，只有为数不多的大规模企业才能在证券市场直接上市融资，绝大多数中小企业由于缺少担保机构和抵押物，向银行借款和赊销、延期交付货款等商业信用是企业外源性融资的主要途径。本书选择的企业样本也大多是中小企业，它们的外源性融资方式也主要集中在银行贷款融资和商业信用融资两个方面。本书在实证分析中也将这两种融资方式带入到计量模型（4.2.1）中，并比较它们与内源性融资之间的区别和联系。

银行贷款融资（$\ln(lev_{it})$）。企业向银行融资可以分为长期贷款和短期贷款。为控制信贷风险，银行部门对企业长期贷款的发放较为谨慎，短期贷款应该是企业银行融资的主要渠道。借鉴 Greenaway et al（2007）[①]的方法，本书取杠杆率（即短期贷款占总资产的比重）的自然对数表示银行融资变量，且杠杆率越高，企业从银行获得的外源性融资越多。

商业信用融资（$\ln(tc_{it})$）。商业信用一般指企业的上游供销商通过赊销、延迟付款等方式给予的一种融资方式。在金融市场发展不完善或者实行紧缩货币政策时，商业信用融资可以给企业提供较为灵活和便捷的资金支持。借鉴 Petersen and Rajan（1997）[②] 的方法，本书使用企业应付账款占工业总产值的比重，作为商业信用融资相关变量。

（五）控制变量（cv_{it}）

本书还选择企业出口、行业要素密集度、区域经济发展水平以及企业经营年限作为控制变量，代入计量模型（4.2.1）中。企业出口（$\ln(exp_{it})$）使用口交货值占工业总产值的比重表示。从现有文献来看，众多研究者大多从两个方面论述企业出口行为与其生产率之间的互动关系：第一个方面是出口学习效应，即企业出口以后，将从扩大的国际竞争市场中获得先进的生产技术、管理经验等，从而促进企业的技术学习能力增强和生产率水平的提高（Bustos，2011[③]）；另一方面是企业出口后能增加现金

---

① Greenaway D.，A. Guariglia and R. Kneller，2005，“Do Financial Factors Affect Exporting Decisions?”，Leverhulme Centrefor Research on Globalization and Economic Policy，University of Nottingham，GEP Research Paper.

② Petersen M. and R. G. Rajan. 1997. “Trade Credit：Theories and Evidence.” The Review of Financial Studies，10（3）：661 –691.

③ Bustos P. 2011. “Trade Liberalization，Exports and Technology Upgrading：Evidence on the Impact of MERCOSUR on Argentinean Firms”，American Economic Review，101（1）：304 –340.

流，具有显著改善其融资约束的作用（Bridges and Guariglia，2008[①]）（见表4.1）。

表4.1　　　　　　　　　　主要变量的统计说明

	全部企业	国有企业	集体企业	民营企业	外资企业
$\ln\varphi_{it}$	3.37 (3.41)	3.16 (3.35)	3.26 (3.33)	3.34 (3.37)	3.55 (3.54)
$\ln(W_{it})$	2.29 (2.20)	3.21 (2.72)	2.78 (2.36)	2.12 (2.03)	2.08 (1.38)
$\ln(R_{it})$	7.94 (8.00)	8.69 (8.95)	7.98 (8.05)	7.58 (7.66)	8.21 (8.25)
$\ln(IF_{it})$	0.84 (0.34)	1.83 (0.73)	0.76 (0.24)	0.82 (0.37)	0.73 (0.24)
$\ln(lev_{it})$	0.56 (1.35)	0.40 (1.24)	0.51 (1.27)	0.54 (1.39)	0.73 (1.39)
$\ln(tc_{it})$	2.66 (1.24)	3.51 (1.14)	2.41 (1.20)	3.00 (1.27)	1.77 (1.27)
$\ln(\exp_{it})$	1.83 (1.14)	3.22 (1.90)	3.00 (1.66)	2.21 (1.31)	0.84 (0.87)
观察值	528811	27278	37294	374901	89338

注：（1）数据来源于《中国工业企业数据库》（1998—2008）；（2）括号内为标准差。

行业要素密集度（*industry*）采用包群等（2011）方法[②]，使用人均资本密集度高于全部样本企业均值以上的属于资本更密集行业，低于均值的企业属于劳动更密集行业。地区经济发展水平（*region*）使用两个虚拟变量表示，且 *region* =（1，0，0）表示企业位于东部地区，（0，1，0）表示位于中部地区，（0，0，0）表示企业在西部地区。各企业所在中东西部地区的划分方法，见项松林（2011a）文献[③]。企业经营年限（*year*）使用统计年与企业成立年的差值表示。另外，企业生产率的内生增长问题，还涉及滞后效应。本书将 $\ln\varphi_{it-1}$ 也作为控制变量纳入到回归分析中。全部样本企业与分所有制样本企业的主要变量统计如表4.1所示。

① Bridges S. and A. Guariglia, 2008, "Financial Constraints, Global Engagement, and Firm Survival in the UK: Evidence from Micro Data", Scottish Journal of Political Economy, 55 (4): 444 464.

② 包群、邵敏、侯维忠，2011：《出口改善了员工收入吗？》，《经济研究》第9期。

③ 项松林，2011a：《内需扩大、消费习惯与贸易顺差》，《当代财经》第9期。

第三节

初步回归及分析

为更好体现融资约束制约企业生产率的作用，本书首先对全部样本企业和分所有制企业子样本进行初步回归。考虑到现代资本结构理论中的“优先理论”，初步回归重点关注内源性融资与银行外源性融资之间的差异。这一方面是因为融资成本决定了企业融资首选内部融资和银行外源性融资，且只有在受到银行信用配给的条件下，企业才会求助于卖方提供的商业信用，缓解发展过程中存在的资金约束问题（Ge and Qiu，2007[①]）；另一方面也因为本书将在随后稳健性检验中，进一步比较三种融资方式及其交互作用影响企业生产率的差异。

计量模型（4.2.1）的面板数据分析，通常分为固定效应模型和随机效应模型。本书使用 Hausman 检验选取，且仅报告选择后的结果。由于面板数据可能出现的异方差与同期相关性问题，本书在实证分析中采用白仲林（2006）[②] 和陈永伟（2008）[③] 提出的 White 截面加权和似无关回归模型（SUR）进行处理。表 4.2 估计结果表明，除部分变量的系数大小和符号存在局部差异外，主要变量的系数符号和显著水平基本相同，实证结果较为稳健。

一、劳动生产率

劳动生产率与全要素生产率正相关，符合理论预期。实际工资作为衡量劳动生产率的指标后，无论是全部样本企业还是分所有制后的子样本企业中，其显著正向说明提高劳动生产率仍然是促进企业全要素生产率的重

① Ge Y. and J. Qiu. 2007. “Financial Development, Bank Discrimination and Trade Credit.” Journal of Banking and Finance, 31 (2): 513 – 530.

② 白仲林，2006：《同期相关面板数据退势单位根检验的小样本性质》，《数量经济技术经济研究》第 5 期。

③ 陈永伟，2008：《似无关回归模型及其应用研究》，华中科技大学博士学位论文。

要途径。刘健、项松林（2012）在理论上分析了劳动生产率与企业全要素生产率之间的相互关系①。他们指出当企业采用偏向劳动的技术进步后，一方面提高了劳动要素的相对生产率和边际产出，另一方面全要素生产率也随劳动生产率的提高而增加。但考虑要素的最优配置，全要素生产率的增加幅度应低于劳动相对生产率。项松林、赵曙东（2012）使用SITC－3位码的行业数据后，也认为细分行业的劳动生产率与全要素生产率之间是存在差异的②。本书使用1998—2008年的微观企业数据后，同样发现了全要素生产率增长幅度低于劳动生产率的结论，且这一结论在不同所有制性质的企业子样本中也成立。例如，在全部样本中，劳动生产率每增长1%，对全要素生产率的促进作用只有0.15个百分点。不仅如此，本书还发现劳动生产率促进国有和集体企业的作用低于民营和外资企业，说明国有和集体企业的政府干预以及庞大的管理人员费用支出等，都降低了资源的最优配置，不利于企业生产率水平的提高。当然，国有企业存在生产效率损失同吴延兵（2012）的结论相同③。

二、行业产出

行业产出与企业生产率的正向关系，也符合理论预期。Melitz（2003）在企业异质性的基础上，建立理论模型分析行业规模与企业生产率之间的关系。他指出随着潜在生产者进入市场，自我选择效应使得行业内企业生产率水平越来越高，产出规模越来越大。随着行业内资源再分配效应发生作用，竞争中存活企业的生产率水平与行业产出之间应该存在正相关关系④。一些实证研究文献也证实了Melitz理论分析结论的正确性，如Bernard and Jenson（2004a）⑤ 对美国、Arnold and Hussinger（2005）⑥

① 刘健、项松林，2012：《企业异质性、技术进步与动态比较优势》，《财贸研究》第4期。

② 项松林、赵曙东，2012：《中性还是偏向性技术变迁影响出口？——基于细分行业贸易数据的经验分析》，《财贸经济》第6期。

③ 吴延兵，2012：《国有企业双重效率损失研究》，《经济研究》第3期。

④ Melitz M. 2003. "The impact of trade on intra－industry reallocations and aggregate industry productivity." Econometrica, 71 (6): 1695－1725.

⑤ Bernard A. and J. B. Jensen. 2004a. "Entry, Expansion, and Intensity in the US Export Boom, 1987－1992." Review of International Economics, 12 (4): 662－675.

⑥ Arnold J. M. and K. Hussinger. 2005. "Export Behavior and Firm Productivity in German Manufacturing: A Firm－level Analysis." Review of World Economics, 141 (2): 219－243.

对意大利、Kimura and Kiyota（2006）[1] 对日本情况的分析等。使用1998—2008年中国大样本数据后，本书也发现了行业产出与企业生产率之间的显著正向关系，且该正向作用无论在全部样本企业还是在分所有制企业的子样本中都成立。

三、内源性融资

内源性融资是本书重点关注的对象。全部样本企业中，$\ln(IF_{it})$的显著性系数为0.09，一方面符合理论预期，另一方面也说明内源性融资越大的企业，其生产率水平越高。民营企业与外资企业也与此类似。然而，这种提高生产率的方法，易受到现金流波动的影响，因为当企业现金流出现负增长后，如果没有相应外源性融资，它们将不得不减少相应创新投资支出，不利于生产率水平的持续增强。民营企业尤为如此，它们既不能像外资企业可以从海外母公司中获得流动性，又不像国有企业可以很容易从银行部门获得贷款。所以，对于大多数民营企业而言，支持提高企业生产率水平的创新投资只能来源于内部融资，从而出现内源性融资越强的企业，其生产率水平越高的结论成立。

表4.2的估计结果中，国有和集体企业的内源性融资系数并不显著，说明这些企业受融资约束的程度较小，企业生产率与自身内源性融资关系不大。这主要得益于国有和集体企业的"软预算约束"，它们不用担心企业生产活动中所需的资金问题。这可能是国有企业生产效率水平较为低下的重要原因。本书再通过银行信贷融资进行比较分析。

四、银行信贷融资

银行信贷融资只在国有企业子样本中显著，但其负系数与理论预期不符。一般而言，银行信贷融资越大的企业，应该越容易支持研发等创新投资，进而促进生产率水平提高。国有企业出现银行信贷融资越大、生产率水平反而降低的原因，可能是由其行业的"垄断地位"引起的。凭借国有成分，国有企业可以占据垄断行业获得高额利润。这导致部分国有企业只要向银行进行信贷融资，然后扩大生产规模就可以获得较好的市场绩效

---

① Kimura F. and K. Kiyota. 2006. "Exports, FDI, and Productivity: Dynamic Evidence from Japanese Firms." Review of World Economics, 142 (4): 695-719.

了。表4.2的实证结果也证明了这一点。行业产出对国有企业生产率水平的显著作用达到0.11，远超过全部样本和其他所有制类型企业。因此，对于国有企业而言，它们一方面不用担心资金约束问题，另一方面也不必像民营企业急于进行创新投资以提高生产率水平，防止在行业竞争中处于劣势。这也是中国银行部门多年来不断向国有企业注入流动性资金后，企业全要素生产率水平仍不理想的一个原因。

五、企业出口

原则上，出口企业应该比非出口企业具有更稳定的现金流，也更容易利用出口学习效应促进生产率水平的提高。然而，表4.2的实证结果显示，无论是全部样本还是分所有制的样本，企业出口都没有显著提高生产率水平。造成这种现象的原因，一方面与中国加工贸易出口比重过大有关，另一方面也与出口产品的低价竞争有关。张礼卿、孙俊新（2010）认为中国加工贸易大都处于劳动密集阶段且技术含量不高，加工过程短、增值率不高影响了企业利润率的积累。同时，出口产品的雷同或相似，使得大多数企业纷纷采用竞相压低出口产品到岸价格的方法，以便扩大国际市场份额。这种低价竞争的出口增长模型，既损害了正常的市场竞争秩序，也不利于出口企业增加利润。当企业在出口活动中难以扩大内源性融资能力后，它们既无力支付自主创新投资以提高自身生产率水平，也难以支付技术的购买、引进等相关费用促进生产效率的改进。这或许是企业出口后没有显著提高生产率水平的原因。

表4.2　　初步估计结果

	全部样本	国有企业	集体企业	民营企业	外资企业
常数项	-21.92*** (-6.04)	-22.15*** (-4.12)	-21.36*** (-2.09)	-21.68*** (-6.57)	-21.41*** (-7.83)
$\ln(W_{it})$	0.15** (2.34)	0.11* (1.78)	0.09*** (3.12)	0.12*** (2.64)	0.16* (1.85)
$\ln(R_{it})$	0.04** (2.25)	0.11*** (3.01)	0.02** (2.15)	0.05*** (3.21)	0.07*** (5.78)
$\ln(IF_{it})$	0.09*** (2.54)	0.07 (0.23)	0.11 (0.37)	0.16*** (4.89)	0.35*** (5.20)

续表

	全部样本	国有企业	集体企业	民营企业	外资企业
$\ln(lev_{it})$	0.11 (1.52)	−0.38* (−1.93)	−0.24 (−0.76)	−0.17 (−0.96)	−0.08 (−1.29)
$\ln(exp_{it})$	−0.58 (−0.97)	−0.76 (−1.54)	−0.39 (−1.29)	0.14 (0.86)	0.17 (0.62)
$\ln\varphi_{it-1}$	0.79*** (12.43)	0.65*** (9.67)	0.85*** (7.99)	0.67*** (14.26)	0.59*** (8.49)
year	*yes*	*yes*	*yes*	*yes*	*yes*
industry	*yes*	*yes*	*yes*	*yes*	*yes*
region	*yes*	*yes*	*yes*	*yes*	*yes*
FE/RE	FE	FE	FE	FE	FE
R^2	0.64	0.71	0.62	0.58	0.86
F 值	460.88	497.26	436.89	502.43	494.75
DW	2.32	1.98	2.03	2.16	1.87
Obs	528811	27278	37294	374901	89338

注：(1) ***、**、* 分别表示 1%、5%、10% 显著通过检验；(2) 括号内为 *t* 值；(3) 固定效应与随机效应的选择使用 Hauseman 检验；(4) *no* 表示未加入控制变量，*yes* 表示加入控制变量；(5) 使用 White 加权和 SUR 似无关进行回归分析。

表 4.2 的实证结果还表明，滞后一期的企业生产率对当期生产率水平有显著正向的促进作用，说明提高企业生产效率是一个长期渐进的过程。一旦企业因为融资约束制约了生产率增长，随着当期生产率水平的下降，将继续抑制企业未来生产效率的持续增进。

第四节

民营企业与外资企业稳健性再检验

初步回归中，本书发现区分所有结构后，只有民营企业和外资企业的融资约束对生产率水平有显著影响作用。为此，本书再对这两类企业进行稳健性检验。再检验分为两个层次进行：一是考察内源性融资与银行信贷融资、商业信用融资交互项的影响；二是区分劳动密集型企业和资本密集型企业的再检验。

一、交互项的影响

在交互项的回归分析中，本书分别对民营企业和外资企业采用两个模型：首先分析银行信贷融资交互项的作用，记作模型1；其次分析商业信贷融资的影响，记作模型2。表4.3的估计结果表明：加入不同交互项后，除部分变量的系数大小存在差异外，所有变量的显著性水平和系数符号都保持不变，实证结果较为稳健。

无论是加入银行信贷融资还是加入商业信贷融资的交互项，劳动生产率显著正向影响企业全要素生产率的结论都是成立的，再次说明提高劳动生产效率有助于提高企业全要素生产率水平。与民营企业相比，外资企业劳动生产率促进TFP内生增长的作用更大，说明民营企业仍可以通过提高劳动力实际报酬的方法，提高生产率水平。在当前外需疲软和国内产能过剩等经济结构调整的关键时期，提高劳动力实际报酬，可能对民营企业发展构成了不小压力。民营企业在压缩生产成本的同时，通过增加内部员工培训等方式，既有助于提高职工的劳动生产效率，也会最终起到促进全要素生产率水平增长的作用。

在加入交互项后，行业产出显著正向影响企业生产率的结论也是成立的。与外企相比，行业产出与民营企业生产率的促进作用要小一些，在一定程度上反映了同行业中民营企业产出规模相对偏小的特征。

民营企业的产出规模相对较小，自然导致经营活动的现金流不高，以现金流衡量的内源性融资量也相对较少。所以，与外资企业相比，民营企业利用内部资金投资研发等提高生产率的支出相对较小，出现内源性融资提高企业生产率水平的作用低于外资企业的情形。表4.3中，无论是加入银行信贷融资（模型1）还是加入商业信贷融资（模型2），内源性融资促进民营企业TFP内生增长的显著性系数都明显低于外资企业，也说明了这一问题。

表 4.3 交互项的影响

	民营企业		外资企业	
	模型 1	模型 2	模型 1	模型 2
常数项	-18.74*** (-4.78)	-22.31*** (-4.53)	-23.69*** (-5.38)	-20.58*** (-6.21)
$\ln(W_{it})$	0.12*** (3.06)	0.10*** (2.98)	0.15** (2.25)	0.17*** (2.76)
$\ln(R_{it})$	0.04*** (3.67)	0.04*** (3.85)	0.08*** (6.12)	0.07*** (6.77)
$\ln(IF_{it})$	0.15*** (2.73)	0.18*** (2.94)	0.37*** (5.18)	0.49*** (6.04)
$\ln(lev_{it})$	-0.19* (-1.72)	-0.22** (-2.16)	-0.17 (-0.64)	-0.07 (-0.95)
$\ln(exp_{it})$	0.12 (1.15)	0.18 (0.72)	0.20 (1.39)	0.09 (1.64)
$\ln\varphi_{it-1}$	0.67*** (11.36)	0.66*** (15.66)	0.56*** (9.82)	0.57*** (10.34)
$\ln(IF_{it})\times\ln(lev_{it})$	0.38** (2.21)		1.03*** (3.09)	
$\ln(tc_{it})$		-0.06 (-0.49)		0.11 (1.03)
$\ln(IF_{it})\times\ln(tc_{it})$		-0.27*** (-4.52)		-0.64* (-1.78)
year	*yes*	*yes*	*yes*	*yes*
industry	*yes*	*yes*	*yes*	*yes*
region	*yes*	*yes*	*yes*	*yes*
FE/RE	FE	FE	FE	FE
R^2	0.70	0.69	0.82	0.86
F 值	489.94	512.07	447.29	489.91
DW	2.17	2.31	2.03	1.98
Obs	374901	374901	89338	89338

注：(1) ***、**、* 分别表示 1%、5%、10% 显著通过检验；(2) 括号内为 t 值；(3) 固定效应与随机效应的选择使用 Hauseman 检验；(4) *no* 表示未加入控制变量，*yes* 表示加入控制变量；(5) 使用 White 加权和 SUR 似无关进行回归分析。

民营企业与外资企业在银行信贷融资方面存在较为明显的差异。$\ln(lev_{it})$在民营企业的两个模型中显著为负，而在外资企业中没有达到显著性水平要求，说明以杠杆率衡量的银行信贷融资反而不利于民营企业生产率水平的提高。本书认为是由以下原因造成的：首先，银行部门出于防范贷款风险，会审慎向企业发放贷款，尤其是长期贷款；其次，企业提高生产效率的创新支持，往往具有不确定性、高风险性和长期性，需要不断向创新支出部门提供资金支持；最后，如果企业获得了银行部门的短期信贷，又不能将其用于提高长期生产率的研发活动支出，利息支付必然导致企业净现金流的减少，出现内源性融资不足不利于提高全要素生产率的结果。因此，企业部门所需的长期资金与银行部门只愿提供短期信贷之间的矛盾，可能是导致银行信贷融资反而不利于民营企业生产效率增进的一个原因。外资企业银行信贷融资对企业生产效率没有显著作用，可能与国内银行部门一般都不愿意发放贷款给外资企业有关（Guariglia et al, 2011①）。

$\ln(tc_{it})$在民营企业和外资企业样本中都不显著，说明商业信贷融资对这些企业的全要素生产率没有显著影响。这是因为商业信贷融资主要通过赊销、延迟货款交付方式获得的融资手段，其目的是在企业资金较为紧张的情况下，通过与上游供应企业协商，起到一种暂时缓解资金困难的作用。也就是说，企业通常因为资金紧张进行短暂的商业信贷融资，且基本不将该项融资作为提高长期生产率的准备资金。因此，商业信贷融资不可能具有提高企业生产效率的作用。

应该指出的是，即便银行信贷融资和商业信贷融资单独都不具有提高企业生产率的作用，但是它们与企业内源性融资结合起来的作用也应该不同。商业信贷融资主要用于原材料的购买，且一般发生在企业流动性不充裕的条件下。当商业信贷融资较大后，企业必须将本来就不充裕的流动性优先支付给上游供应商，以保证经营活动的正常运转。这必然会降低用于支持提高生产效率的创新支出，不利于企业生产率水平的提高。银行信贷融资与此不同。假设企业继续支持提高生产率水平的创新投资，但该项投资额度因为目前流动性资金约束的影响而不得不减少。此时，如果企业能

① Guariglia A., Liu, X. and L. Song. 2011. "Internal Finance and Growth: Microeconometric Evidence on Chinese Firms." Journal of Development Economics, 96 (1): 79 - 94.

获得银行的信贷投资，并将信贷资金用于补充企业正常生产所需的流动性资金要求，且不必要减少相应的创新投资后，那么企业生产效率反而会增加。表4.3的实证结果中，交互项 $\ln(IF_{it}) \times \ln(tc_{it})$ 显著为负的系数，与交互项 $\ln(IF_{it}) \times \ln(lev_{it})$ 显著为正的系数，说明当企业流动性不足时，商业信贷融资对企业提高生产效率没有帮助，而银行信贷投资与企业内源性融资结合起来，反而有利于生产效率的提高。

与前文类似的还有，加入交互项后，民营企业和外资企业的出口（$\ln(exp_{it})$）对企业全要素生产率没有影响，滞后一期的 TFP（$\ln\varphi_{it-1}$）显著影响企业当前的生产率水平。

二、分行业的再检验

借鉴包群等（2011）的方法，本书首先将人均资本密集度高于全部企业均值定义为资本密集型企业，反之为劳动密集型企业。按照这种分类方法后，劳动密集型民营企业和外资企业分别为278832和25154家，而资本密集型企业分别为96069和64184家。从资本构成看，民营企业大多是劳动密集型的，而外资企业则主要是资本密集型的。

表4.4的估计结果表明，所有变量的系数符号和显著性水平在分行业的再估计中都不发生变化，实证结果较为稳健。将民营企业和外资企业划分为劳动密集型和资本密集型后，以下重要结论依然成立：①劳动生产率显著正向影响全要素生产率；②行业产出与企业生产率的显著正向关系；③内源性融资能力增强后，能起到显著促进企业生产率水平提高的作用；④单独的银行信贷融资对生产率都没有显著作用；⑤出口活动并没有起到改善企业生产率的作用；⑥滞后的 TFP 显著促进企业当前生产率水平的提高；⑦内源性融资与银行信贷投资的交互项，显著促进了企业生产率水平的增加。

除此之外，表4.4的估计结果中，几乎所有资本密集型企业的系数都比劳动密集型企业大，且在民营企业和外资企业中都成立。行业属性可能是造成这种现象的原因。与劳动密集型企业相比，资本密集型企业对员工人力资本的要求更高、经营活动中产生的现金流也更多。于是，以实际工资衡量的劳动生产率更高，内源性融资能力也更强。所以，资本密集型企业的劳动生产率和内源性融资促进生产率的提高作用，应该比劳动密集型企业大。实证结果正好如此，例如，内源性融资促进民营和外资的资本密集型企业生产效率改进的作用分别达到 0.16 和 0.41，而民营和外资的劳动密集型企业只有 0.13 和 0.38。

不仅如此，资本密集型企业的资本密集使用特征，还意味着企业所需资金的规模比劳动密集型企业多。当这些企业需要向银行部门进行融资时，融资的规模也更大。如果银行部门能够满足它们的融资需求，那么银行信贷融资与内源性融资一起，将极大促进企业生产率水平的提高。表 4.4 的估计结果中，民营和外资资本密集型企业中 $\ln(IF_{it})\times\ln(lev_{it})$ 系数分别达到显著的 0.32 和 1.05，超过劳动密集型企业的 0.25 和 0.98。当然，如果资本密集型企业存在较为严重的融资约束，银行部门又不向它们发放融资贷款，这些企业只能被迫压缩更多提高企业生产率的研发资金支出，企业长期生产效率将受到更大的不利影响。

表 4.4　　分行业的稳健性检验

	民营企业		外资企业	
	资本密集	劳动密集	资本密集	劳动密集
常数项	-19.25*** (-3.12)	-19.17*** (-2.99)	-22.83*** (-4.07)	-21.76*** (-4.48)
$\ln(W_{it})$	0.13** (2.16)	0.11*** (2.54)	0.16* (1.97)	0.15** (2.31)
$\ln(R_{it})$	0.06*** (4.03)	0.05*** (3.97)	0.09*** (7.29)	0.08*** (6.58)
$\ln(IF_{it})$	0.16*** (3.75)	0.13*** (4.71)	0.41*** (5.02)	0.38*** (4.25)
$\ln(lev_{it})$	-0.20 (-1.33)	-0.14 (-0.88)	0.11 (1.31)	-0.13 (1.56)
$\ln(exp_{it})$	0.15 (1.21)	-0.09 (-1.07)	0.23 (0.99)	0.19 (1.32)
$\ln\varphi_{it-1}$	0.72*** (9.48)	0.70*** (11.27)	0.68*** (8.62)	0.65*** (9.24)
$\ln(IF_{it})\times\ln(lev_{it})$	0.32** (2.17)	0.25* (1.67)	1.05** (2.84)	0.98*** (2.79)
year	*yes*	*yes*	*yes*	*yes*
industry	*no*	*no*	*no*	*no*

续表

	民营企业		外资企业	
	资本密集	劳动密集	资本密集	劳动密集
region	*yes*	*yes*	*yes*	*yes*
FE/RE	FE	FE	FE	FE
R^2	0.68	0.72	0.87	0.85
F 值	312.72	298.83	279.65	388.47
DW	1.87	1.99	2.01	2.15
Obs	96069	278832	64184	25154

注：(1) ***、**、* 分别表示 1%、5%、10% 显著通过检验；(2) 括号内为 t 值；(3) 固定效应与随机效应的选择使用 Hauseman 检验；(4) *no* 表示未加入控制变量，*yes* 表示加入控制变量；(5) 使用 White 加权和 SUR 似无关进行回归分析。

总之，无论是加入银行信贷融资还是加入商业信贷融资的交互项，或者区分资本和劳动密集型企业类型，民营和外资企业的内源性融资都是显著正向影响全要素生产率，一方面说明内源性融资是企业提高生产率水平的重要途径，另一方面也说明在缺乏外源性融资条件下，融资约束是制约企业生产效率持续增进的重要因素。

第五节 小结

从异质性企业分析框架出发，本章在前一章理论分析基础上，构建融资约束与企业生产率的实证检验模型，并使用 1998—2008 年《中国工业企业数据》进行实证检验，得出的主要结论如下：

1. 当创新投资存在成本时，融资量的增加有助于提高企业的生产率水平。如果企业缺乏外源性融资渠道，且自身内源性融资又存在不足，融资约束将制约企业生产率水平的持续增长；

2. 使用微观数据进行实证检验后，内源性融资确实具有促进企业生产率提高的作用，但对不同所有制类型企业具有不同效应。就国有企业而言，受益于“软预算约束”以及国有成分的好处，垄断地位使得它们即使不提高企业长期生产效率，也可以获得较为丰厚的报酬，从而阻塞了内源性融资作用企业生产率的通道。民营企业既不能像国有企业那样较为容易地从银行部门获得信贷融资，也不能像外资企业从母公司获得额外资金，使得它们只能主要依赖内部资金作为提高长期生产效率的主要途径；

3. 与内源性融资不同，银行信贷融资和商业信贷融资的单独作用，并不能提高企业的生产率水平，但银行外源性融资与企业内源性融资的交互作用能显著提高民营企业的生产率水平。这说明政府鼓励金融机构向民营企业提供信贷融资，有利于它们提高生产效率，促进经济增长又好又快发展；

4. 虽然融资约束与企业生产率关系是一个广受关注的话题，但现有文献鲜有从理论和实证两方面直接论述两者之间的联系。本章的结论表明：外部资金可获得性也是影响企业生产率的重要因素。这可能是本书不同于以往文献的最大不同。

第五章

融资约束影响企业出口的现实：微观视角

既然外部资金可获得性也是制约企业生产率内生增长的重要原因，那么融资约束对企业出口有何影响值得进一步分析。前文的理论模型表明，贸易开放后，发展中国家的资金缺口更大，融资约束制约微观企业出口的也更为显著。这个结论是否适用于中国实际也值得进一步分析。为此，本章以《中国工业企业数据库》（1998—2008）为基础，实证检验融资约束对企业出口的影响。本书发现生产率对中国企业出口促进还有赖于其融资水平，尤其需要克服融资的阈值效应，以便克服进入国际市场的固定成本。这一结论对于后危机时候稳定中国出口贸易可持续发展具有重要的现实意义。政府采用合适的政策，建立危机时期的保护制度，并引导企业强化获取外部融资的能力，可以起到稳定出口的作用。同时，政策导向如果能切实减轻企业的税收负担，有助于增加它们的流动性资金，提高参与国际竞争的积极性，进而有效推动我国出口贸易的又好又快发展。

第一节　融资约束影响企业出口的作用机制

一、融资约束影响企业出口选择、出口供给的作用机制

前文虽然给出了融资约束制约企业出口的理论机制，但仍难以从中直

接得出实证模型以检验理论预测结论的正确性。为此，本节将在前文理论模型的基础上，首先推导一个可以用来检验融资约束影响企业出口的实证模型。

实证模型的推导从本国企业的实际出口开始。根据企业出口交货值等于出口价格乘以出口量，由公式（3.1.8）可知，本国企业第 t 年出口第 i 种工业制成品品种 ω 的收入为：

$$x_{it}^{H}(\omega)=p_{it,x}^{F}(\omega)q_{it,x}^{F}(\omega)=\alpha_{i}I_{it}^{F}\left[\frac{p_{it,x}^{F}(\omega)}{P_{it}^{F}}\right]^{1-\sigma_{i}}=R_{it}^{F}\left[\frac{p_{it,x}^{F}(\omega)}{P_{it}^{F}}\right]^{1-\sigma_{i}} \tag{5.1.1}$$

其中：$x_{it}^{H}(\omega)$表示企业在 t 年出口第 i 种工业制成品的收入。

由 CES 效用函数的加成原理与公式（3.2.1），本国出口产品的价格等于国内市场与可变贸易成本的乘积：

$$p_{it,x}^{F}(\omega)=\tau p_{it}^{H}(\omega)=\frac{\sigma_{i}\tau W_{it}^{H}}{(\sigma_{i}-1)\varphi_{it}^{H}} \tag{5.1.2}$$

将其代入到公式（5.1.1）中，可得出本国出口第 i 种工业制成品品种 ω 的企业收入为：

$$x_{it}^{H}(\omega)=R_{it}^{F}\left[\frac{\sigma_{i}\tau W_{it}^{H}}{(\sigma_{i}-1)P_{it}^{F}}\right]^{1-\sigma_{i}}(\varphi_{it}^{H})^{\sigma_{i}-1} \tag{5.1.3}$$

又因为 $\frac{R_{it}^{F}}{R_{it}^{H}}=\frac{\alpha_{i}I_{t}^{F}}{\alpha_{i}I_{t}^{H}}=\frac{I_{t}^{F}}{I_{t}^{H}}=\frac{W_{t}^{F}\times L_{t}^{F}}{W_{t}^{H}\times L_{t}^{H}}=\frac{Y_{t}^{F}}{Y_{t}^{H}}$ 成立（Chaney，2008①），则（5.1.3）式又可变化为：

$$x^{H}(\omega)=\Lambda_{1}R_{it}^{H}\left[\frac{\sigma_{i}\tau W_{it}^{H}}{(\sigma_{i}-1)P_{it}^{F}}\right]^{1-\sigma_{i}}(\varphi_{it}^{H})^{\sigma_{i}-1} \tag{5.1.4}$$

其中：$\Lambda_{1}=Y_{t}^{F}/Y_{t}^{H}$ 为本国和外国的相对经济规模，用以说明“本地市场效应”对企业出口的影响。

根据公式（5.1.4），当 $\sigma_{i}>1$ 成立，本书可以发现：①本国企业生产率水平越高，出口越大；②可变贸易成本越高，出口越小；③劳动力使用成本越高，出口也越小；④行业产出越大，企业出口也越多。于是，可以得出如下重要性质：

① Chaney T. 2008. “Distorted Gravity: The Intensive and Extensive Margins of International Trade.” American Economic Review, 98 (4): 1707-1721.

性质 5.1：本国企业的出口随企业生产率和行业产出扩大而增加，但随劳动力使用成本和贸易成本的上涨而减少。

公式（5.1.4）虽然给出了企业出口的基本方程，但直接取对数作为出口检验方程仍然存在缺陷，因为本书未能将企业是否能成功出口考虑在内，毕竟成功出口的企业首先要保证获得非负利润，同时生产率也要达到进入国际市场的零利润条件要求。本书的解决办法是将企业成功出口的条件与出口量结合起来，构建企业出口的计量方程。令 x_i^H 表示第 i 种工业制成品品种 ω 的企业成功进入国际市场后的出口量，则有下式成立：

$$x_{it}^H = Dx_{it}^H \times Ex_{it}^H = \underbrace{\int_{\varphi_{it,x}^{H*}}^{\infty} g(\varphi_{it,x}^H)\, d\varphi_{it,x}^H}_{\text{成功参与}} \times \underbrace{\int_{\varphi_{it,x}^{H*}}^{\infty} x_{it}^H(\omega)\, g(\varphi_{it,x}^H)\, d\varphi_{it,x}^H}_{\text{出口供给}} \tag{5.1.5}$$

其中：$Dx_{it}^H = \int_{\varphi_{it,x}^{H*}}^{\infty} g(\varphi)\, d\varphi$ 表示企业能成功参与出口，而 $Ex_{it}^H = \int_{\varphi_{it,x}^{H*}}^{\infty} x^H(\omega) g(\varphi)\, d\varphi$ 是企业成功出口后的出口量。

根据生产率的 Pareto 分布（Melitz and Ottaviano，2008[①]）可知，$g(\varphi) = k\varphi_{\min}^k \varphi^{-(k+1)}$ 成立。将其代入到出口参与和出口供给方程中，则有下式成立：

$$Dx_{it}^H = \begin{cases} \int_{\varphi_{it,x}^{H*}}^{\infty} g(\varphi_{it,x}^H)\, d\varphi = k\varphi_{it,\min}^k (\varphi_{it,x}^{H*})^k, \varphi_{it,x}^H \geqslant \varphi_{it,x}^{H*} \\ 0, \varphi_{it,x}^H < \varphi_{it,x}^{H*} \end{cases} \tag{5.1.6}$$

$$Ex_{it}^H = \begin{cases} \dfrac{k}{k-\sigma_i-1}\left\{\Lambda_1 R_{it}^H \left[\dfrac{\sigma_i \tau W_{it}^H}{(\sigma_i - 1) P_{it}^F}\right]^{1-\sigma_i}\right\} \varphi_{it,\min}^k (\varphi_{it,x}^H)^{k-\sigma_i-1}, \varphi_{it,x}^H \geqslant \varphi_{it,x}^{H*} \\ 0, \varphi_{it,x}^H < \varphi_{it,x}^{H*} \end{cases} \tag{5.1.7}$$

分别将公式（3.3.9）和（3.3.4）代入到公式（5.1.6）和（5.1.7）中，可以得出融资约束影响本国企业出口参与和出口供给方程：

$$\begin{aligned} Dx_{it}^H = k \left[\frac{B\sigma_i W_{it}^H}{(\sigma_i - 1) P_{it}^H}\right]^k \left[\frac{R_{it}^H}{(1/B)^k \tau^{1-\sigma} - \sigma_i^{-1}}\right]^{\frac{k}{(\sigma_i - 1)}} \\ \times [A_{it}^H - W_{it}^H f_e^H]^{\frac{k}{(\sigma_i-1)}} \varphi_{it,\min}^k, \ if\ \varphi_{it,x}^H \geqslant \varphi_{it,x}^{H*} \end{aligned} \tag{5.1.8}$$

① Melitz M. J. and G. Ottaviano, 2008, "Market Size, Trade, and Productivity", Review of Economic Studies, 75 (1): 295 -316.

$$Ex_{it}^{H}=\frac{k\Lambda_{1}\Lambda^{k-\sigma_{i}+1}\tau^{1-\sigma_{i}}}{k-\sigma_{i}+1}\left[\frac{\sigma_{i}W_{it}^{H}}{(\sigma_{i}-1)P_{it}^{H}}\right]^{k}\left[\frac{1}{\tau^{1-\sigma}-\sigma_{i}{}^{-1}}\right]^{\frac{k-\sigma_{i}+1}{(\sigma_{i}-1)}} \times(R_{it}^{H})^{\frac{k}{(\sigma_{i}-1)}}\left[A_{it}^{H}-W_{it}^{H}f_{d}^{H}\right]^{\frac{k-\sigma_{i}+1}{(\sigma_{i}-1)}}\varphi_{it,\min}^{k},\ if\ \varphi_{it,x}^{H}\geqslant\varphi_{it,x}^{H*} \tag{5.1.9}$$

当 $\sigma_i>1$ 和 $k>\sigma_i-1$ 成立时，易证 $\partial Dx_i^H/\partial A>0$ 和 $\partial Ex_i^H/\partial A>0$ 成立，即本国企业融资量越大，出口参与的可能性越高，出口供给量也越大。也就是说，当本国企业存在融资约束后，融资难限制了企业支付进入国际市场固定成本的能力，从而导致出口参与和出口供给能力的下降。于是，本书能得到如下重要性质：

性质 5.2：当本国企业存在融资约束后，由于难以支付进入国际市场的固定成本，导致潜在生产者参与出口的意愿降低，成功出口企业的出口能力也会下降。

对公式（5.1.8）和（5.1.9）取其自然对数可以构成融资量影响企业生产率的实证模型①。令 $\varphi_{it,\min}=\varphi_{it}$，并去除上标 H 后，且考虑数据的可获得性和实证分析的可能性，本书选择的计量模型为：

$$\ln Dx_{it}=\mathrm{a}_0+\mathrm{a}_1\ln R_{it}+a_2\ln A_{it}+a_3\ln\varphi_{it}+a_4\ln cv_{it}+\varepsilon_{it} \tag{5.1.10}$$

$$\ln Ex_{it}=b_0+b_1\ln R_{it}+b_2\ln A_{it}+b_3\ln\varphi_{it}+b_4\ln cvv_{it}+\eta_{it} \tag{5.1.11}$$

其中：i 表示企业；t 表示时间（年度）；$\ln\varphi_{it}$ 为企业生产率的对数；$\ln W_{it}$ 为劳动力实际工资的对数；$\ln R_{it}$ 为企业所在行业的产出对数；$\ln A_{it}$ 为企业融资的对数；cv_{it} 和 cvv_{it} 为其他控制变量；ε_{it} 和 η_{it} 为随机误差项；a_i 和 $b_i(i=0,1,\cdots)$ 为待估计的系数。根据公式（5.1.8）、（5.1.9）和性质 5.2，本书预测企业融资变量的系数为正。

二、变量选择、数据来源和处理

计量方程（5.1.10）和（5.1.11）中的变量涉及中国企业的行业产出、融资量和生产率水平等，本书使用国家统计局《中国工业企业数据库》（1998—2008）的相关数据进行实证检验。与前文类似，本节的数据处理也以 1998 年为基期，使用中经网统计数据库公布的价格指数对 1999—2008 年的相关数据进行平减，且剔除相关异常观测值后，共得到 604798 家企业样本作为最终实证研究数据。具体变量的选择如下：

---

① 对公式（5.1.8）和（5.1.9）取自然对数后，对 $A-W_i^Hf_d^H$ 项使用一阶泰勒展开式的方法，并将剩余部分看成误差项，就可以得到公式（5.1.10）和（5.1.11）。

（一）出口参与与出口供给（$\ln Dx_{it}$、$\ln Ex_{it}$）

本书首先根据企业出口交货值是否为正，判断企业是否存在出口行为，即出口参与（$\ln Dx_{it}$）表示企业是否存在出口行为的虚拟变量，具体的设定方法是企业有出口行为的企业，其 $\ln Dx_{it}=1$，否则 $\ln Dx_{it}=0$。同样，选择出口交货值为企业名义出口量，并使用消费者价格指数（CPI）将其调整为实际值后，取其自然对数作为企业出口的变量（$\ln Ex_{it}$）。各企业出口交货值数据来源于《中国工业企业数据库》（1998—2008），同期 CPI 指数来源于中经网统计数据库。

（二）行业实际产出（$\ln(R_{it})$）

获取样本企业的工业产值后，本书首先使用工业品出厂价格指数将其调整为实际值，然后按四分位行业汇总方法，得到各企业所属细分行业的实际产出，取其自然对数作为行业实际产出变量。各企业名义工业产值来源于《中国工业企业数据库》（1998—2008），同期工业品出厂价格指数来源于中经网统计数据库。

（三）企业融资量（$\ln(A_{it})$）

与第四章相同，本章也将企业融资划分为内源性融资和外源性融资两大类。内源性融资首先借鉴韩剑、王静（2012）的方法①，使用经营净现金流与固定资产价值的比值表示，并取其自然对数企业内源性融资变量。经营净现金流占固定资产价值比重的自然对数用 $\ln(IF_{it}^{1})$ 表示。由于内源性融资是企业获取充足流动性资金的关键，除使用经营净现金流外，现有文献还是用企业流动性指标作为内源性融资的关键变量（Spaliara, 2009②；Berman and Hericourt, 2010③；Minetti、Murro and Zhu, 2011④）。为此，本书再使用企业净流动资产占企业总资产的比重作为流动性指标，

① 韩剑、王静，2012：《中国本土企业为何舍近求远：基于金融信贷约束的解释》，《世界经济》第 1 期。

② Spaliara, Marina - Eliza, 2009, "Do Financial Factors Affect the Capital - labour Ratio? Evidence from UK Firm - level Data," Journal of Banking & Finance, 33 (10): 1932 - 1947.

③ Berman N. and J. Héricourt. 2010. "Financial factors and the margins of trade: evidence from cross - country firm - level data." Journal of Development Economics, 93 (2): 206 - 217.

④ Minetti R., Murro, P. and S. C. Zhu. 2012. "Corporate Governance and Firm Internationalization." Michigan State University, mimeo.

并取其自然对数，作为内源性融资替代变量 $\ln(IF_{it}^2)$，以检验实证结论的稳健性。各企业净流动资产使用企业流动资产减去流动负债表示，且使用固定资产价格指数将净流动资产、固定资产、总资产的名义值调整为实际值。上述企业数据来源于《中国工业企业数据库》（1998—2008），同期固定资产价格指数也来源于中经网统计数据库。由内源性融资正向影响企业生产率的理论分析结论，预期其系数符号显著为正。

企业外源性融资主要分为银行贷款和商业信用两种。考虑到银行部门为控制信贷风险，对企业发放长期贷款较为谨慎，本书采用短期贷款作为银行贷款的主要变量。Greenaway et al（2007）认为不能简单地认为企业银行贷款较多，外源性融资机会就大，杠杆率的大小还与自身资产数量有关，毕竟资产抵押是企业获取银行融资的主要抵押物①。为此，本书首先使用短期贷款占总资产的比重作为企业银行贷款的主要变量，取其自然对数作为银行融资变量 $\ln(lev_{it}^1)$。同样，为检验实证结论的稳健性，本书还是用短期贷款占固定资产的比重作为企业杠杆率的另一变量，取其自然对数作为银行融资的替代变量 $\ln(lev_{it}^2)$。根据杠杆率的定义，本书预期杠杆率越高的企业，其从银行部门获得的外源性融资越多，本书预期以杠杆率表示的银行融资的系数也为正。企业银行融资的相关数据也来源于《中国工业企业数据库》（1998—2008）。

商业信用融资是另一种外源性融资的重要通道。与已有文献类似，本书首先使用企业应付账款占工业总产值的比重（Petersen and Rajan，1997②；项松林、魏浩，2014③），并取其自然对数作为商业信用融资相关变量 $\ln(tc_{it}^1)$。同样，为检验实证结论的稳健性，本书还是用企业应付账款占工业销售额比重的自然对数作为另一个商业信用融资相关变量 $\ln(tc_{it}^2)$。上述商业融资数据也来源于《中国工业企业数据库》（1998—2008）。根据发展中国家金融市场发展不完善或者实行紧缩货币政策时，商业信用融资可以给企业提供较为灵活和便捷的资金支持结论，本书预期

① Greenaway D.，A. Guariglia and R. Kneller，2005，"Do Financial Factors Affect Exporting Decisions?"，Leverhulme Centrefor Research on Globalization and Economic Policy，University of Nottingham，GEP Research Paper.

② Petersen M. and R. G. Rajan. 1997. "Trade Credit：Theories and Evidence." The Review of Financial Studies，10（3）：661 – 691.

③ 项松林、魏浩，2014：《流动性约束对中国企业生产率的影响》，《统计研究》第3期。

商业信用越大的企业，其融资条件越好，出口参与和出口供给也更容易，即商业融资的系数符号也为正。

（四）企业生产率（$\ln\varphi_{it}$）

衡量企业生产率的首先变量是全要素生产率（TFP）。本书使用 Levinsohn and Petrin（2003）的增加值方法进行计算[①]。LP 方法计算全要素生产率时，产出变量用工业增加值表示，资本变量用固定资产表示，自由变量用雇佣劳动人数表示；多项式变量用工业中间投入表示（均为自然对数值）。LP 方法计算企业全要素生产率的数据全部来源于《中国工业企业数据库》（1998—2008）。根据新—新贸易理论的自我选择效应，本书预期企业生产率变量的系数也显著为正。

（五）控制变量（$\ln cv_{it}$和 $\ln ccv_{it}$）

影响企业出口参与和出口供给的因素还有很多，本书都将其作为控制变量代入计量模型（5.1.10）和（5.1.11）。新—新贸易理论中，除生产率的异质性外，规模异质性也是影响企业出口与否的重要因素。为此，本书首先将企业规模代入上述计量方程中。遵循易靖韬（2011）等做法，本书用企业员工数量表示企业规模，取其自然对数作为企业规模变量 $\ln size_{it}$。

企业市场竞争程度也是影响企业出口行为的重要因素。借鉴张杰（2013）等的方法，本书使用企业所处四分位行业的 Herfindahl - Hirschman 指数来测度市场集中度，且取其自然对数后，用 $\ln HHI_{it}$表示[②]。计算 Herfindahl - Hirschman 指数时，各微观企业的名义工业产出来源自《中国工业企业数据库》（1998—2008），并使用中经网统计数据库的工业品出厂价格指数将其调整为实际值。

税收负担也是影响企业流动性的重要因素，且税负越大的企业，其经营净利润越小，受融资约束的程度越大，越不利于企业参与国际竞争。在中国更是如此，中国制造业出口繁荣与政府长期实施出口退税政策密切相关。为检验税负对中国企业出口的影响，本书还将企业总税负水平占企业

---

① Levinsohn J. and A. Petrin. 2003. "Estimating Production Functions Using Inputs to Control Unobservables." Review of Economic Studies, 70（2）：317 - 341.

② 张杰、郑文平、束兰根，2013：《融资约束如何影响中国企业出口的二元边际》，《世界经济文汇》第 4 期。

实际销售比重的对数（$\ln tax_{it}$）代入上述计量方程中，检验税收负担对企业出口选择和出口供给的影响。实际计算中，本书将企业总体税负水平额定义为企业应交所得税、企业应交增值税、产品销售税金及附加、管理费用中税金支出总和表示。上述企业税负数据也来源于《中国工业企业数据库》（1998—2008）。

企业所在的行业需求也是影响企业出口的重要因素，因为行业需求变化反映了外部市场需求所蕴含的行业外部规模经济作用（张杰等，2013①）。为分析行业需求对中国企业出口选择和出口供给的作用，本书按地区和四分位行业计算的企业实际销售额自然对数作为行业需求变量（$\ln demand_{it}$），并将其代入计量模型（5.1.10）和（5.1.11）中。各微观企业的名义销售额来源于《中国工业企业数据库》（1998—2008），调整为实际值的工业品出厂价格指数来源于中经网统计数据库。

无论是自我选择效应还是出口学习效应（Bustos，2011②；Bridges and Guariglia，2008③），生产率水平始终是企业参与国际竞争的重要因素，企业研发活动是它们获取生产率内生增长的主要驱动力。为分析研发活动对中国企业出口的作用，本书将其代入实证检验模型中，并使用研发支出占工业总产值比重的自然对数作为控制变量（$\ln RD_{it}$），分析企业研发促进生产率内生增长后的引致企业出口作用。各企业的研发支出名义数据来源于《中国工业企业数据库》（1998—2008），并使用 CPI 指数将其调整为实际值。

另外，本书还选择行业要素密集度、区域经济发展水平、企业经营年限以及所有制性质差异作为控制变量，代入计量模型（5.1.10）和（5.1.11）中。行业要素密集度（*industry*）采用包群（2011）等方法，使用人均资本密集度高于全部样本企业均值以上的属于资本更密集行业，低于均值的企业属于劳动更密集行业④。地区经济发展水平（*region*）使用三个虚拟变量表示，且（1，0，0，0）表示企业位于东部地区，（0，1，

① 张杰、郑文平、束兰根，2013：《融资约束如何影响中国企业出口的二元边际》，《世界经济文汇》第 4 期。

② Bustos P. 2011. "Trade Liberalization, Exports and Technology Upgrading: Evidence on the Impact of MERCOSUR on Argentinean Firms", American Economic Review, 101 (1): 304 - 340.

③ Bridges S. and A. Guariglia, 2008, "Financial Constraints, Global Engagement, and Firm Survival in the UK: Evidence from Micro Data", Scottish Journal of Political Economy, 55 (4): 444 - 464.

④ 包群、邵敏、侯维忠，2011：《出口改善了员工收入吗?》，《经济研究》第 9 期。

0，0）表示位于中部地区，（0，0，1，0）表示西部地区，而（0，0，0，0）表示企业在东北地区。各企业所在中东西部和东北地区的划分方法，见项松林（2011a）文献①。企业经营年限（*year*）使用统计年与企业成立年的差值表示。

为分析企业所有制性质的影响效应，本书还使用实际资产中各投资主体所占比重的方法，划分企业所有制形式（*owner*），即国有企业（国有资本占比超过50%）、集体企业（集体资本占比超过50%）、法人企业（法人资本占比超过50%）、私人企业（私人资本占比超过50%）、外资企业（外资资本占比超过50%），港澳台企业（港澳台资本占比超过50%），并使用五个虚拟变量表示上述企业所有制性质差异。上述计算行业要素密集度、区域经济发展水平、企业经营年限以及所有制性质差异的控制变量也来源于《中国工业企业数据库》（1998—2008）。

第二节　出口选择的实证检验

一、全部样本

本书首先使用Probit方法对实证模型（5.1.10）进行计量分析，实证检验三种企业融资变量和生产率变量对企业出口参与的影响，以检验融资异质性是否和生产率的异质性类似，成为企业出口与否的关键变量。其次，为克服回归过程中可能存在的异方差，本书在三种企业融资变量和生产率变量基础上，加入各控制变量检验实证结论的稳健性。同样，为检验三种融资变量的稳健性，本书还将变量选择的不同融资变量代入计量方程中，以检验实证结论的稳健性。

全部样本企业出口选择的初步回归结果见表5.1，其中：模型1表示短期贷款占总资产的比重、经营净现金流占固定资产价值比重和企业应付

① 项松林，2011a：《内需扩大、消费习惯与贸易顺差》，《当代财经》第9期。

账款占工业总产值比重作为企业融资变量的回归结果；模型2表示短期贷款占固定资产比重、企业净流动资产占企业总资产的比重和企业应付账款占工业总产值比重作为企业融资变量的回归结果；模型3表示短期贷款占总资产的比重、经营净现金流占固定资产价值比重和企业应付账款占工业总产值比重作为企业融资变量的回归结果；模型4表示短期贷款占固定资产比重、经营净现金流占固定资产价值比重和企业应付账款占工业销售额比重作为企业融资变量的回归结果；模型5—8则是在上述基本回归的基础上，增加行业产出、行业竞争程度、税收、行业需求、研发、资本密集度、地区、所有制等控制变量的估计结果。

表5.1中，无论是选择不同内源性融资或外源性融资变量，还是加入或不加入其他控制变量，所有系数的符号和显著性水平都不发生变化，实证结果较为稳健。实证结果中，本书首先关注三种融资变量对企业出口的影响。

（一）企业融资方面

首先，看银行贷款融资对中国企业出口参与的影响。由于$\ln(lev_{it}^{1})$和$\ln(lev_{it}^{2})$在模型1—8中都显著为负，说明以短期贷款占总资产的比重或短期贷款占固定资产比重作为企业银行融资的变量后，银行贷款构成了中国企业参与国际竞争的重要障碍。前文的理论分析表明，企业获得外源性融资途径越多，融资量越大，会降低进入出口市场的零利润条件，促进更多企业参与出口竞争。然而，中国金融市场发育程度相对缓慢，中小企业从银行方面获取融资难的问题始终未能得到有效解决。这决定了大多数中小企业难以获得银行方面的贷款融资。另外，企业需要外源性融资的根本原因是因为缺乏足够资金，以支付进入国际市场的固定成本，被迫放弃出口计划。当企业缺乏银行外源性融资机会后，势必会造成中国出口企业参与面广度不足的问题。企业银行贷款融资显著负向影响中国企业出口参与的结论，具有重要的政策含义。政府应该继续加大金融体制改革步伐，促进金融资本助力实体经济发展的本源，为潜在出口企业提供更多外源性融资便利，帮助它们克服进入出口市场的固定成本障碍，以提高出口企业面广度的作用，起到稳定出口增长的作用。

其次，内源性融资的作用。既然微观企业难以从正规商业银行中获取贷款资金，那么缺少外源性融资的企业，只能通过国内市场销售筹措流动性资金，以支付进入国际市场成本，提高企业出口参与程度。因此，本书预期内源性融资应该具有显著正向影响企业出口参与的作用。表 5.1 的结论恰好体现了这一点，模型 1—8 中 $\ln(IF_{it}^1)$ 和 $\ln(IF_{it}^2)$ 的系数都显著为正，说明以经营净现金流或净流动资产衡量的企业内源性融资水平，都具有显著促进微观企业出口参与的作用。企业内源性融资显著正向影响中国企业出口参与的结论，一方面符合前文的理论预期，另一方面也说明融资约束制约企业出口的新—新贸易理论也适用于中国。这对当前和未来一段时间稳定中国出口增长具有重要的政策含义。政府应该继续加快和推进市场化改革步伐，打破企业生产经营活动中存在的区域、所有制结构等行政干预，理顺各种要素价格市场形成机制，并适度减轻企业税收负担，提高微观主体的市场盈利能力和企业内源性融资能力，尽量减轻因资金约束限制企业出口机制的发生，增加企业参与出口的积极性，以便利用出口企业主体广度的增加，起到稳定出口的目的。

表 5.1　　全部样本企业出口选择回归结果

	模型 1	模型 2	模型 3	模型 4	模型 5	模型 6	模型 7	模型 8
常数项	-1.660*** (-136.80)	-1.660*** (-136.75)	-1.854*** (-145.96)	-1.662*** (-136.87)	1.031*** (3.82)	1.031*** (3.82)	0.748*** (2.78)	1.032*** (3.82)
$\ln(lev_{it}^1)$	-0.031*** (-28.23)		-0.029*** (-24.97)	-0.032*** (-28.43)	-0.020*** (-14.77)		-0.018*** (-12.82)	-0.020*** (-14.83)
$\ln(lev_{it}^2)$		-0.031*** (-28.23)				-0.020*** (-14.77)		
$\ln(IF_{it}^1)$	0.283*** (74.30)	0.283*** (74.30)		0.285*** (74.63)	0.286*** (59.29)		0.072*** (36.44)	0.287*** (59.45)
$\ln(IF_{it}^2)$			0.077*** (49.20)			0.286*** (59.29)		
$\ln(tc_{it}^1)$	0.064*** (50.88)	0.064*** (50.88)		0.062*** (49.25)	0.038*** (24.42)	0.038*** (24.42)	0.043*** (27.42)	
$\ln(tc_{it}^2)$			0.067*** (53.17)					0.036*** (23.44)
$\ln\varphi_{it}$	0.188*** (122.00)	0.188*** (122.02)	0.185*** (120.46)	0.187*** (121.67)	0.164*** (78.00)	0.164*** (78.00)	0.165*** (78.55)	0.163*** (77.82)

续表

	模型 1	模型 2	模型 3	模型 4	模型 5	模型 6	模型 7	模型 8
$\ln size_{it}$					0.116 *** (57.35)	0.116 *** (57.35)	0.113 *** (56.18)	0.116 *** (57.44)
$\ln(R_{it})$					0.213 *** (10.04)	0.213 *** (10.04)	0.208 *** (9.84)	0.213 *** (10.05)
$\ln HHI_{it}$					0.126 *** (20.86)	0.126 *** (20.86)	0.130 *** (21.49)	0.126 *** (20.85)
$\ln tax_{it}$					-0.034 *** (-22.96)	-0.034 *** (-22.96)	-0.038 *** (-25.73)	-0.034 *** (-23.13)
$\ln demand_{it}$					0.162 *** (7.55)	0.162 *** (7.55)	0.157 *** (7.32)	0.162 *** (7.57)
$\ln RD_{it}$					0.127 *** (55.60)	0.127 *** (55.60)	0.128 *** (56.17)	0.128 *** (56.05)
industry					0.097 *** (13.61)	0.097 *** (13.61)	0.062 *** (8.77)	0.098 *** (13.77)
region	*no*	*no*	*no*	*no*	*yes*	*yes*	*yes*	*yes*
owner	*no*	*no*	*no*	*no*	*yes*	*yes*	*yes*	*yes*
year	*no*	*no*	*no*	*no*	*yes*	*yes*	*yes*	*yes*
Likelihood	-348394	-348394.1	-350098.8	-348470.3	-250697	-250697	-251876.8	-250720.7
χ^2 值	23608.00	23608.35	20198.91	23440.69	25555.00	25554.83	23195.24	25507.41
PseudoR^2	0.03	0.03	0.03	0.03	0.05	0.05	0.04	0.05
Obs	604798	604798	604798	604778	427320	427320	427320	427320

注：(1) ***、**、* 分别表示 1%、5%、10% 显著通过检验；(2) 括号内为 *z* 值；(3) *no* 表示不加入控制变量，*yes* 表示加入控制变量。

最后，商业信贷对企业出口参与的影响。Peterson and Rajan（1997）认为商业信用在金融市场发展不完善或者实行紧缩货币政策的国家更为明显，且企业通过上游供销商赊销、延迟付款等方式获得的商业信用，可以为企业提供较为灵活和便捷的资金支持，企业间商业信贷可以起到替代内源性融资的作用①。对于受融资约束的企业而言，上下游供销商如果能通

① Melitz M. 2003. "The impact of trade on intra - industry reallocations and aggregate industry productivity." Econometrica, 71 (6): 1695 - 1725.

过赊销和延迟支付等方式提高信贷支付，将有助于它们利用有限的资金投资缓解进入国际市场面临的固定成本压力，从而起到扩大出口面广度的作用。因此，本书预期商业信贷对中国企业出口也具有显著正向作用。表5.1的回归结果也证实了这一点。无论是 $\ln(tc_{it}^{1})$ 还是 $\ln(tc_{it}^{2})$，其显著为正的系数，说明企业间商业信贷融资确实具有促进企业参与出口的作用。

值得注意的是，表5.1中，无论是何种商业信用，其促进企业参与出口的作用都远远小于内源性融资，说明影响中国企业进入国际市场的主要动力依然是企业挖掘内部的流动性资金。这一方面符合前文理论分析的基本结论，另一方面也说明商业信用扩大中国企业参与出口的作用还有待提高。政府还应该从立法监督的角度出发，完善相关商业法律法规，从制度上保证企业间商业信贷的合理性和发放商业信贷企业的财产合法权益，消除市场主体对延迟付款等商业信用的担心，充分利用商业信贷作为企业内源性融资的替代方式，增加微观企业出口面广度，起到稳定出口增长的作用。

（二）企业生产率方面

从全部样本企业估计结果来看，生产率水平显著正向影响企业的出口选择，一方面符合新—新贸易理论的预期结论，另一方面也说明前文中理论分析的正确性。新—新贸易理论的重要观点是：固定和可变贸易成本使得只有生产率更高的企业才能从出口的行为中获利，企业的出口参与同生产率正相关。这体现了新—新贸易理论的自我选择效应（Self - selection effect）。

自我选择效应是指由于出口市场的贸易成本、进入壁垒和建立分销机构等沉淀成本的存在，只有生产率高的企业才能克服这些成本障碍，并获得非负利润。因此，出口企业在进入出口市场之前已经具备较了较高生产率水平，企业生产率的高低也是决定相对出口大小的重要依据。自我选择效应既是本书理论模型成立与否的前提，也是经典新—新贸易理论的一个基本结论（Melitz，2003①；Bernard et al，2007 等）。一些经验研究也支持了发达国家和发展中国家或新兴经济体的出口企业具有自我选择效应的

① Bernard A. B.，J. B. Jensen，S. J. Redding and P. K. Schott，2007. "Firms in International Trade"，Journal of Economic Perspectives，21（3），105 - 130.

作用。Bernard and Jenson（2004a）使用美国企业数据、Greenaway、Guariglia and Kneller（2005）使用英国数据、Arnold and Hussinger（2005）使用意大利数据、Kimura and Kiyota（2006）使用日本数据、Aw et al（2000）使用韩国和中国台湾地区的数据等，也都证实了生产率对企业出口的显著正向促进作用，即出口企业存在自我选择效应①。本书的实证结论也说明自我选择效应依然是符合中国微观企业实际的。

应该注意的是：就促进中国企业参与出口的作用上，生产率水平和内源性融资这两个因素还是存在差异的。表5.1中，无论是添加控制变量还是不添加控制变量，生产率水平促进企业出口的显著性系数都小于内源性融资，说明就促进企业参与国际竞争而言，融资异质性是优于生产率异质性的，至少样本期的中国数据反映了这个问题。为什么融资能力比生产率更重要？本书认为是因为资金的便利性造成的。由于国际市场的固定成本，在没有融资条件的环境下，企业只能努力提高生产率水平，以便在国内市场销售中筹措足够的资金，支付进入国际市场的固定成本而成功出口。相比较生产率内生增长的长期性、复杂性和不确定性，提高融资能力是可以在短期内提高企业资金实际使用量的确定作用。融资能力越强的企业，越容易筹集到相关资金而不必依赖生产率水平短期提升，支付进入国际市场的固定成本，从而更容易促进企业参与出口。因此，就促进企业参与出口的作用而言，融资异质性应该比生产率异质性更强。这也是本书与以往文献不同的关键之处。当然，生产率水平正向影响中国企业参与出口的结论，符合新—新贸易的理论预期，也说明生产率的异质性依然是中国企业得以出口的重要原因。

---

① 上述文献包括 Halpern. L. , M. Koren and A. Szeidl, 2009. "Imported Inputs and Productivity", Central European University, Unpublished; Bernard, A. and J. B. Jensen. 2004a. "Entry, Expansion, and Intensity in the US Export Boom, 1987 - 1992." Review of International Economics, 12 (4): 662 - 675; Greenaway D. , A. Guariglia and R. Kneller, 2005, "Do Financial Factors Affect Exporting Decisions?", Leverhulme Centrefor Research on Globalization and Economic Policy, University of Nottingham, GEP Research Paper; Arnold J. M. and K. Hussinger. 2005. "Export Behavior and Firm Productivity in German Manufacturing: A Firm - level Analysis." Review of World Economics, 141 (2): 219 - 243; Kimura F. and K. Kiyota. 2006. "Exports, FDI, and Productivity: Dynamic Evidence from Japanese Firms." Review of World Economics, 142 (4): 695 - 719; Aw, B. Y. , S. Chung and M. J. Roberts, 2000, "Productivity and Turnover in the Export Market: Micro - level Evidence from the Republic of Korea and Taiwan (China)", World Bank Economic Review, 14 (1): 65 - 90 等等。

（三）企业规模方面

从估计结果来看，企业规模（$\ln size_{it}$）显著正向影响出口选择，符合新—新贸易理论预期。新—新贸易理论认为：生产率更高的成功出口企业，其生产规模不断增加，企业规模同出口选择也正相关。初步估计结果中，企业规模显著正向影响出口选择和出口供给正好体现出这一特点。实际上，企业规模越大，现存机械、设备等可用于生产的利用情况也会越好。随着生产能力扩张和可用生产能力的增加，产品供给市场的能力也会更好，选择进入出口市场也有了保障。

（四）行业产出方面

模型5—8中，行业产出变量$\ln(R_{it})$显著正向企业出口参与，也符合理论预期。实际上，企业所属的行业产出越大，行业的国际竞争力越强。根据新—新贸易理论的比较优势模型可知（Bernard et al，2007①），随着资源再分配效应和自我选择效应的作用，越具有竞争优势的行业，其出口规模也越大。同时，当行业内潜在出口商观察到行业内领先企业在出口市场获利后，也会利用差异化产品进入国际市场分享领先企业的利润份额，直至整个行业内企业都达到获取零利润的垄断竞争均衡。因此，行业产出越大的企业，企业参与出口也应该越容易。

（五）行业竞争程度

行业竞争也是影响企业出口的重要因素。这是因为如果企业所属行业的竞争程度不足，极易出现垄断和寡头市场结构。这种市场组织中，即使潜在出口商发现出口有利可图，也很难打破先行企业的市场垄断地位，更不可能出现差异化产品结构中垄断竞争的零利润条件。因此，对于行业竞争程度差的产品结构而言，即使行业产出较大，潜在生产者得以成功出口也会受到领先企业的阻挠，不利于扩大企业出口面广度。相反，如果行业竞争程度越高，越可能出现垄断竞争的市场结构，潜在生产者也更容易获得现有出口企业的海外市场利润，促进出口面广度的增加。使用 Herfind-

① Bernard A. B.，J. B. Jensen，S. J. Redding and P. K. Schott，2007. “Firms in International Trade”，Journal of Economic Perspectives，21（3），105－130.

ahl - Hirschman 指数测算的四分位市场竞争程度指数后，$\ln HHI_{it}$显著正向影响中国企业参与出口，说明增加行业竞争程度也有助于促进更多企业参与国际竞争。市场竞争指数显著正向影响企业出口参与，也具有重要的政策含义。政府应该继续加快和推进行业改革，减少各种阻碍行业竞争的进入壁垒，以降低行业内龙头企业的垄断地位，提升行业市场竞争活力，促进更多企业参与出口，以实现稳定出口增长的作用。

（六）企业税负水平

企业税收负担越重，其可用流动性资金越小。根据流动性越大，企业越容易成功出口的结论，本书预期税负水平显著负向影响企业出口。表5.1中，模型5—8中$\ln tax_{it}$显著为负的系数，也说明了这一点。这说明中国政府还应该继续推进营改增等税收体制改革，切实采取措施降低微观主体的税收负担，以增加它们的流动性水平。当企业流动性资金充足后，必然有能力支付进入国际市场的固定成本，参与出口的动机也将大大提升，起到扩大出口企业面广度的作用（见表5.2）。

表5.2　　分行业企业出口选择回归结果

	资本密集型行业		劳动密集型行业	
	模型1	模型2	模型1	模型2
常数项	-1.448*** (-38.84)	-3.214*** (-4.19)	-1.643*** (-116.80)	1.689*** (5.84)
$\ln(lev_{it}^{1})$	-0.002 (-0.53)	-0.005 (-1.14)	-0.033*** (-27.97)	-0.020*** (-13.70)
$\ln(IF_{it}^{1})$	0.477*** (48.36)	0.492*** (41.37)	0.242*** (56.75)	0.231*** (43.66)
$\ln(tc_{it}^{1})$	0.090*** (24.33)	0.074*** (16.75)	0.061*** (45.71)	0.034*** (20.49)
$\ln\varphi_{it}$	0.201*** (52.00)	0.189*** (36.61)	0.181*** (98.82)	0.151*** (64.72)
$\ln size_{it}$		0.045*** (8.70)		0.133*** (60.47)
$\ln(R_{it})$		0.162*** (2.70)		-0.268*** (-11.76)

续表

	资本密集型行业		劳动密集型行业	
	模型 1	模型 2	模型 1	模型 2
$\ln HHI_{it}$		0.167*** (9.55)		-0.178*** (-27.44)
$\ln tax_{it}$		-0.012*** (-2.84)		-0.039*** (-24.71)
$\ln demand_{it}$		-0.174*** (-2.88)		0.208*** (9.04)
$\ln RD_{it}$		0.091*** (14.55)		0.133*** (53.93)
industry	*no*	*no*	*no*	*no*
region	*no*	*yes*	*no*	*yes*
owner	*no*	*yes*	*no*	*yes*
year	*no*	*yes*	*no*	*yes*
Likelihood	-40467	-32018	-307448	-217827
χ^2 值	7898.00	6481.00	15919.00	20147.00
Pseudo R^2	0.09	0.09	0.03	0.04
Obs	70269	54260	534529	373060

注：(1) ***、**、* 分别表示 1%、5%、10% 显著通过检验；(2) 括号内为 *z* 值；(3) *no* 表示不加入控制变量，*yes* 表示加入控制变量。

（七）行业需求

表 5.1 中，行业需求也显著正向影响中国企业出口参与，也符合理论预期。与行业供给不同，行业需求反映了国际市场对中国出口产品的诉求。当这种诉求提升后，自然能促进更多生产差异化产品的企业参与国际竞争。当然，行业需求显著正向影响中国企业出口选择，也具有重要的政策意义。政府应该继续与世界主要国家保持良好的对外经贸关系，通过签订区域一体化和贸易自由化协定，减少关税壁垒等方法提升中国产品的行业需求，促进更多企业参与国际竞争和合作。

（八）研发投资

增加企业研发投资，不仅可以促进企业生产率的内生增长，充分利用企业异质性促进我国出口贸易的可持续发展，而且可以增加中国出口产品种类和出口企业数量，起到稳定出口的作用。因此，本书预期研发投资也显著正向影响中国企业的出口参与。表 5.1 中，$\ln RD_{it}$显著为正的系数恰好体现了这一点，说明增加研发投资也可以促进更多企业自我选择出口。研发支出有利于扩大企业出口面，起到稳定出口的作用，说明中国政府还应该采取有效措施增加企业研发经费的支出，通过技术创新方法提高新产品出口种类，实现低成本国际竞争优势向技术领先优势华丽转变。

（九）资本密集度

资本密集度显著正向影响中国企业出口参与也符合中国出口贸易发展的现实。改革开放以来，中国出口贸易经历了 20 世纪 80 年代的珠三角劳动密集型产品的繁荣和 90 年代中期以来的长三角资本技术密集型产品的扩张。本书选择的样本期正是我国资本密集型产品出口扩张的时期，因此资本密集度正向促进企业自我选择出口也在情理之中，本书再分资本和劳动密集型行业再检验。

二、分行业再检验

分行业的再估计也按照加入和不加入控制变量两种情况进行，分别记作模型 1 和 2。需要说明的是：前文中各种融资变量的实证没有大的差别，限于篇幅，此处仅报告三种基本融资变量的估计结果，其他内容可以在本书中查找。表 5.2 给出了分行业再检验的估计结果。回归结果显示，除部分变量的系数外，加入和不加入控制变量的所有变量的系数符号和显著性水平不发生变化，实证结论也较为稳健。

分劳动和资本密集型行业后，以下六个重要结论依然成立：①企业的内源性越大，出口选择能力越强；②商业信贷的充分利用有助于提升微观企业的出口选择能力；③生产率水平显著正向影响企业的国际市场参与；④企业的规模越大，自我选择出口越容易；⑤税收负担越重的企业，流动性限制企业参与出口的可能性越大；⑥研发支出越大的企业，其参与出口的能力越强。

唯一的区别在于系数大小存在一些差异：①企业内源性对劳动密集行业的出口选择影响小于资本密集。这是因为劳动密集型企业对流动性资金的要求比资本密集型企业低，从而内源性融资促进资本密集型企业出口选择的作用比劳动密集型企业大；②正是由于资本密集型企业对资金要求的数量比劳动密集型企业大，对商业信贷的要求也越高，使得商业信贷促进资本密集型企业出口参与的作用高于劳动密集型企业，表 5.2 中，劳动密集型企业中 $\ln(tc_{it}^{1})$ 显著性系数低于资本密集型企业恰好说明这一点；③与劳动密集型企业相比，资本密集型企业的技术投入也更大，生产效率也更高，所以资本密集型企业生产率水平促进企业出口参与的作用也超过劳动密集型企业；④虽然规模越大的企业，其出口参与的程度越高，但与劳动密集型企业相比，受资金约束的资本密集型企业扩大规模更为困难，导致资本密集型企业的规模（$\ln size_{it}$）反而不及劳动密集型企业强；⑤对资本密集型企业而言，投资研发支出、研发生产品的费用更大，如果它们还存在资金约束，其研发支出受限必将制约企业生产率水平的内生增长，导致企业研发投资促进企业参与国际竞争的能力没有劳动密集型企业大，毕竟劳动密集型企业研发支出的费用相对较低，表 5.2 中，劳动密集型企业中 $\ln RD_{it}$ 显著性系数大于资本密集型企业恰好说明这一点；⑥然而，劳动密集型企业市场盈利能力却没有资本密集型企业强。在同等税收负担的条件下，劳动密集型企业的可用流动性资金必然更少，从而劳动密集型企业税收负担（$\ln tax_{it}$）制约企业参与国际竞争的作用也更大。

虽然大多数解释变量的系数符号和显著性水平在分行业再估计中保持一致，但也存在一些差异，表现在：①银行贷款融资对资本密集型企业出口参与没有显著影响，但显著抑制了劳动密集型企业的出口选择；②行业产出显著正向影响资本密集型企业出口参与，但显著负向影响劳动密集型企业的出口选择；③行业竞争程度也显著正向影响资本密集型企业出口参与，但显著负向影响劳动密集型企业出口选择；④行业需求显著负向影响资本密集型企业的出口参与，而显著正向影响劳动密集型企业的出口选择。

银行贷款对资本密集型企业没有显著影响，而构成劳动密集型企业出口选择障碍的原因，本书认为是由于中国产业发展政策导致的。改革开放以来，中国充分利用劳动力资源禀赋相对丰裕的竞争优势，首先发展劳动密集型行业，使得劳动密集型产品出口得到了繁荣（见表 5.3）。

表 5.3　分所有制性质的企业出口选择回归结果

	国有企业		集体企业		法人企业		私人企业		港澳台企业		外资企业	
	模型 1	模型 2	模型 1	模型 2	模型 1	模型 2	模型 1	模型 2	模型 1	模型 2	模型 1	模型 2
常数项	-1.390***	-28.870***	-1.790***	-27.760***	-1.663***	-8.969***	-1.638***	-1.697***	0.621***	14.950***	-0.697***	16.020***
	(-33.57)	(-37.18)	(-40.28)	(-41.33)	(-70.95)	(-20.25)	(-87.11)	(-4.73)	(-16.60)	(25.90)	(-19.79)	(27.73)
$\ln(lev_{it}^1)$	-0.005**	-0.046***	-0.047***	-0.044***	-0.034***	-0.029***	-0.028***	-0.020***	-0.079***	-0.077***	-0.052***	-0.059***
	(-2.30)	(-8.87)	(-11.83)	(-8.81)	(-15.58)	(-10.86)	(-17.09)	(-9.73)	(-23.17)	(-18.05)	(-15.21)	(-14.04)
$\ln(IF_{it}^1)$	0.465***	0.430***	0.188***	0.202***	0.330***	0.333***	0.217***	0.216***	0.376***	0.333***	0.273***	0.244***
	(30.74)	(22.11)	(13.51)	(10.87)	(45.59)	(36.11)	(38.66)	(30.89)	(30.68)	(20.86)	(22.86)	(15.81)
$\ln(tc_{it}^1)$	0.053***	0.061***	0.015***	0.015**	0.032***	0.011***	0.024***	0.006***	0.077***	0.052***	0.058***	0.036***
	(10.26)	(9.38)	(3.12)	(2.49)	(12.95)	(3.76)	(12.94)	(2.86)	(20.44)	(11.03)	(14.84)	(7.51)
$\ln\varphi_{it}$	0.152***	0.202***	0.147***	0.162***	0.161***	0.143***	0.145***	0.138***	0.145***	0.127***	0.151***	0.124***
	(30.50)	(26.77)	(25.52)	(20.81)	(55.04)	(35.47)	(58.00)	(42.73)	(31.06)	(19.97)	(35.77)	(20.84)
$\ln size_{it}$		0.071***		0.075***		0.108***		0.105***	–	0.071***		0.066***
		(8.96)		(9.54)		(27.31)		(35.06)		(11.48)		(10.94)
$\ln(R_{it})$		2.089***		1.992***		0.565***		0.007		-1.218***		-1.310***
		(35.26)		(38.56)		(16.32)		(0.24)		(-27.28)		(-29.34)
$\ln HHI_{it}$		0.040***		0.011***		0.119***		0.123***		-0.109***		-0.077***
		(2.23)		(2.38)		(9.52)		(14.07)		(-5.42)		(-3.73)

续表

	国有企业		集体企业		法人企业		私人企业		港澳台企业		外资企业	
	模型 1	模型 2	模型 1	模型 2	模型 1	模型 2	模型 1	模型 2	模型 1	模型 2	模型 1	模型 2
$\ln tax_{it}$		0.007 (1.09)		-0.003 (-0.50)		-0.026*** (-8.93)		-0.020*** (-9.17)		-0.017*** (-3.70)		-0.026*** (-5.62)
$\ln demand_{it}$		-2.112*** (-34.75)		-2.005*** (-37.56)		-0.614*** (-17.39)		-0.060*** (-2.12)		1.188*** (25.76)		1.287*** (27.94)
$\ln RD_{it}$		-0.036*** (-3.81)		-0.032*** (-3.81)		0.092*** (20.81)		0.123*** (35.41)		0.093*** (11.91)		0.084*** (11.70)
industry		0.139*** (5.60)		0.100*** (3.60)		0.089*** (6.66)		0.089*** (7.55)		0.096*** (4.59)		0.068*** (3.74)
PseudoR^2	0.06	0.11	0.02	0.08	0.03	0.05	0.02	0.03	0.04	0.06	0.03	0.05
Obs	35609	25587	44325	30421	164010	113862	308053	217082	57008	40795	58386	42734

注：（1）***、**、*分别表示1%、5%、10%显著通过检验；（2）括号内为z值；（3）限于篇幅，省略极大似然值、卡方值以及地区、所有制和经营年限等控制变量。

然而，随着中国经济规模的扩大和收入水平的提高，人们对资本技术密集型产品的需求也随着提高。为保障消费者需求得到满足和促进各产业均衡发展的客观要求，中国政府先后实施了资本技术密集型产品有效发展的政策计划，相关的银行贷款融资也向资本技术密集型企业倾斜。与这些企业相比，劳动密集型企业的银行贷款融资途径明显减少，银行融资也变得更为困难。同时，银行部门为控制信贷风险，也愿意向资本技术密集型企业提高短期贷款，因为资本技术相对密集的企业，其密集使用的资本要素本身就是银行较为喜欢的抵押物。所以，无论是产业发展政策的导向，还是银行贷款的抵押要求，都导致劳动密集型企业更难以获得银行融资，从而出现银行贷款显著抑制劳动密集型企业出口参与，而对资本密集型企业没有显著影响的结果。

行业产出和行业竞争显著正向影响资本密集型企业出口参与，而负向抑制劳动密集型企业出口选择，与市场竞争类型有关。与资本密集性产品相比，劳动密集型产品更像完全竞争市场。随着行业产出的增加和行业竞争程度的提升，劳动密集型企业只能压低出口产品的到岸价格才具有国际竞争优势，这给本已具有融资约束的企业雪上加霜，导致获取非负利润的概率不断下降，从而自我选择出口意愿也减小。相反，资本密集型行业更像垄断竞争结构，当潜在生产者进入市场后，发现现行出口企业国际市场利润有机可图，必然增加出口供给，一方面导致行业产出规模的扩大，另一方面提升行业的市场竞争程度，促进企业自我选择出口的意愿上升。

与之对应的是行业需求对不同行业企业出口选择的影响。虽然随着计划生育政策的逐步推进和适龄劳动力人口的减少，中国劳动力无限供给正在出现拐点，但不可否认的事实是中国出口产品的国际竞争优势依然在密集使用劳动方面，即劳动密集型产品或资本密集型产品的劳动密集使用环节。因此，国际市场对中国劳动密集型产品的需求相对较大，而对资本技术密集型产品尤其是密集使用资本技术部分的产品需求相对较小，导致行业需求促进劳动密集型企业出口参与的作用大于资本密集型企业结果。实际上，中国资本密集型产品出口扩张在很大程度上是由外资主导的加工贸易引起的。改革开放以来，中国的加工贸易从珠三角的劳动密集产品逐渐转变为长三角的资本密集产品，虽然产品结构发生了变化，但外资的主导作用不变。2002—2004 年的样本期正是中国资本密集产品加工贸易快速发展时期，外资主导的定向出口可能是影响资本密集型产品行业需求效应较小的原因。本书分企业所有制差异进一步分析。

三、分所有制差异的再检验

分所有制的再检验按照六个类型进行：国有、集体、法人、私人、港澳台和外资企业。每种所有制类型也都进行分加入和不加入控制变量两种情况（分别记作模型 1 和 2），以检验实证结论的稳健性。表 5.3 的估计结果表明，各类型所有制企业的解释变量系数符号和显著性水平没有差异，实证结论较为稳健。

分所有制类型后，以下六个重要结论依然成立：①企业的内源性越大，出口选择能力越强；②商业信贷的充分利用有助于提升微观企业的出口选择能力；③企业银行贷款显著为负的系数，构成了企业出口参与的障碍；④生产率水平显著正向影响企业的国际市场参与；⑤企业的规模越大，自我选择出口越容易；⑥行业密集度也显著正向影响各类型企业的出口参与。当然，企业各种融资约束和产率异质性影响企业出口选择的作用与前文类似，也符合理论预期。

本书最关心的问题是：行业需求影响不同类型企业出口参与是否有差异？答案是肯定的。表 5.3 中，$\ln demand_{it}$在港澳台企业和外资企业中显著为正，而在其他类型的本土企业中显著为负，初步说明行业需求促进了港澳台和外资企业的出口参与。虽然在中国微观企业主体的出口结构中，港澳台和外资企业占绝对主导，但它们的出口方式依然是加工贸易。资本是逐利的，外资更是如此。与本土企业不同，它们进入中国的根本原因是劳动力使用成本低，并利用国际市场的产品需求，将产成品中劳动力密集型使用的部分放在中国。所以，这些“两头在外”的加工贸易对产业需求更为敏感，导致产品需求时影响港澳台和外资企业出口参与的重要因素。

与港澳台和外资企业不同，本土企业更希望在行业扩大后，通过模仿创新途径，与外资和港澳台企业在海外市场展开竞争，以便分享先行出口企业的出口利润。然而，作为出口先行的港澳台和外资企业并不希望中国本土企业生产的类似产品具有较强国际竞争力，以蚕食它们的出口利润。所以，行业产出和行业竞争程度促进本土企业出口选择的作用更大。表 5.2 中，包括国有、集体、法人、私人在内的本土企业中，其 $\ln(R_{it})$ 和 $\ln HHI_{it}$显著为正，而在港澳台和外资企业中却显著为负。

国有和集体企业凭受益于“软预算”约束的好处，它们的真实税收负担相对较轻。因此，对于国有和集体企业而言，其税负影响企业参与出口的作用应该没有其他类型企业大。表5.3中，$\ln tax_{it}$在国有和集体企业中不显著，而在法人、私人、港澳台和外资企业中显著为负，恰好说明这个问题。为促进更多企业出口，中国还应该继续推进国有企业改革，真正实现不同所有制性质企业在税收负担上的同等待遇，减轻它们的可用资金负担，实现出口贸易的稳定发展。

四、分地区的再检验

各地区改革开放次序、经济发展水平和地理位置的差异也有可能会影响到中国微观企业的出口选择。为此，本书还希望对自我选择效应进行分区域的详细分析。表5.4给出了样本企业的分区域估计结果。与初步估计相同，分东中西部和东北地区后，加入和不加入控制变量两种情况（分别记作模型1和2）的估计结果中，除常数项外，各变量系数符合和显著性水平没有差异，实证结论较为稳健。

分所有制类型后，以下重要结论也是成立的：①企业的内源性越大，出口选择能力越强；②商业信贷的充分利用有助于提升微观企业的出口选择能力；③企业银行贷款显著为负的系数，构成了企业出口参与的障碍；④生产率水平显著正向影响企业的国际市场参与；⑤企业的规模越大，自我选择出口越容易；⑥行业产出越大，各地区企业出口参与程度越高；⑦行业竞争程度越激烈，企业出口也更容易；⑧税收负担构成了各地区企业参与出口的障碍；⑨研发投资显著正向影响各地区企业的出口选择；⑩行业密集度也显著正向影响企业出口选择。唯一的区别是各地区相关系数的大小存在部分差异。

中西部地区和东北地区企业所在的行业需求（$\ln demand_{it}$）显著正向影响企业选择出口，也符合理论预期。然而，东部地区企业中$\ln demand_{it}$系数并不显著，说明行业需求影响东部地区企业出口的作用不大。贸易临近可能是造成这一现象的重要原因。与其他地区相比，东部地区既是中国改革开放的早期试验地，也是外向型经济发展相对较好的地区。改革开放的早期试点和相对完善的基础设施导致东部地区符合出口条件的企业较多，且出口企业对产品需求的依赖性也比中西部地区小，导致反映在东部地区出口选择方程中的$\ln demand_{it}$系数不显著的问题。

总之，无论是对全部样本企业还是对分行业、分所有制或分地区的样本企业，本书在控制行业产出、企业生产率水平、规模、市场竞争程度、税收负担、行业需求、要素密集度、企业经营年限等变量后，出口选择方程的估计结果显示：中国企业出口选择的融资约束是存在的，微观数据较为支持融资量越大、企业出口参与程度和越高的异质性事实（见表5.4）。

表5.4 分地区企业出口选择回归结果

	东部地区		中部地区		西部地区		东北地区	
	模型1	模型2	模型1	模型2	模型1	模型2	模型1	模型2
常数项	-1.721*** (-106.60)	-0.328 (-0.94)	-1.513*** (-42.59)	5.140*** (6.71)	-1.692*** (-44.98)	4.418*** (5.22)	-1.889*** (-42.38)	2.420*** (2.48)
$\ln(lev_{it}^1)$	-0.038*** (-26.11)	-0.024*** (-13.19)	-0.001* (-2.32)	-0.007* (1.71)	-0.038*** (-10.95)	-0.034*** (-7.93)	-0.029*** (-7.13)	-0.013*** (-2.62)
$\ln(IF_{it}^1)$	0.268*** (52.05)	0.275*** (42.45)	0.257*** (24.73)	0.274*** (20.63)	0.348*** (29.17)	0.369*** (24.26)	0.263*** (19.52)	0.250*** (14.56)
$\ln(tc_{it}^1)$	0.066*** (39.87)	0.039*** (18.88)	0.040*** (11.24)	0.020*** (4.57)	0.080*** (20.35)	0.052*** (10.62)	0.049*** (10.83)	0.030*** (5.31)
$\ln\varphi_{it}$	0.202*** (97.87)	0.170*** (60.12)	0.158*** (35.11)	0.128*** (20.87)	0.187*** (39.68)	0.166*** (25.66)	0.201*** (35.51)	0.180*** (23.39)
$\ln size_{it}$		0.147*** (53.38)		0.068*** (11.28)		0.098*** (16.33)		0.093*** (13.09)
$\ln(R_{it})$		0.101*** (3.69)		0.517*** (8.56)		0.490*** (7.32)		0.354*** (4.60)
$\ln HHI_{it}$		0.198*** (25.72)		0.067*** (3.71)		0.172*** (8.56)		0.059*** (2.70)
$\ln tax_{it}$		-0.031*** (-16.17)		-0.036*** (-8.35)		-0.029*** (-6.27)		-0.057*** (-10.25)
$\ln demand_{it}$		0.029 (1.04)		0.475*** (7.78)		0.491*** (7.28)		0.344*** (4.43)
$\ln RD_{it}$		0.142*** (46.67)		0.071*** (10.94)		0.108*** (14.93)		0.132*** (15.88)
industry		0.098*** (10.39)		0.131*** (6.11)		0.045** (1.96)		0.112*** (4.53)

续表

	东部地区		中部地区		西部地区		东北地区	
	模型 1	模型 2	模型 1	模型 2	模型 1	模型 2	模型 1	模型 2
region	*no*	*no*	*no*	*no*	*no*	*no*	*no*	*no*
owner	*no*	*yes*	*no*	*yes*	*no*	*yes*	*no*	*yes*
year	*no*	*yes*	*no*	*yes*	*no*	*yes*	*no*	*yes*
Likelihood	-203582	-146330	-40584	-28578	-33970	-24189	-25244	-18154
χ^2 值	14050.00	16396.00	2201.00	1922.00	3011.00	2799.00	1826.00	1897.00
PseudoR^2	0.03	0.05	0.03	0.03	0.04	0.05	0.03	0.05
Obs	344652	244851	72401	49647	62904	44045	46119	32233

注：(1) ***、**、* 分别表示 1%、5%、10% 显著通过检验；(2) 括号内为 *z* 值；(3) *no* 表示不加入控制变量，*yes* 表示加入控制变量。

第三节 出口供给的实证检验

一、全部样本

除出口选择外，本书还希望检验融资约束对企业出口供给的影响。同样选择《中国工业企业数据库》(1998—2008)，本节再对方程 (5.1.11) 进行实证检验。为控制异方差的影响，本书在全部样本的初步回归中，也分加入控制变量和不加入控制变量两种，且将不同融资数据代入计量模型中，以检验实证结论的稳健性。

表 5.5 表示了全部样本企业出口供给的初步回归结果，其中模型 1 表示短期贷款占总资产的比重、经营净现金流占固定资产价值比重和企业应付账款占工业总产值比重作为企业融资变量的回归结果；模型 2 表示短期贷款占固定资产比重、企业净流动资产占企业总资产的比重和企业应付账款占工业总产值比重作为企业融资变量的回归结果；模型 3 表示短期贷款占总资产的比重、经营净现金流占固定资产价值比重和企业应付账款占工

业总产值比重作为企业融资变量的回归结果；模型 4 表示短期贷款占固定资产比重、经营净现金流占固定资产价值比重和企业应付账款占工业销售额比重作为企业融资变量的回归结果；模型 5—8 则是在上述基本回归的基础上，增加行业产出、行业竞争程度、税收、行业需求、研发、资本密集度、地区、所有制等控制变量的估计结果。另外，无论是选择不同内源性融资或外源性融资变量，还是加入或不加入其他控制变量，表 5.5 中所有系数的符号和显著性水平都不发生变化，实证结果较为稳健。实证结果中，本书首先关注三种融资变量对企业出口的影响。

由于 $\ln(lev_{it}^1)$ 和 $\ln(lev_{it}^2)$ 在模型 1—8 中都显著为负，说明银行贷款构成了中国企业出口供给的重要障碍。这说明企业融资量越大，越有能力支付海外市场销售中建立分销体系、修改产品以适应外国消费者需求等固定成本，起到扩大出口量的作用。然而，在中国金融市场发育程度相对缓慢使得中小企业难以从银行充足融资，导致银行融资成为制约企业出口量增长的重要力量，造成中国出口企业深度不足的问题。政府应该加快金融体制改革步伐，促使银行资本助力出口经济发展的要求，为成功出口企业提供更多外源融资，以便它们扩大企业已有出口量，实现出口贸易的可持续发展。当然，融资约束制约企业出口供给的结论，也符合前文的理论预期。

既然微观企业难以从正规商业银行中获取贷款资金，那么缺少外源性融资的企业，只能通过国内市场销售筹措流动性资金，以支付进入国际市场成本，实现出口量的增长。因此，本书预期内源性融资应该具有显著正向影响企业出口供给的作用。表 5.5 的结论恰好体现了这一点，模型 1—8 中 $\ln(IF_{it}^1)$ 和 $\ln(IF_{it}^2)$ 的系数都显著为正，说明以经营净现金流或净流动资产增加后，内源性融资具有显著提高企业出口供给能力，符合前文的理论预期。

表 5.5　　全部样本企业出口供给回归结果

	模型 1	模型 2	模型 3	模型 4	模型 5	模型 6	模型 7	模型 8
常数项	3.778***	3.780***	3.690***	3.760***	-4.091***	-4.090***	-4.280***	-4.100***
	(151.80)	(151.81)	(139.94)	(150.92)	(-7.86)	(-7.86)	(-8.23)	(-7.87)
$\ln(lev_{it}^1)$	-0.073***		-0.070***	-0.070***	-0.069***			-0.070***
	(-30.59)		(-27.14)	(-31.22)	(-24.38)			(-24.80)

续表

	模型 1	模型 2	模型 3	模型 4	模型 5	模型 6	模型 7	模型 8
$\ln(lev_{it}^2)$		-0.070*** (-30.59)				-0.070*** (-24.38)		
$\ln(IF_{it}^1)$	0.155*** (17.24)	0.150*** (17.24)	0.130*** (8.87)		0.144*** (13.28)	0.140*** (13.28)	0.130*** (7.16)	
$\ln(IF_{it}^2)$				0.160*** (17.90)			-0.070*** (-22.35)	0.150*** (13.85)
$\ln(tc_{it}^1)$	0.052*** (19.37)	0.050*** (19.37)	0.060*** (20.62)		0.064*** (19.96)	0.060*** (19.96)	0.070*** (20.78)	
$\ln(tc_{it}^2)$				0.040*** (16.47)				0.060*** (17.22)
$\ln\varphi_{it}$	0.795*** (265.10)	0.790*** (265.09)	0.790*** (264.39)	0.790*** (264.91)	0.699*** (167.90)	0.700*** (167.95)	0.700*** (167.97)	0.700*** (167.76)
$\ln size_{it}$					0.153*** (39.12)	0.150*** (39.12)	0.150*** (38.71)	0.150*** (39.29)
$\ln(R_{it})$					0.540*** (13.24)	0.540*** (13.24)	0.550*** (13.38)	0.540*** (13.21)
$\ln HHI_{it}$					-0.020* (-1.68)	-0.020* (-1.68)	-0.020* (-1.71)	-0.020 (-1.54)
$\ln tax_{it}$					-0.042*** (-13.95)	-0.040*** (-13.95)	-0.040*** (-14.67)	-0.040*** (-14.15)
$\ln demand_{it}$					0.532*** (12.89)	0.530*** (12.89)	0.540*** (13.03)	0.530*** (12.86)
$\ln RD_{it}$					0.214*** (42.11)	0.210*** (42.11)	0.210*** (42.04)	0.210*** (41.40)
industry					0.269*** (19.42)	0.270*** (19.42)	0.260*** (18.38)	0.270*** (19.70)
region	*no*	*no*	*no*	*no*	*yes*	*yes*	*yes*	*yes*
owner	*no*	*no*	*no*	*no*	*yes*	*yes*	*yes*	*yes*
year	*no*	*no*	*no*	*no*	*yes*	*yes*	*yes*	*yes*
R^2	0.29	0.29	0.29	0.29	0.32	0.32	0.32	0.32
Obs	171030	171030	171030	171029	131132	131132	131132	131132

注：（1）***、**、*分别表示 1%、5%、10%显著通过检验；（2）括号内为 *t* 值；（3）*no* 表示不加入控制变量，*yes* 表示加入控制变量。

当金融市场发展不完善时，赊销、延迟付款等商业信用可以为企业提供较为灵活和便捷的资金支持，起到替代内源性融资的作用。因此，本书预期商业信贷对中国企业出口供给也具有显著正向作用。表5.5中，无论是$\ln(tc_{it}^{1})$还是$\ln(tc_{it}^{2})$，其显著为正的系数，说明企业间商业信贷融资能增加中国企业的出口量。

同样值得注意的是，表5.5中，无论是何种商业信用，其促进企业出口供给的作用都远远小于内源性融资，说明中国企业扩大出口量的主要动力依然是从企业内部挖掘出流动性资金，商业信用扩大中国企业出口供给的作用也还有待提高。当然，融资量显著正向影响企业出口供给，符合前文的预期结论。

从全部样本企业估计结果来看，生产率水平显著正向影响企业的出口选择，也符合前文中理论预期结论。同样由于出口市场的贸易成本、进入壁垒和建立分销机构等沉淀成本的存在，使得只有生产率高的企业才能克服这些成本障碍，并获得非负利润。因此，出口企业在进入出口市场之前已经具备了较高生产率水平，企业生产率的高低也是决定相对出口量大小的重要依据。使用中国微观贸易数据进行实证检验后，企业生产率水平显著正向影响出口供给的结论，符合新—新贸易理论的基本要求。

应该注意的是：就提高中国企业出口供给的作用上，生产率水平比融资因素的作用更大，说明融资异质性没有生产率异质性更能促进中国出口量的增长。这是因为生产率内生增长才是企业扩大出口量的关键，而融资约束更多是从流动性资金限制的角度出发，分析由于国际市场的固定成本，受资金约束的企业由于难于支付进入国际市场的固定成本而不能成功出口。也就是说，融资异质性对企业参与出口的作用应该比生产率异质性大，但对出口供给的作用比生产率异质性小。表5.5恰好说明了这一点，也体现了企业生产率水平是决定企业出口供给能力的根本要素。

$\ln size_{it}$的系数显著为正，说明企业规模也是影响其出口供给的重要因素，因为成功出口的企业，在其生产率水平不断内生增长的背景下，企业规模也不断扩大，出口供给能力也有了保障。

$\ln(R_{it})$的系数显著为正，说明行业产出变量是影响中国企业出口供给的重要因素，也符合理论预期。实际上，企业所属的行业产出越大，行业的国际竞争力越强。根据比较优势理论可知，具有竞争优势的企业，其出口量也会越大。

行业竞争（$\ln HHI_{it}$）负向影响企业出口供给，与出口选择方程显著不同。这是因为行业竞争程度越高，企业出口后获取正利润的条件更为苛刻。为保证国际市场的竞争优势，降低出口产品的到岸价格是经常使用的手段。而这又加剧了企业利润的流失。因此，行业竞争应该对企业出口供给能力的影响为负。

企业税收负担越大，其可用流动性资金越小，资金约束越大。根据前文的理论分析，资金约束越大的企业，其出口供给能力越弱，所以越容易成本书预期税负水平显著负向影响企业出口。表 5.5 中，模型 5—8 中 $\ln tax_{it}$显著为负的系数，也符合理论要求。

同样，行业需求反映了国际市场消费者对中国出口产品的喜好。当行业需求增大后，生产差异化产品的企业，其出口量自然水涨船高。$\ln demand_{it}$显著为正的系数，说明中国政府同其他国家通过积极发展区域经济贸易一体化协定，有助于增加中国出口产品的消费需求，起到扩大成功进入国际市场企业的出口量作用。

表 5.5 中，$\ln RD_{it}$显著为正的系数，说明增加研发投资也可以促进企业提高出口量。这是因为企业增加研发投资后，一方面可以通过促进生产率内生增长而扩大出口，另一方面可以增加新产品研发投入，提高中国出口产品种类和出口贸易数量，起到稳定出口的作用。另外，资本密集度（*industry*）显著正向影响中国企业出口供给，也符合中国出口贸易发展的现实。

二、分行业再检验

融资约束制约中国企业出口供给是否会随行业变化而改变？也值得进一步分析。为此，本书在区分劳动密集型行业和资本密集型行业进行稳健性检验（见表 5.6）。

分劳动和资本密集型行业后，以下影响中国企业出口供给的结论依然成立：①$\ln(lev_{it}^1)$的系数显著为负，说明银行融资构成了企业出口供给的障碍；②$\ln(IF_{it}^1)$的系数显著为正，说明企业的内源性越大，出口量越多；③$\ln(tc_{it}^1)$显著为正，体现了商业信贷融资提升企业出口供给能力的作用；④$\ln\varphi_{it}$显著为正的系数，说明生产率水平越高的企业，其出口量越大；⑤$\ln size_{it}$的系数显著为正，说明企业规模异质性也是影响出口供给的重要因素；⑥$\ln(R_{it})$系数显著为正，体现了行业产出越大的企业，出口供给能力越强；⑦$\ln tax_{it}$显著为负的系数，说明税收负担越重的企业，流动性限制企业扩大出口量的可能性越大；⑧$\ln RD_{it}$的系数显著为正，说明研发支出越大的企业，其出口供给量也越多；⑨$\ln demand_{it}$显著为正的系数，说明国外消费者对中国企业生产的产品需求增大，有助于扩大现有企业的出口量。唯一的区别也是系数大小和显著性水平存在细微差异。

表 5.6　　　　分行业企业出口供给回归结果

	资本密集型行业		劳动密集型行业	
	模型 1	模型 2	模型 1	模型 2
常数项	3.942*** (44.35)	-4.073*** (-2.61)	3.892*** (136.40)	-3.909*** (-7.16)
$\ln(lev_{it}^1)$	-0.058*** (-6.88)	-0.066*** (-7.12)	-0.071*** (-28.57)	-0.066*** (-22.67)
$\ln(IF_{it}^1)$	0.170*** (6.28)	0.109*** (3.51)	0.167*** (17.37)	0.136*** (11.90)
$\ln(tc_{it}^1)$	0.095*** (10.13)	0.152*** (14.24)	0.044*** (15.79)	0.051*** (15.49)
$\ln\varphi_{it}$	0.802*** (91.70)	0.702*** (63.19)	0.776*** (217.50)	0.690*** (152.20)
$\ln size_{it}$		0.071*** (6.75)		0.175*** (41.60)
$\ln(R_{it})$		0.542*** (4.46)		0.531*** (12.37)
$\ln HHI_{it}$		0.325*** (7.72)		-0.064*** (-5.23)
$\ln tax_{it}$		-0.051*** (-5.16)		-0.041*** (-13.03)
$\ln demand_{it}$		0.471*** (3.83)		0.532*** (12.29)
$\ln RD_{it}$		0.402*** (26.19)		0.180*** (33.94)

续表

	资本密集型行业		劳动密集型行业	
	模型 1	模型 2	模型 1	模型 2
industry	*no*	*no*	*no*	*no*
region	*no*	*yes*	*no*	*yes*
owner	*no*	*yes*	*no*	*yes*
year	*no*	*yes*	*no*	*yes*
R^2	0.29	0.31	0.25	0.28
Obs	22983	19201	148047	111931

注：（1）***、**、*分别表示1%、5%、10%显著通过检验；（2）括号内为 t 值；（3）*no* 表示不加入控制变量，*yes* 表示加入控制变量。

值得注意的是，行业竞争程度 $\ln HHI_{it}$ 显著正向影响资本密集型产品出口供给，而显著负向影响劳动密集型产品出口量的增加。这同样主要是因为劳动密集型产品的市场竞争更为激烈。与资本密集性产品相比，劳动密集型产品更像完全竞争市场。随着行业产出的增加和行业竞争程度的提升，劳动密集型企业只能压低出口产品的到岸价格才具有国际竞争优势，这给本已具有融资约束的企业雪上加霜，导致获取非负利润的概率不断下降，从而出口供给能力也自动减小。相反，资本密集型行业更像垄断竞争结构，随着市场竞争程度的增加，国外消费者对差异化产品的需求更强烈，有利于促进生产差异化产品的资本密集型企业出口量的扩张。

三、分所有制差异的再检验

本书同样关心区分企业所有制结构差异后，融资约束是否影响了现有企业的出口供给能力？按国有、集体、法人、私人、港澳台和外资企业类型，表5.7给出了分所有制差异的计量结果。从估计结果上看，在加入和不加入控制变量后，各类型所有制企业的解释变量系数符号和显著性水平没有差异，实证结论较为稳健。

分所有制类型后，以下六个重要结论依然成立：①企业的内源性越大，出口供给能力越强；②商业信贷的充分利用有助于提升微观企业的出口供给能力；③企业银行贷款显著为负的系数，构成了企业扩大出口量的障碍；④生产率水平显著正向影响企业的国际市场供给；⑤企业的规模越大，出口量也越大；⑥行业密集度也显著正向影响各类型企业的出口供给。

与出口参与类似，$\ln demand_{it}$在港澳台企业、外资企业中显著为正，而在其他类型的本土企业中显著为负，说明行业需求促进了港澳台企业、外资企业的出口供给。这也是由于港澳台企业、外资企业从事“两头在外”的加工贸易造成的，因为加工贸易对产品需求更为敏感，导致需求增加时影响企业出口量的增长。

与港澳台企业、外资企业不同，本土企业更希望在行业扩大后，通过模仿创新途径，与外资企业、港澳台企业在海外市场展开竞争，以便增加出口量。然而，作为先行的港澳台企业、外资企业并不希望中国本土企业生产的类似产品具有较强国际竞争力，打破它们在国际市场上的垄断力。所以，行业产出和行业竞争程度促进本土企业出口供给的作用更大。表5.7中，包括国有、集体、法人、私人在内的本土企业中，其$\ln(R_{it})$和$\ln HHI_{it}$的正系数，而在港澳台和外资企业中却为负。

国有和集体企业凭受益于“软预算”约束的好处，它们的真实税收负担相对较轻。因此，对于国有和集体企业而言，其税负影响企业供给出口的作用应该没有其他类型企业大。表5.3中，$\ln tax_{it}$在国有和集体企业中不显著，而在法人、私人、港澳台和外资企业中显著为负，恰好说明这个问题。为稳定出口贸易增长，提高现有企业的出口深度，中国也应该继续推进国有企业改革，真正实现不同所有制性质企业在税收负担上的同等待遇，减轻它们的可用资金负担，实现出口贸易的稳定发展。

四、分地区的再检验

表5.8给出了样本企业分区域出口供给的估计结果。与初步估计相同，分东中西部和东北地区后，加入和不加入控制变量两种情况（分别记作模型1和2）的估计结果中，除常数项外，各变量系数符合和显著性水平没有差异，实证结论较为稳健。

表 5.7　分所有制性质的企业出口供给回归结果

	国有企业		集体企业		法人企业		私人企业		港澳台企业		外资企业	
	模型 1	模型 2	模型 1	模型 2	模型 1	模型 2	模型 1	模型 2	模型 1	模型 2	模型 1	模型 2
常数项	4.524*** (43.82)	−18.500*** (−10.20)	4.515*** (44.09)	−16.400*** (−11.18)	4.157*** (78.25)	−8.096*** (−8.95)	4.159*** (103.40)	−5.569*** (−8.15)	3.352*** (63.23)	12.090*** (−14.81)	3.426*** (63.57)	11.270*** (−12.81)
$\ln(lev_{it}^{1})$	−0.003** (−2.32)	−0.053*** (−4.20)	−0.085*** (−8.85)	−0.084*** (−7.28)	−0.047*** (−9.28)	−0.051*** (−8.43)	−0.058*** (−15.57)	−0.050*** (−11.43)	−0.098*** (−20.26)	−0.095*** (−16.48)	−0.128*** (−24.44)	−0.127*** (−20.41)
$\ln(IF_{it}^{1})$	0.015** (2.35)	0.020** (2.38)	0.175*** (4.59)	0.168*** (3.53)	0.161*** (8.55)	0.147*** (6.41)	0.168*** (12.42)	0.146*** (9.07)	0.001 (0.07)	0.007 (0.31)	0.037* (1.82)	0.042* (1.68)
$\ln(tc_{it}^{1})$	0.012*** (0.84)	0.019** (2.12)	0.018*** (2.54)	0.023*** (2.57)	0.006** (2.09)	0.019*** (2.58)	0.021*** (5.08)	0.030*** (6.00)	0.040*** (7.53)	0.047*** (7.46)	0.023*** (3.75)	0.042*** (5.78)
$\ln\varphi_{it}$	0.647*** (55.94)	0.659*** (39.15)	0.653*** (51.39)	0.621*** (37.11)	0.708*** (112.40)	0.646*** (73.14)	0.716*** (139.50)	0.666*** (100.60)	0.878*** (135.00)	0.755*** (86.64)	0.851*** (136.50)	0.692*** (79.65)
$\ln size_{it}$		0.114*** (6.56)		0.115*** (6.64)		0.129*** (15.15)		0.117*** (19.00)		0.167*** (20.74)		0.181*** (21.52)
$\ln(R_{it})$		1.644*** (11.95)		1.559*** (13.90)		0.876*** (12.44)		0.695*** (12.98)		−0.764*** (−12.02)		−0.695*** (−10.15)
$\ln HHI_{it}$		0.055 (0.65)		0.125* (1.79)		0.064** (2.32)		0.096*** (5.34)		−0.037 (−1.44)		−0.134*** (−4.78)

续表

	国有企业		集体企业		法人企业		私人企业		港澳台企业		外资企业	
	模型 1	模型 2	模型 1	模型 2	模型 1	模型 2	模型 1	模型 2	模型 1	模型 2	模型 1	模型 2
$\ln tax_{it}$		-0.006 (-0.35)		-0.013 (-0.96)		-0.016** (-2.40)		-0.050*** (-10.71)		-0.009** (-2.51)		-0.011* (-1.71)
$\ln demand_{it}$		-1.640*** (-11.59)		-1.585*** (-13.60)		-0.880*** (-12.21)		-0.711*** (-13.07)		0.786*** (12.05)		0.720*** (10.28)
$\ln RD_{it}$		0.393*** (15.43)		0.224*** (10.62)		0.267*** (24.72)		0.136*** (16.89)		0.299*** (26.41)		0.412*** (36.73)
industry		0.294*** (5.14)		0.406*** (6.82)		0.215*** (7.37)		0.244*** (10.14)		0.217*** (7.55)		0.280*** (10.68)
R^2	0.27	0.33	0.22	0.27	0.25	0.27	0.22	0.25	0.36	0.39	0.35	0.39
Obs	8473	6658	9441	6923	39331	29910	68876	53791	32860	24216	34433	26086

注：(1) ***、**、* 分别表示 1%、5%、10% 显著通过检验；(2) 括号内为 t 值；(3) 限于篇幅，省略极大似然值、卡方值以及地区、所有制和经营年限等控制变量。

表 5.8　　分地区企业出口供给回归结果

	东部地区		中部地区		西部地区		东北地区	
	模型 1	模型 2	模型 1	模型 2	模型 1	模型 2	模型 1	模型 2
常数项	3.706***	-4.107***	3.776***	-0.115	3.947***	-1.353	3.714***	-1.895
	(116.70)	(-6.35)	(49.22)	(-0.07)	(49.62)	(-0.80)	(39.44)	(-1.00)
$\ln(lev_{it}^1)$	-0.066***	-0.064***	-0.118***	-0.103***	-0.083***	-0.073***	-0.051***	-0.053***
	(-21.80)	(-17.93)	(-16.60)	(-11.90)	(-10.67)	(-7.68)	(-5.71)	(-5.00)
$\ln(IF_{it}^1)$	0.097***	0.100***	0.383***	0.362***	0.158***	0.148***	0.057*	0.080**
	(8.39)	(7.25)	(14.90)	(11.30)	(5.39)	(4.05)	(1.75)	(2.04)
$\ln(tc_{it}^1)$	0.035***	0.055***	0.093***	0.070***	0.079***	0.095***	0.073***	0.084***
	(10.13)	(13.54)	(11.58)	(7.05)	(9.15)	(8.81)	(7.27)	(7.01)
$\ln\varphi_{it}$	0.803***	0.698***	0.776***	0.693***	0.783***	0.685***	0.805***	0.708***
	(209.20)	(130.30)	(83.66)	(53.70)	(82.25)	(50.22)	(71.57)	(45.20)
$\ln size_{it}$		0.195***		0.109***		0.119***		0.122***
		(38.31)		(8.82)		(9.68)		(8.69)
$\ln(R_{it})$		0.536***		0.222*		0.335**		0.382***
		(10.54)		(1.81)		(2.51)		(2.56)
$\ln HHI_{it}$		0.111***		0.527***		0.017		-0.071
		(7.74)		(13.34)		(0.37)		(-1.56)
$\ln tax_{it}$		-0.036***		-0.062***		-0.046***		-0.035***
		(-9.70)		(-6.57)		(-4.44)		(-2.94)
$\ln demand_{it}$		0.559***		0.074***		0.291**		0.387***
		(10.90)		(2.59)		(2.15)		(2.58)
$\ln RD_{it}$		0.239***		0.066***		0.218***		0.223***
		(37.35)		(4.34)		(12.56)		(11.73)
industry		0.244***		0.403***		0.258***		0.315***
		(13.86)		(8.92)		(5.36)		(6.33)
region	*no*	*no*	*no*	*no*	*no*	*no*	*no*	*no*
owner	*no*	*yes*	*no*	*yes*	*no*	*yes*	*no*	*yes*
year	*no*	*yes*	*no*	*yes*	*no*	*yes*	*no*	*yes*
R^2	0.30	0.33	0.28	0.30	0.30	0.31	0.31	0.33
Obs	103480	79754	19012	14008	15820	11791	11734	9015

注：(1) ***、**、* 分别表示 1%、5%、10% 显著通过检验；(2) 括号内为 t 值；(3) *no* 表示不加入控制变量，*yes* 表示加入控制变量。

分所有制类型后，以下重要结论也是成立的：①企业的内源性越大，出口供给能力越强；②商业信贷的充分利用有助于提升企业的出口量；③企业银行贷款显著为负的系数，构成了企业出口供给的障碍；④生产率水平显著正向影响企业量；⑤企业的规模越大，出口供给能力越强；⑥行业产出越大，各地区企业的出口量越多；⑦行业竞争程度越激烈，企业出口供给越多（但西部和东北地区企业不显著）；⑧税收负担构成了各地区企业出口供给的障碍；⑨研发投资显著正向影响各地区企业的出口量；⑩行业密集度也显著正向影响企业出口供给。唯一的区别是各地区相关系数的大小存在部分差异。另外行业需求也显著正向影响各地区企业出口供给，既与前文类似，又符合理论预期。

总之，无论是对全部样本企业还是对分行业、分所有制或分地区的样本企业，本书在控制行业产出、企业生产率水平、规模、市场竞争程度、税收负担、行业需求、要素密集度、企业经营年限等变量后，出口供给方程的估计结果稳健地显示：融资约束也是制约中国成功出口企业出口量扩张的重要因素。

第四节 出口选择和出口供给的 Heckman 再检验

一、Heckman 检验的重要性

虽然本书在前文分析了中国企业的出口选择和出口供给，但自我选择效应的研究对象是全部企业，即分析为什么有的企业选择出口而有的企业不出口。如果将出口比重为零的非出口企业排除在样本之外，而仅分析出口企业的自我选择效的原因，势必会造成样本的选择性偏误问题（Westerlund and Wilhemsson，2009①）。盛丹等（2011）使用 Heckman 研究思

① Westerlund J. and F. Wilhelmsson, "Estimating the Gravity Model without Gravity Using Panel Data", Applied Economics, 2009, 7 (9): 1466 -4283.

路，构造了一个两步两阶段选择模型，可以较好地解决上述样本的选择问题[①]。本书也使用该方法再检验中国微观企业的自我选择效应，但在具体应用中也存在以下不同：①为了说明企业融资异质性和生产率生产率异质性对出口选择和出口供给的影响，本书直接使用企业融资变量和全要素生产率作为出口选择方程和出口供给方程的解释变量，以便进一步检验融资约束和生产率是否是影响企业出口的原因；②本书还在实际应用中加入了行业产出、规模、市场竞争程度、税收负担、行业需求、要素密集度等控制变量，并认为这些控制变量对中国企业的出口选择和出口供给能力有影响；③本书还将企业经营年限、行业特征、区域特征和所有制结构特征作为控制变量加入到方程的回归中，并比较行业、区域和内外资结构的不同对企业出口选择和出口供给的实际影响。Heckman 两阶段的出口选择方程和出口供给方程可以表示为：

$$\ln Dx_{it} = a_0 + a_1 \ln R_{it} + a_2 \ln A_{it} + a_3 \ln \varphi_{it} + a_4 \ln cv_{it} + \varepsilon_{it} \tag{5.4.1}$$

$$\ln Ex_{it} = b_0 + b_1 \ln R_{it} + b_2 \ln A_{it} + b_3 \ln \varphi_{it} + b_4 \ln cvv_{it} + b_5 \lambda_{it} + \eta_{it} \tag{5.4.2}$$

其中：i 表示企业；t 表示时间（年度）；$\ln\varphi_{it}$ 为企业生产率的对数；$\ln W_{it}$ 为劳动力实际工资的对数；$\ln R_{it}$ 为企业所在行业的产出对数；$\ln A_{it}$ 为企业融资的对数；cv_{it} 和 cvv_{it} 为其他控制变量；ε_{it} 和 η_{it} 为随机误差项；a_i 和 $b_i(i=0,1,\cdots,n)$ 为待估计的系数。出口选择方程（5.4.1）中，$\ln Dx_{it}$ 表示 t 年企业 i 出口选择的概率，出口供给方程（5.4.2）中 $\ln Ex_{it}$ 表示企业 i 出口绝对量的对数。

与方程（5.1.11）相比，出口供给方程中多加入了 λ_{it} 项（逆米尔斯比），其目的是为了克服样本的选择性偏差问题（盛丹等，2011）[②]。λ_{it} 的逆米尔斯比可以通过第一阶段的出口选择方程（3.4.2）获得，计算公式为：$\lambda_{it}=\varphi(\cdot)/\Phi(\cdot)$。其中 $\varphi(\cdot)$ 和 $\Phi(\cdot)$ 分别表示标准正态分布的概率密度函数和累计分布函数。同时，逆米尔斯比的计算公式也要求使用 Probit 模型对出口选择方程进行估计。因为 Probit 估计方法是正态分布函数的，而 Logit 估计方法是生长函数分布的。

① 盛丹、包群、王永进，2011：《基础设施对中国企业出口行为的影响："集约边际"还是"扩展边际"》，《世界经济》第 1 期。

② 盛丹、包群、王永进，2011：《基础设施对中国企业出口行为的影响："集约边际"还是"扩展边际"》，《世界经济》第 1 期。

二、全部样本的回归

首先对全部样本进行初步回归。表 5.9 的初步估计结果显示：无论是出口选择方程还是出口供给方程，所有变量的系数符号和显著性水平都不发生变化，实证结果较为稳健。另外，初步回归中的逆米尔斯比在供给方程中显著为正，一方面说明剔除非出口企业是存在样本的选择性偏差问题，另一方面说明本文采用 Heckman 方法进行估计的有效性。

从估计结果来看，企业银行贷款（$\ln(lev_{it}^{m})(m=1,2)$）显著负向影响企业出口选择和出口供给，与前文实证结论相符；内源性融资（$\ln(IF_{it}^{m})(m=1,2)$）和信贷融资（$\ln(tc_{it}^{m})(m=1,2)$）显著正向影响企业出口选择和出口供给，也符合前文的理论预期。

生产率水平（$\ln\varphi_{it}$）显著正向影响中国企业的出口选择和出口供给也符合新—新贸易理论的基本结论，因为新—新贸易理论的重要观点认为固定和可变贸易成本使得只有生产率更高的企业才能从出口的行为中获利，企业的出口参与和出口供给与生产率正相关。同样由于生产率更高的成功出口企业，其生产规模不断增加，企业规模同出口选择、出口供给也正相关。初步估计结果中，企业规模（$\ln size_{it}$）显著正向影响出口选择和出口供给正好体现出这一特点。另外，行业产出（$\ln(R_{it})$）、行业需求（$\ln demand_{it}$）和行业竞争程度（$\ln HHI_{it}$）显著负向影响中国企业出口选择和出口供给，也与前文实证结论相同。

存在资金约束的企业，税收负担越重，企业可用资金越少，出口选择和出口供给能力将会下降。全部样本数据的回归结果中，$\ln tax_{it}$显著为负的系数恰好说明了这一点。同时，企业研发支出（$\ln RD_{it}$）和资本密集度（$industry$）显著为正的系数，也和前文实证内容相符。

三、分行业的 Heckman 再检验

分行业企业出口选择和出口供给的 Heckman 再检验后，逆米尔斯比在劳动密集型企业和资本密集型企业的供给方程中也显著为正，再次说明剔除非出口企业是存在样本的选择性偏差问题，同时说明有必要采用 Heckman 方法，增强估计结果的有效性（见表 5.10）。

分劳动和资本密集型行业进行 Heckman 再检验后，以下影响中国企业出口选择和出口供给的变量，其系数符号和显著性水平也与前文一致，

表 5.9　　全部样本的 Heckman 回归结果

	出口选择								出口供给							
	模型 1	模型 2	模型 3	模型 4	模型 5	模型 6	模型 7	模型 8	模型 1	模型 2	模型 3	模型 4	模型 5	模型 6	模型 7	模型 8
常数项	-1.660 ***	-1.660 ***	-1.850 ***	-1.660 ***	1.031 ***	1.030 ***	0.750 ***	1.030 ***	-15.190 ***	-15.190 ***	-15.460 ***	-15.150 ***	-4.089 ***	-4.090 ***	-4.230 ***	-4.090 ***
	(-136.80)	(-136.75)	(-145.96)	(-136.87)	(3.82)	(3.82)	(2.78)	(3.82)	(-5.51)	(-5.51)	(-4.96)	(-5.47)	(-7.85)	(-7.85)	(-8.04)	(-7.86)
$\ln(lev_{it}^m)$	-0.031 ***	-0.030 ***	-0.030 ***	-0.030 ***	-0.020 ***	-0.020 ***	-0.020 ***	-0.020 ***	-0.292 ***	-0.290 ***	-0.260 ***	-0.290 ***	-0.071 ***	-0.070 ***	-0.060 ***	-0.070 ***
	(-28.23)	(-28.23)	(-24.97)	(-28.43)	(-14.77)	(-14.77)	(-12.82)	(-14.83)	(-8.63)	(-8.63)	(-7.85)	(-8.61)	(-14.08)	(-14.08)	(-12.64)	(-14.14)
$\ln(IF_{it}^m)$	0.283 ***	0.280 ***	0.080 ***	0.280 ***	0.286 ***	0.290 ***	0.070 ***	0.290 ***	2.201 ***	2.200 ***	0.540 ***	2.210 ***	0.176 ***	0.180 ***	0.020 **	0.170 ***
	(74.30)	(74.30)	(49.20)	(74.63)	(59.29)	(59.29)	(36.44)	(59.45)	(7.32)	(7.32)	(6.40)	(7.29)	(2.88)	(2.88)	(2.09)	(2.84)
$\ln(tc_{it}^m)$	0.064 ***	0.060 ***	0.070 ***	0.060 ***	0.038 ***	0.040 ***	0.040 ***	0.040 ***	0.499 ***	0.500 ***	0.500 ***	0.470 ***	0.068 ***	0.070 ***	0.060 ***	0.060 ***
	(50.88)	(50.88)	(53.17)	(49.25)	(24.42)	(24.42)	(27.42)	(23.44)	(7.54)	(7.54)	(6.81)	(7.38)	(8.27)	(8.27)	(6.05)	(7.32)
$\ln\varphi_{it}$	0.188 ***	0.190 ***	0.180 ***	0.190 ***	0.164 ***	0.160 ***	0.160 ***	0.160 ***	2.093 ***	2.090 ***	2.000 ***	2.080 ***	0.717 ***	0.720 ***	0.670 ***	0.710 ***
	(122.00)	(122.02)	(120.46)	(121.67)	(78.00)	(78.00)	(78.55)	(77.82)	(11.02)	(11.02)	(10.14)	(10.97)	(21.79)	(21.79)	(18.99)	(21.63)
$\ln size_{it}$					0.116 ***	0.120 ***	0.110 ***	0.120 ***					0.165 ***	0.170 ***	0.130 ***	0.160 ***
					(57.35)	(57.35)	(56.18)	(57.44)					(7.15)	(7.15)	(5.46)	(7.02)
$\ln(R_{it})$					0.213 ***	0.210 ***	0.210 ***	0.210 ***					0.517 ***	0.520 ***	0.590 ***	0.520 ***
					(10.04)	(10.04)	(9.84)	(10.05)					(8.59)	(8.59)	(9.52)	(8.66)
$\ln HHI_{it}$					0.126 ***	0.130 ***	0.130 ***	0.130 ***					0.034 **	0.030 **	0.001 **	0.030 **
					(20.86)	-20.86)	(21.49)	(20.85)					(2.18)	(2.18)	(2.14)	(2.01)
$\ln tax_{it}$					-0.034 ***	-0.030 ***	-0.040 ***	-0.030 ***					-0.046 ***	-0.050 ***	-0.040 ***	-0.050 ***
					(-22.96)	(-22.96)	(-25.73)	(-23.13)					(-6.17)	(-6.17)	(-4.30)	(-6.08)

续表

	出口选择								出口供给							
	模型 1	模型 2	模型 3	模型 4	模型 5	模型 6	模型 7	模型 8	模型 1	模型 2	模型 3	模型 4	模型 5	模型 6	模型 7	模型 8
$\ln demand_{it}$					0.162 ***	0.160 ***	0.160 ***	0.160 ***					0.513 ***	0.510 ***	0.570 ***	0.520 ***
					(7.55)	(7.55)	(7.32)	(7.57)					(9.64)	(9.64)	(10.52)	(9.69)
$\ln RD_{it}$					0.127 ***	0.130 ***	0.130 ***	0.130 ***					0.200 ***	0.200 ***	0.240 ***	0.200 ***
					(55.60)	(55.60)	(56.17)	(56.05)					(7.57)	(7.57)	(8.40)	(7.48)
industry					0.097 ***	0.100 ***	0.060 ***	0.100 ***					0.279 ***	0.280 ***	0.240 ***	0.280 ***
					(13.61)	(13.61)	(8.77)	(13.77)					(11.87)	(11.87)	(13.01)	(11.82)
λ_{it}									9.604 ***	9.600 ***	9.040 ***	9.570 ***	0.153 **	0.150 **	0.260 **	0.120 **
									(6.91)	(6.91)	(6.16)	(6.86)	(2.54)	(2.54)	(2.86)	(2.40)
受限 *Obs*	433768	433768	433768	433749	296188	296188	296188	296188	433768	433768	433768	433749	296188	296188	296188	296188
Obs	604798	433768	433768	433749	427320	427320	427320	427320	604798	433768	433768	433749	427320	427320	427320	427320

注：(1) ***、**、*分别表示1%、5%、10%显著通过检验；(2) 括号内为 z 值或 t 值；(3) 限于篇幅，省略 Wald 检验值、伴随概率、R^2以及地区、所有制和经营年限等控制变量。

表 5.10　　　　　　　　分行业 Heckman 回归结果

	出口选择				出口供给			
	资本密集型行业		劳动密集型行业		资本密集型行业		劳动密集型行业	
	模型 1	模型 2	模型 1	模型 2	模型 1	模型 2	模型 1	模型 2
常数项	-1.448*** (-38.84)	-3.214*** (-4.19)	-1.643*** (-116.80)	1.689*** (5.84)	-2.335*** (-2.23)	-2.105 (-0.99)	-22.590*** (-4.11)	-2.794*** (-3.85)
$\ln(lev_{it}^1)$	-0.002** (-2.53)	-0.006** (-2.14)	-0.033*** (-27.97)	-0.020*** (-13.70)	-0.067*** (-5.31)	-0.063*** (-6.47)	-0.399*** (-5.68)	-0.097*** (-15.38)
$\ln(IF_{it}^1)$	0.477*** (48.36)	0.492*** (41.37)	0.242*** (56.75)	0.231*** (43.66)	1.407*** (6.71)	-0.132 (-0.75)	2.610*** (5.11)	0.504*** (8.05)
$\ln(tc_{it}^1)$	0.090*** (24.33)	0.074*** (16.75)	0.061*** (45.71)	0.034*** (20.49)	0.317*** (8.05)	0.118*** (4.39)	0.650*** (5.11)	0.102*** (10.81)
$\ln\varphi_{it}$	0.201*** (52.00)	0.189*** (36.61)	0.181*** (98.82)	0.151*** (64.72)	1.285*** (15.72)	0.616*** (9.86)	2.546*** (6.90)	0.919*** (23.89)
$\ln size_{it}$		0.045*** (8.70)		0.133*** (60.47)		0.050*** (2.75)		0.375*** (11.14)
$\ln(R_{it})$		0.162*** (2.70)		0.268*** (11.76)		0.470*** (3.49)		0.108 (1.21)
$\ln HHI_{it}$		0.167*** (9.55)		-0.178*** (-27.44)		0.247*** (3.54)		-0.338*** (-7.03)
$\ln tax_{it}$		-0.012*** (-2.84)		-0.039*** (-24.71)		-0.046*** (-4.29)		-0.099*** (-9.43)
$\ln demand_{it}$		0.174*** (2.88)		0.208*** (9.04)		0.394*** (2.85)		0.201*** (2.57)
$\ln RD_{it}$		0.091*** (14.55)		0.133*** (53.93)		-0.445*** (-12.94)		0.025*** (2.72)
λ_{it}					3.531*** (6.09)	-0.679 (-1.39)	13.410*** (4.84)	2.144*** (6.05)
industry	*no*	*no*	*no*	*no*	*no*	*no*	*no*	*no*
region	*no*	*no*	*no*	*no*	*yes*	*yes*	*yes*	*yes*
owner	*no*	*no*	*no*	*no*	*yes*	*yes*	*yes*	*yes*
year	*no*	*no*	*no*	*no*	*yes*	*yes*	*yes*	*yes*
受限 *Obs*	47286	35059	386482	261129	47286	35059	386482	261129
Obs	70269	54260	534529	373060	70269	54260	534529	373060

注：(1) ***、**、* 分别表示 1%、5%、10% 显著通过检验；(2) 括号内为 z 值或 t 值；(3) 限于篇幅，省略 Wald 检验值、伴随概率 R^2。

具体包括① $\ln(lev_{it}^1)$的系数显著为负，$\ln(IF_{it}^1)$、$\ln(tc_{it}^1)$、$\ln\varphi_{it}$、$\ln size_{it}$、$\ln(R_{it})$的系数显著为正；② $\ln tax_{it}$的系数显著为负，$\ln demand_{it}$的系数也显著为正。唯一的区别也是系数大小和显著性水平存在细微差异。这些系数显著性系数符号，一方面说明银行融资构成了出口选择和企业出口供给的障碍，另一方面说明内源性越大、商业信贷融资越高，有助于提升企业出口选择和出口供给能力。另外生产率水平越高、规模越大的企业，其出口选择和出口供给能力也越强。企业所在行业产出越大、需求越多以及研发支出越大的企业，企业出口选择也更容易、出口量也越大。

另外，在 Heckman 再检验中，行业竞争程度 $\ln HHI_{it}$显著正向影响资本密集型企业出口选择和出口供给，同时 $\ln HHI_{it}$显著负向影响劳动密集型企业出口选择和出口供给，也是成立的。

四、分所有制结构的 Heckman 再检验

表 5.11 和表 5.12 的分所有制企业 Heckman 再检验结果中，逆米尔斯比在国有、集体、法人、私人、港澳台和外资企业的供给方程中也显著为正，也体现了 Heckman 估计方法的合理性。

分所有制类型后，以下六个重要结论依然成立：①企业的内源性越大，出口选择和出口供给能力越强；②商业信贷的充分利用有助于提升微观企业的出口选择和出口供给能力；③企业银行贷款显著为负的系数，构成了企业出口选择和出口供给的障碍；④生产率水平显著正向影响企业的出口选择和出口供给；⑤企业的规模越大，参与出口更为容易，出口量也越大；⑥行业密集度也显著正向影响各类型企业的出口选择和出口供给。

$\ln demand_{it}$在港澳台企业和外资企业出口选择和出口供给中显著为正，而在其他类型的本土企业中显著为负，也与前文结论类似。$\ln(R_{it})$和 $\ln HHI_{it}$在国有、集体、法人、私人在内的本土企业中为正系数，而在港澳台和外资企业中却为负，也与前文相同。所不同的是，这些变量在部分国有企业、集体企业或法人企业的 Heckman 检验方程中不在显著了。

同样，Heckman 再检验后，国有和集体企业凭受益于“软预算”约束的好处也表现无疑。它们的真实税收负担相对较轻，导致其税负影响企业出口参与和供给出口的作用应该没有其他类型企业大。表 5.10 中，$\ln tax_{it}$在国有和集体企业中不显著，而在法人、私人、港澳台和外资企业中显著为负，也很好说明这个问题。

表 5.11　　分所有制 Heckman 回归结果（1）

	出口选择											
	国有企业		集体企业		法人企业		私人企业		港澳台企业		外资企业	
	模型 1	模型 2	模型 1	模型 2	模型 1	模型 2	模型 1	模型 2	模型 1	模型 2	模型 1	模型 2
常数项	3.905 *** (1.39)	-4.558 (-0.27)	-60.810 (-0.88)	16.220 (0.69)	-8.146 * (1.81)	5.483 (0.93)	-29.650 (1.65)	-8.103 *** (4.52)	-4.811 ** (-2.30)	43.420 *** (6.06)	-13.410 ** (2.51)	32.510 *** (5.95)
$\ln(lev_{it}^1)$	-0.005 ** (-2.39)	-0.032 ** (-2.11)	-1.184 ** (-2.01)	-0.035 *** (-2.95)	-0.202 *** (-3.44)	-0.011 (-0.62)	-0.425 ** (-2.15)	-0.069 *** (-5.30)	-0.424 *** (-4.90)	-0.263 *** (-6.61)	-0.552 *** (-3.89)	-0.209 *** (-9.24)
$\ln(IF_{it}^1)$	0.140 ** (2.25)	0.229 *** (2.88)	0.082 *** (4.97)	0.062 ** (2.36)	1.723 *** (3.00)	-0.323 (-1.60)	3.010 ** (1.99)	0.356 *** (2.62)	1.652 *** (3.83)	0.780 *** (4.33)	2.381 *** (3.12)	0.393 *** (4.12)
$\ln(tc_{it}^1)$	0.001 ** (2.02)	0.009 ** (2.24)	0.063 *** (2.91)	0.017 ** (2.37)	0.139 ** (2.50)	0.004 (0.36)	0.330 * (1.97)	0.035 *** (5.41)	0.365 *** (4.23)	0.160 *** (5.44)	0.505 *** (3.14)	0.092 *** (5.59)
$\ln\varphi_{it}$	0.685 *** (3.88)	0.566 *** (4.94)	1.110 *** (4.12)	0.442 *** (3.42)	1.443 *** (5.33)	0.454 *** (5.51)	2.568 *** (2.60)	0.795 *** (9.56)	1.473 *** (9.50)	1.036 *** (15.75)	2.065 *** (5.30)	0.863 *** (19.20)
$\ln size_{it}$		0.081 * (1.82)		0.030 ** (2.48)		0.016 ** (2.26)		0.215 *** (3.39)		0.314 *** (8.21)		0.267 *** (10.71)
$\ln(R_{it})$		0.671 (0.56)		0.701 (0.43)		0.109 (0.33)		0.699 *** (11.67)		-3.558 *** (-5.63)		-2.586 *** (-5.35)

续表

	出口选择											
	国有企业		集体企业		法人企业		私人企业		港澳台企业		外资企业	
	模型 1	模型 2	模型 1	模型 2	模型 1	模型 2	模型 1	模型 2	模型 1	模型 2	模型 1	模型 2
$\ln HHI_{it}$		0.038 (0.43)		0.129* (1.69)		0.103 (1.33)		0.213*** (2.74)		-0.202** (-2.40)		0.019 (0.36)
$\ln tax_{it}$		-0.010 (-0.56)		-0.010 (-0.63)		-0.019** (2.13)		-0.069*** (-5.25)		-0.042*** (-2.50)		-0.046*** (-3.47)
$\ln demand_{it}$		-0.657 (-0.54)		-0.690 (-0.42)		-0.045 (-0.12)		-0.765*** (-10.93)		3.514*** (5.67)		2.577*** (5.42)
$\ln RD_{it}$		-0.377*** (-11.38)		-0.188*** (-5.42)		-0.393*** (-7.15)		-0.019 (-0.25)		-0.086 (-1.57)		-0.291*** (-8.41)
industry		0.228** (2.31)		0.300*** (2.97)		0.094** (2.53)		0.326*** (5.51)		0.009** (2.10)		0.185*** (4.00)
受限 *Obs*	27136	18929	34884	23498	124679	83952	239177	163291	24148	16579	23953	16648
Obs	35609	25587	44325	30421	164010	113862	308053	217082	57008	40795	58386	42734

注：(1) ***、**、* 分别表示 1%、5%、10% 显著通过检验；(2) 括号内为 z 值或 t 值；(3) 限于篇幅，省略 Wald 检验值、R^2 以及地区、所有制和经营年限等变量（下同）。

表 5.12　　分所有制 Heckman 回归结果（2）

	出口供给											
	国有企业		集体企业		法人企业		私人企业		港澳台企业		外资企业	
	模型 1	模型 2	模型 1	模型 2	模型 1	模型 2	模型 1	模型 2	模型 1	模型 2	模型 1	模型 2
常数项	-1.390***	-28.870***	-1.790***	-27.760***	-1.663***	-8.969***	-1.638***	-1.697***	-0.621***	14.950***	-0.697***	16.020***
	(-33.57)	(-37.18)	(-40.28)	(-41.33)	(-70.95)	(-20.25)	(-87.11)	(-4.73)	(-16.60)	(-25.90)	(-19.79)	(27.73)
$\ln(lev_{it}^1)$	-0.005**	-0.046***	-0.047***	-0.044***	-0.034***	-0.029***	-0.028***	-0.020***	-0.079***	-0.077***	-0.052***	-0.059***
	(-2.30)	(-8.87)	(-11.83)	(-8.81)	(-15.58)	(-10.86)	(-17.09)	(-9.73)	(-23.17)	(-18.05)	(-15.21)	(-14.04)
$\ln(IF_{it}^1)$	0.465***	0.430***	0.188***	0.202***	0.330***	0.333***	0.217***	0.216***	0.376***	0.333***	0.273***	0.244***
	(30.74)	(22.11)	(13.51)	(10.87)	(45.59)	(36.11)	(38.66)	(30.89)	(30.68)	(20.86)	(22.86)	(15.81)
$\ln(tc_{it}^1)$	0.053***	0.061***	0.015***	0.015***	0.032***	0.011***	0.024***	0.006***	0.077***	0.052***	0.058***	0.036***
	(10.26)	(9.38)	(3.12)	(2.49)	(12.95)	(3.76)	(12.94)	(2.86)	(20.44)	(11.03)	(14.84)	(7.51)
$\ln\varphi_{it}$	0.152***	0.202***	0.147***	0.162***	0.161***	0.143***	0.145***	0.138***	0.145***	0.127***	0.151***	0.124***
	(30.50)	(26.77)	(25.52)	(20.81)	(55.04)	(35.47)	(58.00)	(42.73)	(31.06)	(19.97)	(35.77)	(20.84)
$\ln size_{it}$		0.071***		0.075***		0.108***		0.105***		0.071***		0.066***
		(8.96)		(9.54)		(27.31)		(35.06)		(11.48)		(10.94)
$\ln(R_{it})$		2.089***		1.992***		0.565***		0.007		-1.218***		-1.310***
		(35.26)		(38.56)		(16.32)		(0.24)		(-27.28)		(-29.34)

续表

	出口供给											
	国有企业		集体企业		法人企业		私人企业		港澳台企业		外资企业	
	模型 1	模型 2	模型 1	模型 2	模型 1	模型 2	模型 1	模型 2	模型 1	模型 2	模型 1	模型 2
$\ln HHI_{it}$		0.040 (1.23)		0.011 (0.38)		0.119*** (9.52)		0.123*** (14.07)		-0.109*** (-5.42)		-0.077*** (-3.73)
$\ln tax_{it}$		0.007 (1.09)		-0.003 (-0.50)		-0.026*** (-8.93)		-0.020*** (-9.17)		-0.017*** (-3.70)		-0.026*** (-5.62)
$\ln demand_{it}$		-2.112*** (-34.75)		-2.005*** (-37.56)		-0.614*** (-17.39)		-0.060** (-2.12)		1.188*** (25.76)		1.287*** (27.94)
$\ln RD_{it}$		-0.036*** (-3.81)		-0.032*** (-3.81)		0.092*** (20.81)		0.123*** (35.41)		0.093*** (11.91)		0.084*** (11.70)
industry		0.139*** (5.60)		0.100*** (3.60)		0.089*** (6.66)		0.089*** (7.55)		0.096*** (4.59)		0.068*** (3.74)
λ_{it}	0.344** (2.22)	0.649*** (2.82)	0.307 (2.94)	0.517** (2.40)	6.128*** (2.74)	0.854** (2.36)	0.870*** (1.88)	0.270 (2.56)	0.137*** (3.95)	0.882*** (4.61)	0.300*** (3.17)	0.489*** (4.04)
Obs	35609	25587	44325	30421	164010	113862	308053	217082	57008	40795	58386	42734

表 5.13　　分地区 Heckman 回归结果

	出口选择								出口供给							
	东部地区		中部地区		西部地区		东北地区		东部地区		中部地区		西部地区		东北地区	
	模型 1	模型 2	模型 1	模型 2	模型 1	模型 2	模型 1	模型 2	模型 1	模型 2	模型 1	模型 2	模型 1	模型 2	模型 1	模型 2
常数项	-1.721	-0.328	-1.513	5.140	-1.692	4.418	-1.889	2.420	-13.710***	-5.023***	-28.410***	7.828	-13.240*	-1.899	-15.030	-3.740
	(106.60)	(0.94)	(42.59)	6.71	(44.98)	5.22	(42.38)	(2.48)	(-4.52)	(-6.72)	(-1.53)	(1.46)	(-1.89)	(-0.65)	(-1.54)	(-1.47)
$\ln(lev_{it}^1)$	-0.038***	-0.024***	-0.001	0.007*	-0.038***	-0.034***	-0.029***	-0.013***	-0.306***	-0.081***	-0.131**	-0.091***	-0.324***	-0.068***	-0.235**	-0.036**
	(-26.11)	(-13.19)	(-0.32)	(1.71)	(-10.95)	(-7.93)	(-7.13)	(-2.62)	(-6.97)	(-12.39)	(-2.28)	(-6.66)	(-3.13)	(-2.72)	(-2.28)	(-2.22)
$\ln(IF_{it}^1)$	0.268***	0.275***	0.257***	0.274***	0.348***	0.369***	0.263***	0.250***	1.822***	0.294***	3.719*	0.901***	2.438***	0.088	1.808*	-0.255
	(52.05)	(42.45)	(24.73)	(20.63)	(29.17)	(24.26)	(19.52)	(14.56)	(5.99)	(4.62)	(1.92)	(2.69)	(2.59)	(0.34)	(1.96)	(-1.20)
$\ln(tc_{it}^1)$	0.066***	0.039***	0.040***	0.020***	0.080***	0.052***	0.049***	0.030***	0.452***	0.081***	0.595**	0.108***	0.587***	0.087**	0.388**	0.046*
	(39.87)	(18.88)	(11.24)	(4.57)	(20.35)	(10.62)	(10.83)	(5.31)	(6.10)	(8.63)	(2.01)	(4.04)	(2.79)	(2.40)	(2.29)	(1.70)
$\ln\varphi_{it}$	0.202***	0.170***	0.158***	0.128***	0.187***	0.166***	0.201***	0.180***	2.046***	0.811***	2.753***	0.934***	1.953***	0.659***	2.082***	0.480***
	(97.87)	(60.12)	(35.11)	(20.87)	(39.68)	(25.66)	(35.51)	(23.39)	(9.41)	(22.13)	(2.41)	(6.23)	(4.06)	(5.95)	(3.11)	(3.37)
$\ln size_{it}$		0.147***		0.068***		0.098***		0.093***		0.292***		0.237***		0.105***		0.007**
		(53.38)		(11.28)		(16.33)		(13.09)		(9.29)		(2.94)		(2.60)		(2.10)
$\ln(R_{it})$		0.101***		0.517***		0.490***		0.354***		0.464***		0.775**		0.413**		0.844**
		(3.69)		(8.56)		(7.32)		(4.60)		(7.90)		(2.22)		(2.14)		(2.50)

续表

	出口选择								出口供给							
	东部地区		中部地区		西部地区		东北地区		东部地区		中部地区		西部地区		东北地区	
	模型 1	模型 2	模型 1	模型 2	模型 1	模型 2	模型 1	模型 2	模型 1	模型 2	模型 1	模型 2	模型 1	模型 2	模型 1	模型 2
$\ln HHI_{it}$		0.198 ***		0.067 ***		0.172 ***		0.059 ***		0.247 ***		0.395 ***		0.009		0.014
		(25.72)		-3.71)		(8.56)		(2.70)		(5.35)		(4.10)		(0.08)		(0.18)
$\ln tax_{it}$		-0.031 ***		-0.036 ***		-0.029 ***		-0.057 ***		-0.057 ***		-0.130 ***		-0.041 *		-0.039 *
		(-16.17)		(-8.35)		(-6.27)		(-10.25)		(-7.38)		(-2.98)		(-1.86)		(-1.82)
$\ln demand_{it}$		0.029 **		0.475 ***		0.491 ***		0.344 ***		-0.537 ***		0.844		-0.368		-0.835 **
		(2.04)		(7.78)		(7.28)		(4.43)		(-9.75)		(1.43)		(1.02)		(-2.52)
$\ln RD_{it}$		0.142 ***		0.071 ***		0.108 ***		0.132 ***		0.143 ***		0.069 ***		0.235 ***		0.394 ***
		(46.67)		(10.94)		(14.93)		(15.88)		(4.50)		(2.81)		(3.13)		(3.63)
industry		0.098 ***		0.131 ***		0.045 **		0.112 ***		0.308 ***		0.645 ***		0.252 ***		0.176 *
		(10.39)		(6.11)		(1.96)		(4.53)		(11.04)		(4.00)		(4.49)		(1.69)
λ_{it}									8.687 ***	0.968 ***	17.070 *	2.614 ***	8.531 **	2.214	8.697 *	1.788
									(5.78)	(3.13)	(1.74)	(2.63)	(2.46)	(0.23)	(1.93)	(1.62)
Obs	344652	244851	72401	49647	62904	44045	46119	32233	344652	244851	72401	49647	62904	44045	46119	32233

五、分地区企业出口选择和出口供给的 Heckman 检验

表 5.13 给出了样本企业分区域后出口选择和出口供给的 Heckman 估计结果。除东北地区企业出口供给方程中的逆米尔斯比未达到显著性水平要求外，其他地区企业供给方程中的逆米尔斯比都符合要求，说明使用 Heckman 方法进行估计是合理的。

分所有制类型后，以下重要结论也是成立的：①企业的内源性越大，出口选择和出口供给越强；②商业信贷的充分利用有助于提升出口选择和出口供给的作用；③企业银行贷款显著为负的系数，构成了企业出口选择和出口供给的障碍；④生产率水平显著正向影响企业出口选择和出口供给；⑤企业的规模越大，出口选择和出口供给能力越强；⑥行业产出越大，各地区出口企业数量越多、出口量越大；⑦行业竞争程度越激烈，企业出口选择和出口供给增强（但西部和东北地区企业出口供给不显著）；⑧税收负担构成了各地区企业出口选择和出口供给的障碍；⑨研发投资显著正向影响各地区企业的出口选择和出口供给；⑩行业密集度也显著正向影响企业出口选择和出口供给。唯一的区别是各地区相关系数的大小存在部分差异。另外行业需求也显著正向影响各地区企业出口选择和出口供给，也符合前文实证结论。

总之，无论是对全部样本企业还是对分行业、分所有制或分地区的样本企业，本书使用 Heckman 两阶段方法对中国微观企业的出口选择和出口供给方程进行再估计后，实证结论稳健地显示融资约束具有抑制中国企业出口选择和出口供给的作用，这也为融资异质性影响我国企业出口行为提供了微观经验证据。

第五节 小　结

通过构建融资约束影响企业出口的新—新贸易理论实证模型，本书认为受融资约束的企业，其出口选择和出口供给能力都有所下降，原因在于

国际市场的固定成本，受资金约束的企业，由于难以承受这些固定资本投资，被迫放弃或减少出口计划。选择《中国工业企业数据库》（1998—2008）相关数据，在计算微观企业融资约束和全要素生产率的基础上，实证检验融资约束与中国企业出口选择效应关系后，得出的主要结论如下：

1. 企业内源性融资和信贷融资显著正向影响企业的出口选择和出口供给，而银行信用贷款构成了企业出口选择和出口供给的障碍，说明中国政府应该继续加大金融体制改革步伐，促进金融资本助力实体经济发展的本源，给更多企业提供更多外源性融资便利，帮助它们克服进入出口市场的固定成本障碍，以提高企业出口面广度和已经出口企业扩大出口量深度的作用，实现出口贸易的可持续发展。

2. 企业生产率、规模等反映企业异质性的控制变量显著正向影响中国企业的出口参与和出口供给，说明中国还应该继续采取切实有效的措施，促进企业生产率水平的内生增长和规模扩大，通过增加出口企业数量和现有企业的出口量，实现出口增长的稳定发展。

3. 然而，企业税收负担显著负向影响中国企业的出口参与和出口供给，说明中国现有税收体系已经对企业参与国际竞争构成了障碍。政府还应该继续推进营改增等税收体制改革，切实采取措施降低微观主体的税收负担，以增加它们的流动性水平。当企业流动性资金充足后，必然有能力支付进入国际市场的固定成本，参与国际竞争的动机也将大大提升，起到扩大出口企业面广度和深度的作用。

4. 继续使用 Heckman 方法验证 1998—2008 年中国微观企业数据融资约束与出口选择效应后，无论是全部样本企业还是分行业、分所有制、分区域的子样本企业，出口选择和出口供给方程的再估计结果也同样表明企业融资约束具有显著抑制企业出口的作用。这一结论既符合理论模型的基本要求，也为融资异质性影响企业出口行为提供了微观经验证据。

需要说明的是，本书适用性检验的局限性在于只使用了《中国工业企业数据库》（1998—2008）。虽然该数据库中样本容量较大、时期跨度也较长，但也不具有全面性，毕竟无法反映出融资约束影响中国企业出口选择和出口供给的新近特点。本书将在以后的研究中力求获取更新的数据做进一步分析。

第六章

融资约束影响企业出口的再检验：银行融资视角

在前一章中，本书实证检验了融资约束影响企业出口的基本途径，也发现具有融资约束的企业，其出口将受到影响。然而，企业融资方式的差异，获取外部资金的难度、数额和时间成本也有不同。为此，还应该再检验融资方式作用企业出口的差异，特别是中国出口的银行融资问题，因为中国只有为数不多的大规模企业才能在证券市场直接上市融资，绝大多数中小企业由于缺少担保机构和抵押物，向银行借款成为最廉价和最便捷的外源性融资方式。一般而言，银行向企业提供外源性融资的方式可以划分为信贷投资与抵押贷款，其区别在于：①信贷投资具有主动性，而抵押贷款是被动的；②信贷投资具有前向性，而抵押贷款是后向的；③信贷投资一般具有配额的特征。虽然两种银行融资都可以充当完备金融市场的投资者角色，起到促进企业出口的作用，但信贷投资的主动性、前向性和无须抵押等特点，决定了其促进企业出口的作用应该比抵押贷款大。因此，本书的预期结论是：有银行信贷投资的企业更容易出口。为验证这一命题，本章再使用中国微观企业的银行融资数据进行检验。

第一节

银行融资对企业出口的作用

一、融资约束、金融发展对企业出口的重要性

金融发展影响出口可以追溯到麦金龙的金融深化理论。Hellman el al.（2000）提出“金融约束论”，指出发展中国家通过贷款干预的金融约束战略，可以达到影响出口贸易水平和改善贸易结构的作用①。Petersen and Rajan（1997）认为不同行业的技术特征对金融部门依赖程度是存在差异的，金融发展能起到改善一国贸易结构的作用②。宏观数据的实证文献也证实了这一点，例如 Beck（2002）使用 1966—1995 年 65 个样本国家数据③，Svaleryd and Vlachos（2005）使用 OECD 国家数据④，都发现了金融发展对改善贸易结构作用。中国金融发展也具有类似效果，包群、阳佳余（2008）认为金融发展水平是影响中国工业制成品比较优势的重要变量⑤，包群、张雅楠（2010）还认为区域金融发展水平对中国高技术产品出口比较优势的形成有重要作用⑥。

具体到新—新贸易理论，现有研究大多集中于从微观层面重新解释金

① Hellman T. K. Murdock and J. Stigliz, 2000, “Liberalization, Moral Hazard in Banking, and Prudential Regulation: Are Capital Requirements Enough?”, The American Economic Review, 90 (1): 147 - 165.

② Petersen M. and R. G. Rajan. 1997. “Trade Credit: Theories and Evidence.” The Review of Financial Studies, 10 (3): 661 - 691.

③ Beck. T, 2002, “Financial Development and International Trade: Is There a Link?”, Journal of International Economics, 57 (1): 107 - 131.

④ Svaleryd H. and J. Vlachos. 2005. “Financial markets, the pattern of industrial specialization and comparative advantage: Evidence from OECD countries.” European Economic Review, 49 (1): 113 - 144.

⑤ 包群、阳佳余，2008：《金融发展影响了中国工业制成品出口的比较优势吗?》，《世界经济》第 3 期。

⑥ 包群、张雅楠，2010：《金融发展、比较优势与我国高技术产品的出口》，《国际金融研究》第 11 期。

融发展与企业出口之间的关系。Melitz（2003）认为企业成为出口商需支付一定的固定成本，且固定成本高低直接决定了企业是否选择进入国际市场①。Chaney（2005）进一步认为高昂的国际市场固定成本，对企业的财务状况有较高要求，受到融资约束的企业由于难以承担这项投资而无法选择出口②。Manavo（2007）则将企业的融资约束引入到二元边际分析中，认为当企业面临贸易成本的融资约束时，金融发展能够从集约边际和扩展边际两方面促进一国或地区的出口贸易增长③。国外实证文献也验证了金融发展的促进企业出口作用，如 Campa and Shaver（2002）使用西班牙企业数据④、Greenaway et al.（2005）⑤ 和 Bridges and Guariglia（2008）⑥ 使用英国企业数据、Muûls（2008）使用比利时企业数据⑦、Manole and Spatareanu（2010）使用捷克企业数据⑧等。

二、金融发展、银行融资影响中国企业出口的分歧

金融发展是否也影响中国企业的出口，同样引起了学者的关注，但是由于不同研究者关注的焦点和所使用数据的差异，所得出的结论也有些不同。比如，有些研究者就认为中国金融发展能缓解出口企业的融资约束，

① Melitz M. 2003. "The impact of trade on intra - industry reallocations and aggregate industry productivity." Econometrica, 71 (6): 1695 - 1725.

② Chaney T. 2005. "Liquidity Constrained Exporters." Mimeo, Massachusetts Institute of Technology, 2005.

③ Manavo K. 2007. "Credit constraints, heterogeneous firms and international trade", Mimeo, Stanford University.

④ Campa J. and J. Shaver. 2002. "Exporting and Capital Investment: On the Strategic Behavior of Exporters." IESE Business School Research Paper No. 469.

⑤ Greenaway D., A. Guariglia and R. Kneller, 2005. "Do Financial Factors Affect Exporting Decisions?", Leverhulme Centrefor Research on Globalization and Economic Policy, University of Nottingham, GEP Research Paper.

⑥ Bridges S. and A. Guariglia, 2008. "Financial Constraints, Global Engagement, and Firm Survival in the UK: Evidence from Micro Data", Scottish Journal of Political Economy, 55 (4): 444 - 464.

⑦ Muûls M. 2008. "Exporters and Credit Constraints: A Firm - level Approach." NBER Working Paper, No. 139.

⑧ Manole V. and M. Spatareanu, 2010. "Exporting, Capital Investment and Financial Constraints", LICOS Discussion Paper Series, discussion paper, No. 252.

起到扩大出口的作用。类似这样的文献有很多，比如孟夏和陈磊（2012）[①]、陈磊和宋丽丽（2011）[②]、姚耀军（2010）[③]、孙灵燕和崔喜君（2011）[④]、Manova et al.（2009）等。然而，另一些研究却认为中国金融改革和创新力度不足，金融发展还未能起到促进企业出口的作用，相反，企业的融资约束限制了它们参与国际市场的程度，如于洪霞等（2011）[⑤]、孙灵燕和李荣林（2011）[⑥]、戴金平和袁其刚（2010）[⑦] 等。

这些研究给本书提出了一个新的问题：融资约束是否抑制了中国企业参与国际市场？企业获得银行外源性融资后，有没有显著促进其出口？如果能促进企业出口，信贷投资方式的融资和抵押贷款方式的融资又有何不同？本书从新—新贸易理论分析框架出发，建立融资约束与企业出口的理论模型，目的是为了说明融资异质性应该同生产率异质性一样，是决定企业出口与否的重要依据。在此基础上，本书又将企业融资划分为银行的信贷投资和抵押贷款，比较信贷投资和抵押贷款促进企业出口的差异。最后，结合中国微观企业数据，实证检验理论模型分析结论的正确性。

与已有文献相比较，本书还存在以下改进：首先，直接使用企业的银行融资数据而非代理变量分析融资约束对企业出口的影响，毕竟选择利息支付等为代理变量的经验分析（Li and Yu，2009[⑧]），只能反映融资成本高低，既无法说明企业是否因为出口才向银行融资，又无法说明出口企业

① 孟夏、陈磊，2012：《金融发展、FDI 与中国制造业出口绩效——基于新新贸易理论的实证分析》，《经济评论》第 1 期。

② 陈磊、宋丽丽，2011：《金融发展与制造业出口的二元边际——基于新新贸易理论的实证分析》，《南开经济研究》第 4 期。

③ 孙灵燕、崔喜君，2011：《FDI、融资约束与民营企业出口——基于中国企业层面数据的经验分析》，《世界经济研究》第 1 期。

④ Manova K.，S. J. Wei and Z. Zhang，2009，"Firm Exports and Multinational Activity under Credit Constraints"，Mimeo，Stanford University.

⑤ 于洪霞、龚六堂、陈玉宇，2011：《出口固定成本融资约束与企业出口行为》，《经济研究》第 4 期。

⑥ 孙灵燕、李荣林，2011：《融资约束限制中国企业出口参与吗?》，《经济学季刊》第 1 期。

⑦ 戴金平、袁其刚，2010：《金融压抑对出口企业影响的实证分析——基于上市企业研究》，《国际贸易问题》第 7 期。

⑧ Li Z.，and M. Yu，2009. "Exports，Productivity，and Credit Constraints：A Firn – level Empirical Investigation of China"，Global COEHi – Stat Discussion Paper Series from Institute of Economic Research，No，gd09 – 08，Hitotsubashi University.

以何种方式向银行借款，更难以解释出口企业的银行融资用途；其次，银行经营理念的改进也会改善企业的流动性约束，区分信贷投资和抵押贷款融资方式的差异，以及它们影响企业出口作用的不同，是其他文献还没有涉及的内容；再次，生产率的异质性也是影响企业出口选择的重要因素，将生产率的异质性也融入理论和实证模型的分析中，并比较两种异质性在企业初始出口阶段的区别和联系；最后，行业、地理位置临近和所有制差异也会影响到企业的出口选择，本书分行业、分地区和分所有制进行稳健性检验。

第二节 银行融资与企业出口的事实描述

在中国，包括银行在内的正规金融机构是企业获得外源性金融支持的主要渠道，银行贷款应该是影响企业融资的重要因素。针对银行融资的促进企业出口问题，学术界也存在分歧。Du and Girma（2007）认为中国企业获得银行贷款与出口市场导向有关，金融发展提高了企业的出口强度①。但韩剑、王静（2012）以2003—2007年工业企业数据为基础，将企业融资划分为内部融资、银行贷款融资和商业信用融资后，认为银行贷款约束构成了中国企业参与国际市场的障碍②。林玲等（2009）进一步指出本土企业难以从正规银行金融体系中获取充分的融资支持，抑制了出口绩效的持续增进③。对不同研究者结论进行比较，本书首先对企业的银行融资进行统计说明。

① Du J. and S. Girma, 2007. "Finance and Firm Export in China", Brookings Kyklos, 60 (1): 37 - 54.

② 韩剑、王静，2012：《中国本土企业为何舍近求远：基于金融信贷约束的解释》，《世界经济》第1期。

③ 林玲、李江冰、李青原，2009：《金融发展、融资约束与中国本土企业出口绩效——基于省际面板数据的经验研究》，《世界经济研究》第4期。

一、银行融资的出口促进作用

企业的融资结构可以分为内源性融资和外源性融资。内源性融资约束是指企业本身的内部流动性限制带来的融资约束问题，且企业提高运行效率是增加内源性融资能力的重要途径，通常可以用经营净现金流量表示（Fazzari et al.，1988①；Guariglia and Mateut，2006②）。外源性融资主要是企业利用银行贷款和商业信用方式获得外部融资。相对赊销、延期交付货款等企业间商业信用融资而言，向银行贷款以及在证券市场上发行股票和债券是企业外源性融资的主要途径。在中国，只有为数不多的大规模企业才能在证券市场直接上市融资，绝大多数中小企业由于缺少担保机构和抵押物，向银行借款成为最廉价和最便捷的外源性融资方式。这也是本书选择银行融资作为分析对象的重要原因。

在对银行融资与企业出口的事实进行描述前，本书先澄清以下问题：一是倘若企业的银行融资具有促进出口的作用，就应该有“越难以从银行获得融资的企业越难以出口”的事实成立；二是倘若信贷投资与抵押贷款影响企业出口的性质存在不同，就应该有“出口企业的两种银行融资所占比重存在显著不同”的结论成立；三是即便银行融资有助于缓解企业的流动性约束和促进企业的出口，仍然需要分析“银行以何种方式向企业发放融资的依据”，即银行为什么愿意以一种方式而不是另一种方式向企业提供融资便利；四是假定企业获得了银行融资，那么也需要“分析企业的融资用途”，因为融资如果仅仅是为了支付劳动工资或原材料等国内成本（非国际成本），内销企业也会面临相同的问题，体现不出融资异质性的出口促进作用。本书以世界银行《中国企业普查数据》（2005）为基础，对上述问题进行统计描述。选择世行数据的原因是，即使在《中国工业企业数据》（1998—2009）中，也只有利息支付等代理变量，没有企业的银行融资、融资难度以及融资方式差异等直接相关数据。

世界银行2005年向中国境内的12400家企业经理进行调查，金融调

① Fazzari S.，R. Hubbard and B. Petersen，1988. “Financing Constraints and Corporate Investment”，Brooking Paper on Economic Activity，19（1）：141－195.

② Guariglia A. and S. Mateut. 2006. “Credit Channel，Trade Credit Channel，and Inventory Investment：Evidence from a Panel of UK Firms.” Journal of Banking and Finance，30（10）：2835－2856.

查更是包括企业借款方式、融资难度、贷款用途等在内的银行融资问题。鉴于中国的银行尤其是国有商业银行的贷款发放具有“所有制信贷歧视”问题（Huang，2005①；Hao，2006②），本书在统计过程中还考虑到企业的所有制差异（见表6.1）。

表6.1　　银行融资与企业出口的统计说明

	全部 (3113)	国有 (214)	集体 (74)	联营 (61)	有限 (1005)	股份 (482)	私营 (271)	港澳台 (363)	外资 (606)
平均出口值（千万元）									
贷不到款	0.05	0.04	0.03	0.03	0.02	0.08	0.01	0.03	0.17
(395家)	(0.27)	(0.20)	(0.03)	(0.04)	(0.07)	(0.13)	(0.03)	(0.04)	(0.82)
很难贷到	0.14	0.13	0.08	0.16	0.09	0.12	0.09	0.31	0.20
(890家)	(0.44)	(0.33)	(0.13)	(0.45)	(0.27)	(0.18)	(0.26)	(0.97)	(0.58)
有点困难	0.30	0.30	0.19	0.12	0.17	0.22	0.13	0.23	0.77
(1367家)	(2.08)	(0.65)	(0.69)	(0.32)	(0.65)	(0.44)	(0.47)	(0.54)	(4.68)
不变	0.47	0.31	0.61	0.12	0.11	0.32	0.05	0.44	0.95
(1873家)	(2.22)	(1.04)	(3.31)	(0.37)	(0.45)	(0.79)	(0.12)	(1.52)	(3.56)
销售收入（千万元）									
信贷投资	0.025	0.042	0.129	0.006	0.010	0.039	0.011	0.013	0.024
	(0.08)	(0.09)	(0.33)	(0.01)	(0.03)	(0.09)	(0.01)	(0.03)	(0.07)
抵押贷款	0.006	0.012	0.008	0.003	0.005	0.006	0.004	0.003	0.005
	(0.02)	(0.03)	(0.03)	(0.01)	(0.02)	(0.01)	(0.02)	(0.01)	(0.01)
其他方式	0.009	0.028	0.007	0.004	0.009	0.009	0.003	0.009	0.009
	(0.03)	(0.07)	(0.01)	(0.01)	(0.03)	(0.01)	(0.01)	(0.03)	(0.02)
贷款途径平均比重（%）									
信贷投资	43.4	38.8	25.7	34.4	45.1	42.9	43.5	52.1	40.6
抵押贷款	15.7	10.7	12.2	8.2	9.0	18.5	7.0	16.5	31.4
其他方式	40.9	50.5	62.2	57.4	46.0	38.6	49.4	31.4	28.1
出口企业贷款用途（%）									
工资和原料	2.9	4.4	2.4	2.0	3.4	4.1	3.0	1.4	1.9
原料	28.3	31.1	21.0	26.3	30.3	28.2	28.5	27.2	26.6
工资	2.8	3.3	7.3	2.0	3.4	1.8	3.7	3.0	1.5
非工资和原料	66.0	61.2	69.4	69.7	62.9	65.8	64.8	68.4	70.0

注：（1）数据来源于世界银行的《中国企业普查数据》（2005）；（2）括号内为标准差。

① Huang Y. 2005. “Selling China: Foreign Direct Investment during the Reform Era”, Cambridge: Cambridge University Press.

② Hao C. 2006. “Development of Financial Intermediation and Economic Growth: The Chinese Experience.” China Economic Review, 17 (4): 347 - 362.

二、出口企业的银行融资来源：信贷投资还是抵押贷款？

既然银行融资约束是影响企业出口的重要因素，需要进一步分析出口企业以何种方式向银行借款。世界银行以“是否具有信贷投资”和“是否以抵押方式获得贷款”向企业经理进行调查。表6.1的统计还表明，出口企业仅以抵押方式获得银行融资支持的比重最少，且不随全部样本还是划分所有制的样本而改变。也就是说，对大多数企业而言，银行向它们发放信贷投资后，提高了这些企业参与出口的意愿，信贷投资促进企业出口的作用优于抵押贷款。

信贷投资和抵押贷款有什么不同？从银行与企业的借款关系上，投资原则的银行贷款是指企业利用银行提供的透支账户，在约定时间和约定限额以透支的方式向银行进行贷款，获得融资支持。抵押原则的银行贷款是指企业以不动产抵押为担保获得的银行贷款。两者的区别在于：①信贷投资具有主动性，是银行主动向企业提供的融资便利，而抵押贷款是被动的；②信贷投资具有前向性，企业可以在临时资金需求而存款账户不足时对外支付，而抵押贷款是后向的，企业须提供必要担保才能获得融资；③信贷投资一般在约定限额以内，具有配额的特征。两种金融约束方式既与企业经营绩效有关，也与银行的发展理念有关。相比抵押贷款，信贷投资是银行主动向企业提供融资支持，可以充当完备金融市场的投资者角色。当潜在出口商寻求市场融资时，可以使用银行提供的信贷投资配额，预先支付进入国际市场的固定成本，起到促进企业出口的作用。

三、信贷投资与抵押贷款的依据

既然信贷投资是企业获得银行外源融资的主要途径，那么什么样的企业才能获得这种融资呢？本书再根据企业的销售收入进行比较。表6.1的结果表明：销售收入越高的企业，越容易以信贷投资形式获得融资贷款。实际上，银行为降低贷款风险，会审慎向企业提供融资服务。信贷投资更是以信用约定而非抵押物为基础的金融贷款，银行审查更为严格。销售收入越高的企业，现金流越充足，约定账户的还款能力也更有保障。所以，销售收入越高的企业，越容易获得信贷投资的银行融资。

四、出口企业获得银行融资的用途：是支付员工工资等国内成本吗？

虽然信贷投资和抵押贷款都能给企业带来一定量的融资，那么企业是否用这些融资来支付国际市场成本？表6.1中的企业融资用途说明，只有很少比例的出口企业把从银行获得的融资用于支付员工工资。不仅如此，企业将银行融资用于购买原料的比例也不高。绝大部分出口企业的银行融资不是用于工人工资与原料购买的。由于无法获得出口企业使用银行贷款的其他用途，本书认为出口企业的银行融资是用于支付进入国际市场的固定成本。

固定成本影响企业出口已经在新—新贸易理论的实证检验中得到证实，如项松林、赵曙东（2012）[①] 等。融资约束之所以会影响企业出口，也与企业进入国际市场成本有关，因为企业进入出口市场，既需要收集国外市场的信息，也需要建立分销机构和发展市场渠道，还要对产品进行必要修改以便迎合国外消费者的需求等。出口商必须支付这些成本才能进入国际市场。在完备的金融市场条件下，一些投资者会发现这些出口商的盈利机会。出口商也容易发现他们，并获得相应的融资支持。但在融资市场不完备的情况下，尤其是在像我国只有为数不多的大规模企业才能上市融资的前提下，绝大多数中小企业向银行借款成为最廉价和最便捷的外源性融资方式。没有银行融资的企业，由于难以获得足够资金支付国际市场的固定成本而无法成为出口商。因此，和生产率的异质性类似，银行融资约束借助固定贸易成本的作用，成为影响企业出口的另一个异质性源泉。

通过对企业融资约束与出口的事实描述，本书可以得出以下结论：①融资约束是影响企业出口的重要因素，且银行金融支持具有促进企业参与国际市场的作用；②银行融资中，信贷投资比抵押贷款更有助于企业出口；③企业以何种方式获得银行融资与其规模有关，且规模越大的企业，获得银行信贷投资越容易；④出口企业银行融资的主要用途不是解决国内成本问题，而是解决国际市场的固定成本。为什么融资约束会影响企业的出口参与？就促进企业出口而言，信贷投资优于抵押贷款的原因是什么？本书将通过构建新—新贸易理论的融资约束模型，进行理论分析。

---

① 项松林、赵曙东，2012：《中性还是偏向性技术变迁影响出口？——基于细分行业贸易数据的经验分析》，《财贸经济》第6期。

第三节

银行融资与企业出口的理论模型再拓展

一、银行融资影响企业出口的基本分析框架

本书理论模型的构建思路是：先考虑一个简单的金融约束影响企业出口的理论模型，然后将金融约束具体化为信贷投资和抵押贷款两种形式，分析生产率异质性与融资异质性的相互关系，用以说明这两种银行融资方式对企业参与国际市场的不同。

假定在初始状态下，行业内生产率存在差异的企业，由于国际市场存在固定成本，在没有外源性融资的前提下，只有部分生产率高的企业能克服这些成本，并向国外市场出口。随着金融发展水平的提升，银行向企业提供了外源性融资机会，一些企业可以利用银行融资支付上述固定贸易成本，促使企业成功出口，起到扩大行业内企业出口面广度的作用。但银行向企业提供贷款的方式不同，企业融资的难度、数额和获得融资的时间成本也有差异。信贷投资的主动性、前向性和无须抵押等特点，决定了其促进企业参与国际市场的作用比抵押贷款大。因此，本书的结论是：银行融资有助于企业参与国际市场，且信贷投资促进企业出口的作用优于抵押贷款。下面对上述理论机制进行模型化说明。

假定在一个对称的世界中，任何国家都生产 $N(N \geqslant 1)$ 种工业制成品，但不同企业生产的工业制成品品种是存在差异的。消费者消费 $C_i(i=1,2,\cdots,N)$ 个单位制成品的效用函数用 $C-D$ 形式表示，消费工业制成品 i 不同品种 $q_i(\omega)$ 的效用函数使用 CES 函数形式表示，总效用函数为：

$$\ln U = \sum_{i=1}^{N} \alpha_i \ln C_i, C_i = \left(\int_{\omega \in \Omega_i} q_i(\omega)^{\rho} d\omega\right)^{1/\rho} (0 < \rho < 1) \qquad (6.3.1)$$

其中，$\rho = (\sigma - 1)/\sigma$，$\sigma > 1$ 为工业制成品不同品种之间的替代弹性。假定制成品品种 ω 的价格为 $p_i(\omega)$，消费者的收入为 I，根据 Dixit and Stiglitz（1977）两步法和公式（3.1.7）可知①，消费者效应最大化的支出函数为：

$$q_i(\omega)=[p_i(\omega)/P_i]^{-\sigma}(\alpha_i I/P_i) \tag{6.3.2}$$

其中，$P_i=\left[\int_{\omega\in\Omega}p_i(\omega)^{1-\sigma_i}d\omega\right]^{1/(1-\sigma_i)}$ 表示第 i 种制成品的价格指数。

由公式（3.1.8）可知，企业生产第 i 种工业制成品品种 ω 的收入为：

$$r_i(\omega)=p_i(\omega)q_i(\omega)=\alpha_i I[p_i(\omega)/P_i]^{1-\sigma}=R_i[p_i(\omega)/P_i]^{1-\sigma} \tag{6.3.3}$$

其中，$R_i=\alpha_i I=\int_{\omega\in\Omega}p_i(\omega)q_i(\omega)d\omega$ 表示消费者消费工业制成品 i 的全部支出。

假定企业进行生产时仅投入一种劳动生产要素，且劳动力的总供给保持不变，即 $L>1$ 为常数。当制造业部门的生产行为是垄断竞争时，由公式（3.1.13）和（3.1.14）可知，生产率为 φ 的企业 ω，其国内销售收入与利润为：

$$r_i(\omega)=\alpha_i I\{\sigma W/[(\sigma-1)\varphi P_i]\}^{1-\sigma}=R_i\{\sigma W/(\sigma-1)\varphi P_i\}^{1-\sigma} \tag{6.3.4}$$

$$\pi_i(\omega)=r_i(\omega)-WL_i(\varphi)=(\alpha_i I/\sigma)\{\sigma W/(\sigma-1)\varphi P_i\}^{1-\sigma}-Wf_d \tag{6.3.5}$$

其中，W 为使用劳动力的价格，f_d是以劳动衡量的固定生产成本。

假定国内市场与国外市场是分割的，企业出口需要同时支付进入国际市场的可变贸易成本和固定贸易成本。可变贸易成本采用冰山成本（Iceberg costs）形式，出口 $\tau>1$ 个单位的产出只能有 1 个单位到达国外市场。由公式（3.2.2）和（3.2.7），则企业生产产品 ω 的出口收入和利润为：

$$r_{i,x}(\omega)=\tau^{1-\sigma}r_i(\omega) \tag{6.3.6}$$

$$\pi_{i,x}(\omega)=r_{i,x}(\omega)-W^*f_x \tag{6.3.7}$$

其中，W^* 为外国劳动力使用价格，f_x以劳动力衡量的固定贸易成本。

假定企业存在流动性不足，需要使用信贷投资或抵押贷款的方式向银行部门申请融资。如果用 A 表示企业获得银行融资的总量，同样根据企业银行融资总量不能低于出口市场固定成本与已经获得的国内利润差额

① Dixit A. and J. Stiglitz (1977): "Monopolistic Competition and Optimum Product Diversity," American Economic Review, 67, 297 - 308.

（Chaney，2005[①]），公式（3.3.1）决定的成功出口条件转化为：

$$\pi_i(\omega)+A\geqslant W^*f_x \tag{6.3.8}$$

进一步将银行外源性融资划分为信贷投资和抵押贷款两种，分别用 Od 和 Co 表示。假定银行与企业就以信贷投资还是抵押贷款获得融资存在信息不对称，只能根据企业经营绩效进行判断。经营绩效好的企业，不需要抵押就可以获得银行的信贷投资。但经营绩效差的企业要想获得银行贷款，必须抵押厂房、设备等固定资产。于是，企业的银行融资可以表示为：

$$A=Co+\eta(Od-Co) \tag{6.3.9}$$

其中，η（$0\leqslant\eta\leqslant1$）表示银行向企业发放贷款时，对企业信息的掌握程度。η 越大，银行掌握的企业信息程度越高，越容易以信贷投资方式向企业发放贷款。相反，η 越小，银行掌握的企业信息程度越低，越可能以抵押方式向企业发放贷款。

新—新贸易理论要求企业出口的利润为零。由公式（6.3.5）、（6.3.6）和（6.3.7）可知，企业的出口临界条件（Export Cutoff Profit，ECP）为：

$$\varphi=\{\sigma W/[(\sigma-1)P_i]\}[W^*f_x/R_i]^{1/(\sigma-1)} \tag{6.3.10}$$

另外，企业也不可能占用过多的外源性融资，毕竟银行贷款也需要支付利息成本。所以，零利润条件的企业银行融资约束为 $\pi_i(\omega)+A=W^*f_x$。将其带入到公式（6.3.10），并反复使用公式（6.3.4），可以得出企业生产率与出口之间的关系为：

$$\varphi=\{\sigma W/[(\sigma-1)P_i]\}[R_i/(\tau^{1-\sigma}-\sigma^{-1})]^{1/(\sigma-1)}[A-Wf_d]^{1/(\sigma-1)} \tag{6.3.11}$$

当 $\sigma>1$ 且 $\tau^{1-\sigma}>\sigma^{-1}$ 时，可以得出 $\partial\varphi/\partial A>0$，说明银行外源性融资有助于提高企业的生产率。根据生产率越高、企业出口参与度越大的新—新贸易理论结论，潜在企业从银行获得外源性融资后，也会更加愿意选择出口。因此，本书可以得到以下假定：

性质 6.1：成本贸易条件下，银行融资异质性也是决定企业出口与否的重要因素，至少在企业参与国际市场的初始阶段是这样。

---

① Chaney T. 2005. "Liquidity Constrained Exporters" Mimeo, Massachusetts Institute of Technology, 2005.

二、银行融资方式差异对企业出口的作用

进一步将公式（6.3.9）带入到（6.3.11）中，可以得出信贷投资与抵押贷款影响企业出口的公式：

$$\varphi = \{\sigma W/[(\sigma-1)P_i]\}[R_i/(\tau^{1-\sigma}-\sigma^{-1})]^{1/(\sigma-1)}[Co+\eta(Od-Co)-Wf_d]^{1/(\sigma-1)} \quad (6.3.12)$$

对公式（6.3.12）求二阶偏导，可以发现：

$$\partial^2\varphi/\partial Od\partial\eta = n\{[Co+\eta(Od-Co)-Wf_d]^{-1}(Od-Co)\eta+1\} \quad (6.3.13)$$

$$\partial^2\varphi/\partial Co\partial\eta = n\{[Co+\eta(Od-Co)-Wf_d]^{-1}(Od-Co)(1-\eta)-1\} \quad (6.3.14)$$

其中：$n = \{\sigma W/[(\sigma-1)P_i]\}[R_i/(\tau^{1-\sigma}-\sigma^{-1})]^{1/(\sigma-1)}[Co+\eta(Od-Co)-Wf_d]^{(2-\sigma)/(\sigma-1)}\times[1/(\sigma-1)]$。

假定国内销售的固定成本为零，即 $Wf_d=0$，则易证下列条件成立：

$$\partial^2\varphi/\partial Od\partial\eta \geqslant 0,(0\leqslant\eta\leqslant1) \quad (6.3.15)$$

$$\partial^2\varphi/\partial Co\partial\eta \geqslant 0,(1/2\leqslant\eta\leqslant1),\ \partial^2\varphi/\partial Co\partial\eta<0,\ (0\leqslant\eta<1/2) \quad (6.3.16)$$

也就是说，在信贷投资条件下，银行向企业发放的信贷投资越多，越能提高这些企业的生产率水平，进而促进它们参与出口。但在抵押贷款条件下，银行向企业发放抵押贷款后，其促进企业出口的作用是不确定的。只有当银行掌握贷款企业一半以上的有效信息后，才能提高这些企业的生产率水平，进而促进它们出口。相反，如果银行掌握贷款企业的有效信息低于该临界值，抵押贷款的银行融资反而不利于提高这些企业的生产率水平，进而不利于出口。这是因为抵押贷款条件下，如果有效信息存在不足，“柠檬市场”效应将会导致向银行申请贷款的企业，其生产率水平越来越低。即便银行向这些企业发放抵押贷款，它们也很难达到出口市场的最低生产率要求，导致抵押贷款的银行融资反而不利于企业出口的情况发生。本书可以将企业不同融资方式与生产率之间的关系用图 6.1 表示。

根据公式（6.3.15）、（6.3.16）以及图 6.1 的表述，可以得出以下假定：

性质 6.2：就银行融资的促进出口作用而言，信贷投资是优于抵押贷款的。

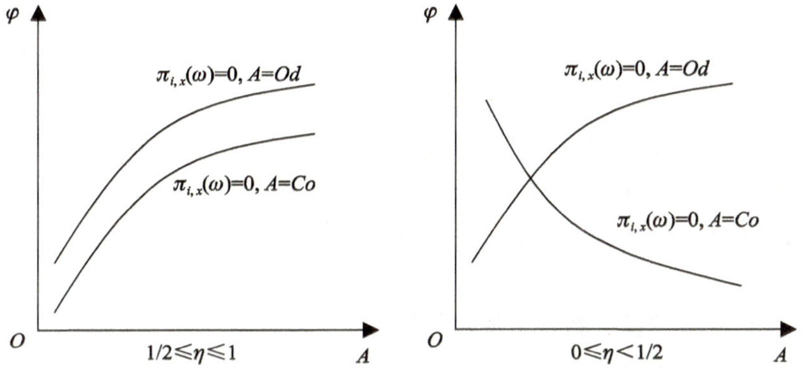

图 6.1 信贷投资影响企业出口与抵押贷款的不同

银行的融资支持是否促进了中国企业出口？信贷投资是不是比抵押贷款更有利于中国企业参与出口？本书再使用微观企业数据进行检验。

第四节 银行融资影响企业出口的实证检验

一、实证模型设计、数据来源与处理

（一）实证模型

根据理论分析，结合公式（5.1.10）和（5.1.11），本书设定如下的回归方程探讨银行金融约束与企业出口之间的关系：

$$\begin{aligned}\Pr(dx_i=1)=&\alpha_0+\alpha_1 easy_i+\alpha_2 finance_i+\alpha_3 overdraft_i+\alpha_4 collateral_i\\&+\alpha_5\ln(quota_i)+\alpha_6\ln(unused_i)+\alpha_7 time_i+\alpha_8\ln(coll-percent_i)\\&+\alpha_9 TFP_i+\alpha_{10}\ln(size_i)+\alpha_{11}cv_i+\varepsilon_i\end{aligned}\qquad(6.4.1)$$

$$\begin{aligned}\text{lnexport}_i=&\alpha_0+\alpha_1 easy_i+\alpha_2 finance_i+\alpha_3 overdraft_i+\alpha_4 collateral_i\\&+\alpha_5\ln(quota_i)+\alpha_6\ln(unused_i)+\alpha_7 time_i+\alpha_8\ln(coll-percent_i)\\&+\alpha_9 TFP_i+\alpha_{10}\ln(size_i)+\alpha_{11}cv_i+\varepsilon_i\end{aligned}\qquad(6.4.2)$$

其中：dx_i 为企业出口的哑变量；$easy_i$ 为向银行贷款的容易度；$finance_i$ 为获得银行贷款的哑变量；$overdraft_i$ 为信贷投资的哑变量；*collater-*

al_i 为抵押贷款的哑变量；$\ln(quota_i)$ 为信贷投资的配额；$\ln(unused_i)$ 为未使用信贷投资配额；$time_i$ 为企业获得银行融资的年数；$\ln(coll-percent_i)$ 为抵押物贷款；TFP_i 为企业生产率；$\ln(size_i)$ 为企业的规模；cv_i 为控制变量；ε_i 为随机误差项；$\alpha_i(i=0,1,\cdots,n)$ 为待估计的系数。出口选择方程（6.4.1）中，$\Pr(dx_i=1)$ 表示企业 i 出口选择的概率，出口供给方程中 $\ln export_i$ 表示企业 i 出口绝对量的对数。

（二）变量选择、数据来源和处理

计量方程（6.4.1）和（6.4.2）中的变量涉及中国企业是否参与出口、出口交货值，融资困难程度、银行贷款方式、贷款额、贷款时间、生产率水平以及企业规模等。

1. 企业的出口参与（dx_i）和出口供给（$\ln export_i$）。本书根据企业出口交货值度量企业是否出口。当企业 i 的出口交货值为正，则 $dx_i=1$ 为出口企业，否则 $dx_i=0$ 为非出口企业。同样，选择出口交货值为企业名义出口量，并取其自然对数作为企业出口的变量（$\ln export_i$）。上述数据来源于世界银行《中国企业普查数据》（2005）。

2. 企业的银行融资。银行贷款容易度（$easy_i$）。世行《中国企业普查数据》对中国境内 12400 家企业经理进行了问卷调查，设置的问卷项是“企业从法定的金融和银行机构申请的贷款情况”。本书直接使用企业经理的回答结果表示向银行贷款的难易程度，分值越高，越容易在银行获得融资。

是否存在银行贷款（$finance_i$）。同样，世行数据中也直接向企业经理调查了是否存在银行贷款的问卷，本书也直接使用他们的回答作为是否存在银行贷款的依据，$finance_i=1$ 表示存在贷款，否则不存在。

企业以何种形式向银行贷款（$overdraft_i$、$collateral_i$）。世行调查数据更是将企业获得银行贷款的形式划分为信贷投资和抵押贷款两种形式。如果企业经理回答存在信贷投资，则 $overdraft_i=1$，否则不存在。同样，如果企业经理回答存在抵押贷款，则 $collateral_i=1$，否则不存在。

企业向银行融资的数量和时间（$\ln(quota_i)$、$\ln(unused_i)$、$\ln(coll-percent_i)$、$time_i$）。调查数据中，如果企业经理回答存在信贷投资，则调查问卷上设置了“信贷投资的配额是多少和未使用配额占贷款的比例”两项内容。本书直接使用这些回答作为衡量信贷投资的配额（$quota_i$）和未使用配额（$unused_i$）两个变量，并使用消费者价格指数将信贷投资配额调整为实际值。CPI 指数来源于中经网统计数据库。同样，如果企业经理回答使用抵押贷款获得融资，由于没有直接统计抵押贷款的数量，本书使用“抵押物占总贷款的比重”，并取其自然对数作为 $\ln(coll-percent_i)$ 变量。企业从银行获得融资支持的时间（$time_i$）直接使用统计年与贷款批准年之差表示。

3. 企业异质性（TFP_i、$\ln(size_i)$）。衡量企业异质性的首先变量是生产率指标（TFP_i），本书使用 Malmquist 方法计算样本企业的全要素生产率。

企业规模（$\ln(size_i)$）也是影响企业出口的重要因素，且规模越大出口能力越强。遵循易靖韬等（2011）的做法①，本书用企业员工数量来测量企业规模，即 $\ln size_{it}=\ln l_{it}$。

4. 其他控制变量（cv_i）。行业要素密集度（$industry_i$）、地区经济发展水平（$region_i$）和企业经营年限（$year_i$）也会影响到出口企业。为此，本书也将这些它们作为控制变量（cv_i）纳入回归方程中。行业控制变量采用包群等（2011）方法②，使用人均资本密集度高于全部样本企业均值以上的属于资本更密集行业，低于均值的企业属于劳动更密集行业。资本密集行业用 $industry_i=1$ 表示，否则 $industry_i=0$ 为劳动密集行业。地区控制变量使用两个虚拟变量表示，且 $region=$（1，0，0）表示企业位于东部地区，（0，1，0）表示位于中部地区，（0，0，0）表示企业在西部地区。各企业所在城市及其省份来源于世行数据，中东西部地区划分见项松林（2011a）文献③。企业经营的年份（$year_i$）使用统计年与企业成立年的差值表示。以上数据来源于世界银行《中国企业普查数据》。

二、实证结果及分析

实证检验时，本书首先使用 Probit 模型对方程（6.4.1）的出口选择方程进行估计，然后使用 Tobit 模型对（6.4.2）的出口供给方程进行估计，这是因为全部样本企业中存在较多企业没有出口，即出口供给方程中

---

① 易靖韬、傅佳莎，2011：《企业生产率与出口：浙江省企业层面的证据》，《世界经济》第 5 期。

② 包群、邵敏、侯维忠，2011：《出口改善了员工收入吗?》，《经济研究》第 9 期。

③ 项松林，2011a：《内需扩大、消费习惯与贸易顺差》，《当代财经》第 9 期。

存在不少零点（伍德里奇，2003[①]）。为克服截面数据产生的异方差，本书还在 Probit 模型和 Tobit 模型中加入 White 加权方法进行稳健性估计。不仅如此，方程（6.4.1）和（6.4.2）中，不少解释变量是用来说明企业的银行融资约束问题，不可避免地存在多重共线性。为此，本书在实际估计中，将企业的银行融资约束划分为三个组：①金融支持组，用来说明企业从银行融资的难度和是否获得贷款对企业出口选择和出口供给的影响；②信贷/抵押组，用来比较信贷投资与抵押贷款促进企业出口的差异；③融资量组，用来说明融资量的大小对企业出口选择和出口供给的影响。

（一）初步回归

首先对全部样本进行初步回归。为检验实证结论的稳健性，本书还在每个组中先不加入任何其他变量的情况下，实证检验银行融资约束对企业出口参与的影响，记作模型 1。然后，再加入反映企业异质性的生产率指标和企业规模指标，以及其他控制变量的影响，记作模型 2。表 6.2 和表 6.3 的回归结果表明，加入和不加入控制变量的实证结果中，所有变量的系数符号和显著性水平都不发生变化，计量结果较为稳健。

表 6.2　　银行融资影响企业出口选择的回归结果

	金融支持		信贷/抵押		融资量	
	模型 1	模型 2	模型 1	模型 2	模型 1	模型 2
C	-0.957*** (-26.94)	-2.643*** (-41.94)	-0.383*** (-13.69)	-2.326*** (-33.68)	-0.569*** (-31.33)	-2.272*** (-42.57)
easy	0.132*** (12.94)	0.111*** (10.11)				
finance	0.405*** (16.27)	0.155*** (5.78)				
overdraft			0.464*** (16.30)	0.308*** (10.21)		
collateral			-0.018 (-0.58)	-0.039 (-1.17)		

① 伍德里奇，2003：《计量经济学导论：现代观点》，中国人民大学出版社。

续表

	金融支持		信贷/抵押		融资量	
	模型1	模型2	模型1	模型2	模型1	模型2
ln(*quota*)					0.040*** (11.12)	0.018*** (4.70)
ln(*unused*)					0.057*** (4.83)	0.054*** (4.44)
time					1.43E-04*** (7.98)	6.78E-05*** (3.68)
ln(*coll*-*percent*)					-0.024*** (-3.26)	-0.018*** (-2.34)
TFP		0.619** (2.04)		0.571* (1.64)		0.652** (2.12)
ln(*size*)		0.333*** (31.08)		0.338*** (30.55)		0.323*** (29.66)
industry	*no*	*yes*	*no*	*yes*	*no*	*yes*
year	*no*	*yes*	*no*	*no*	*no*	*yes*
Region	*no*	*no*	*no*	*no*	*no*	*no*
McF R^2	0.03	0.12	0.02	0.12	0.04	0.12
LR Stat	475.93	1916.71	269.96	1367.23	679.73	2036.21
Obs	11879	11879	8464	8464	12400	12400

注：(1) ***、**、*分别表示1%、5%、10%显著通过检验；(2) 括号内为*z*值；(3) *yes*为加入了控制变量，*no*表示没有加入。

表6.3　　银行融资影响企业出口供给的回归结果

	金融支持		信贷/抵押		融资量	
	模型1	模型2	模型1	模型2	模型1	模型2
C	-13.624*** (-24.32)	-34.979*** (-45.93)	-3.813*** (-8.66)	-28.919*** (-35.75)	-7.135*** (-21.89)	-29.970*** (-45.52)
easy	0.215*** (14.45)	0.155*** (10.95)				
finance	0.632*** (17.07)	0.208*** (5.90)				

续表

	金融支持		信贷/抵押		融资量	
	模型 1	模型 2	模型 1	模型 2	模型 1	模型 2
overdraft			0.688*** (18.12)	0.395*** (11.15)		
collateral			-0.378*** (0.86)	-0.405 (-1.02)		
ln(*quota*)					0.601*** (12.58)	0.212*** (4.72)
ln(*unused*)					0.783*** (5.24)	0.677*** (4.81)
time					0.002*** (8.50)	0.001*** (3.74)
ln(*coll-percent*)					-0.368*** (-3.58)	-0.197*** (-2.15)
TFP		0.751** (2.45)		0.573* (1.74)		0.756** (2.45)
ln(*size*)		0.462*** (35.85)		0.447*** (35.75)		0.452*** (33.73)
industry	*no*	*yes*	*no*	*yes*	*no*	*yes*
Year	*no*	*yes*	*no*	*no*	*no*	*yes*
Region	*no*	*no*	*no*	*no*	*no*	*no*
Pseudo R^2	0.01	0.05	0.02	0.06	0.04	0.05
左设限 *Obs*	7533	7533	4935	4935	7728	7728
Obs	11879	11879	8464	8464	12400	12400

注：（1）***、**、* 分别表示 1%、5%、10% 显著通过检验；（2）括号内为 *t* 值；（3）*yes* 为加入了控制变量，*no* 表示没有加入，下同。

从回归的结果来看，银行融资显著正向影响中国企业出口选择和出口供给，既符合理论预期，也验证了性质 6.1 的成立。贷款容易度的系数显著为正，说明企业从银行融资越容易，越有助于企业参与国际分工，增加出口供给量。同时，银行金融支持的系数也显著为正，体现了企业从银行获得融资后，也越容易克服固定贸易成本而成功出口。

既然银行金融支持有助于企业参与出口竞争，那么是信贷投资的融资支持作用更大还是抵押贷款呢？全部样本的估计结果表明：是信贷投资而非抵押贷款。这不仅符合本书的理论预期，也说明了性质 6.2 的成立。不加入控制变量的估计结果中，出口选择和出口供给方程的信贷投资显著为正，而抵押贷款不仅不显著而且为负。加入控制变量后，结果依然是信贷投资显著促进企业的出口，而抵押贷款不显著。将企业的银行融资方式改变为融资量，结论还是相同。不仅信贷投资的配额显著正向影响企业出口，而且未使用的配额也能显著促进企业参与国际贸易，但抵押贷款却显著为负，且这一结论在加入控制变量后仍然不变。这充分说明了银行信贷投资促进企业出口的作用优于抵押贷款。

初步回归分析显示，企业从银行获得贷款的时间对参与出口只有微弱的正向影响，对出口供给的作用也不大，说明融资时间越长对企业是否出口的促进作用依然有限。其原因也与进入国际市场的固定成本有关。因为在国外市场建立分销机构、拓展销售渠道之类的固定成本，需要企业在出口的初始阶段支付。一旦出口，用于这些固定成本的融资用途不大，以前的银行融资促进出口的作用也会减弱。

无论是融资方式的估计结果还是融资量的估计结果，生产率对企业出口选择和出口供给的作用都是最主要的，符合新—新贸易的理论预期。这一方面说明生产率的异质性依然是中国企业得以出口的根本原因，另一方面也说明我国银行促进企业参与国际分工的作用还有限。另外，企业规模促进企业出口的作用也显著为正，说明扩大企业规模也具有促进企业出口的积极作用。

生产率和规模显著正向影响中国企业的出口参与和出口供给，有极其重要的战略意义。为稳定当前和未来一段时间的出口贸易增长，政府还应该继续制定切实有效的政策，帮助企业提高生产率水平和扩大规模，以便利用企业生产率和规模的异质性，促进企业参与国际分工，扩大出口企业面的广度，实现出口贸易增长的稳定发展。同时，政府还应该继续推进和深化金融体制改革，促进银行部门切实转变经营理念，积极帮扶企业做好出口服务工作，发挥银行融资的促进企业出口作用，实现出口贸易的稳定增长。

（二）分行业的估计

上述全部样本的估计结论会不会因为劳动和资本密集型行业的不同而

产生差异？本书分行业进行了再估计。首先看出口选择方面。表6.4的估计结果表明，即使分劳动和资本密集型行业后，中国企业出口选择的以下重要结论依然成立：①获得银行融资越容易，越有助于企业出口；②获得银行融资的企业，也更愿意出口；③是信贷投资融资而非抵押贷款融资正向影响企业的出口；④信贷投资配额越大的企业，受国际市场固定成本的影响越小，出口的可能性越高；⑤未使用的信贷投资余额也显著正向影响企业出口；⑥抵押贷款融资抑制了企业的出口；⑦企业的规模越大，出口的能力越强。唯一的区别在于系数大小存在一些差异：①贷款难度对资本密集型行业的出口大于劳动密集型行业；②信贷投资对资本密集型行业的出口也大于劳动密集型行业；③信贷投资配额促进资本密集性行业出口的作用也大于劳动密集型行业；④抵押贷款抑制资本密集型行业出口同样大于劳动密集型行业。出现上述四个系数差异的原因可能与资本密集型行业的投资规模较大有关。投资规模越大的企业，固定成本越高，需要向银行融资的总量也高。资本密集型行业本身就是一个高投资行业，企业的金融约束较大。再加上出口的固定成本，需要向银行申请融资的数量更大。资本密集型企业只能是从银行获得信贷投资越多，越容易出口了。

表6.4　银行融资影响企业出口选择的分行业回归结果

	劳动密集型			资本密集型		
	金融支持	信贷/抵押	贷款量	金融支持	信贷/抵押	贷款量
C	−2.768*** (−37.57)	−2.505*** (−30.19)	−2.429*** (−38.72)	−2.342*** (−18.05)	−1.886*** (−14.61)	−1.832*** (−17.39)
easy	0.099*** (7.91)			0.152*** (6.70)		
finance	0.154*** (5.05)			0.140*** (2.45)		
overdraft		0.300*** (8.18)			0.310*** (5.85)	
collateral		−0.018 (−0.43)			−0.105* (−1.77)	
ln(*quota*)			0.017*** (3.44)			0.021*** (3.45)

续表

	劳动密集型			资本密集型		
	金融支持	信贷/抵押	贷款量	金融支持	信贷/抵押	贷款量
ln(*unused*)			0.071*** (4.66)			0.025 (1.22)
time			7.3E-05*** (3.32)			4.6E-05 (1.37)
ln(*coll-percent*)			-0.018* (-1.95)			-0.026* (-1.90)
TFP	1.132*** (2.53)	1.035** (2.09)	1.177*** (2.56)	0.247 (0.55)	0.313 (0.66)	0.316 (0.74)
ln(*size*)	0.359*** (29.86)	0.366*** (27.20)	0.347*** (28.51)	0.285*** (15.23)	0.284*** (14.55)	0.278*** (15.11)
industry	*no*	*no*	*no*	*no*	*no*	*no*
year	*yes*	*no*	*yes*	*yes*	*no*	*yes*
Region	*no*	*no*	*no*	*no*	*no*	*no*
McF R^2	0.12	0.12	0.13	0.10	0.09	0.10
LR Stat	1429.92	1002.21	1534.98	409.38	317.03	414.79
Obs	8839	6014	9288	3040	2450	3112

注：(1) ***、**、*分别表示1%、5%、10%显著通过检验；(2) 括号内为z值；(3) *yes* 为加入了控制变量，*no* 表示没有加入，下同。

分行业的再估计结果中，规模异质性显著促进企业出口的作用与全部样本估计相同。不同的是，生产率异质性只是显著促进了劳动密集型行业的出口，而对资本密集型行业不显著。本书认为是由外资主导的加工贸易造成的。改革开放以来，中国的加工贸易从珠三角的劳动密集产品逐渐转变为长三角的资本密集产品，虽然产品结构发生了变化，但外资的主导作用不变。样本期正是中国资本密集产品加工贸易快速发展时期，外资主导的定向出口可能是资本密集行业的企业生产率促进出口作用较小的重要原因。

再看出口供给方面。分劳动和资本密集型行业后，出口供给方程的主要结论也是成立的（见表6.5）：①*easy* 显著为正，说明获得银行融资的企业，出口量更大；②*finance* 显著为正，说明获得银行企业融资越多，出口供给能力越强；③*overdraft* 显著为正，而 *collateral* 显著为负或不显著，说明是信贷投资融资而非抵押贷款融资正向影响企业的出口供给；④ln(*quota*)显著为正，体现了信贷投资配额越大的企业，受国际市场固定成本的影响越小，出口量也越大；⑤ln(*unused*)显著为正的系数，说明未使用的信贷投资余额也显著正向影响企业出口供给能力；⑥ln(*coll - percent*)显著为负的系数说明，抵押贷款融资抑制了我国企业出口交易值的扩大；⑦ln(*size*)显著为正，也体现了规模越大的企业，出口供给能力越强。

表 6.5　银行融资影响企业出口供给的分行业回归结果

	劳动密集型			资本密集型		
	金融支持	信贷/抵押	贷款量	金融支持	信贷/抵押	贷款量
C	-37.34*** (-41.46)	-31.76*** (-32.52)	-32.67*** (-41.83)	-28.86*** (-18.76)	-21.89*** (-14.63)	-22.29*** (-17.44)
easy	0.143*** (8.69)			0.195*** (7.14)		
finance	0.212*** (5.22)			0.171*** (2.39)		
overdraft		0.372*** (8.98)			0.379*** (6.23)	
collateral		-0.108 (-0.22)			-1.231* (-1.86)	
ln(*quota*)			0.202*** (3.51)			0.0245*** (3.45)
ln(*unused*)			0.876*** (4.99)			0.319 (1.39)
time			0.001*** (3.33)			0.001 (1.35)
ln(*coll - percent*)			-0.195* (-1.70)			-0.298* (-1.95)
TFP	0.873*** (3.01)	0.834** (2.35)	0.578*** (2.83)	0.514 (1.13)	0.444 (1.04)	0.594 (1.38)
ln(*size*)	0.503*** (36.24)	0.488*** (34.30)	0.490*** (33.79)	0.385*** (18.54)	0.367*** (17.61)	0.378*** (18.35)

续表

	劳动密集型			资本密集型		
	金融支持	信贷/抵押	贷款量	金融支持	信贷/抵押	贷款量
Industry	*no*	*no*	*no*	*no*	*no*	*no*
Year	*yes*	*no*	*yes*	*yes*	*no*	*yes*
Region	*no*	*no*	*no*	*no*	*no*	*no*
Pseudo R^2	0.05	0.05	0.05	0.04	0.03	0.04
左设限 *Obs*	5176	3672	6049	1639	1263	1679
Obs	8839	6014	9288	3040	2450	3112

注：(1) ***、**、* 分别表示 1%、5%、10% 显著通过检验；(2) 括号内为 z 值；(3) *yes* 为加入了控制变量，*no* 表示没有加入，下同。

唯一的区别也在于系数大小存在一些差异。和出口参与方程类似，贷款难度对资本密集型行业的出口大于劳动密集型行业；信贷投资对资本密集型行业的出口也大于劳动密集型行业；信贷投资配额促进资本密集型行业出口的作用也大于劳动密集型行业；抵押贷款抑制资本密集型行业出口同样大于劳动密集型行业。出现上述四个系数差异的原因也可能与资本密集型行业的投资规模较大，固定成本较高，以及所需要向银行融资的总量也较大引起的。

类似的还有，*TFP* 在劳动密集型企业出口供给中显著为正，而对资本密集型企业中不显著，说明样本企业内生产率促进中国资本密集型企业出口供给没有劳动密集型大，其原因也是因为本书选择的样本期造成的。2002—2004 年正是中国外资主导资本技术密集型产品加工贸易出口繁荣的关键时期，然而外资主导“两头在外”的加工贸易增长方式对企业生产率的要求并不高，这也决定了这一时期企业生产率水平对资本技术密集型产品出口影响不大的重要原因。

（三）分地区的再估计

各地区改革开放次序、经济发展水平和地理位置的差异也有可能会影响到中国微观企业的出口选择。为此，本书还希望分区域进行稳健性检验。表 6.6 和 6.7 给出了样本企业的分区域估计结果。与初步估计相同，分东中西区域后，以下四个显著正向影响企业出口的变量依然成立：①银行融资的难易程度；②企业的银行融资；③信贷投资；④信贷投资的配额。这说明即使进行分地区的再估计，银行向企业提供信贷投资，仍然具有促进企业出口的作用。

需要说明的是各地区影响因素的相对大小存在差异。东部地区相对中西部而言，贸易临近带来的出口竞争也更为激烈。企业为在竞争中保持参与国际市场的能力，对融资难易程度的要求也更高，从而出现融资容易促进东部地区企业出口的作用大于中西部地区。改革开放的早期试点和相对完善的金融服务设施，以及中西部地区商业银行向东部“输血”，导致东部地区企业获取银行融资的渠道更宽敞，能够从银行获得融资的企业也更多，从而是否具有银行融资支持对东部地区企业参与国际分工的影响应该没有中西部地区大，即出口选择和出口供给方程中东部地区的系数*finance*要比中西部地区小。东部地区激烈的市场竞争，使得东部地区企业为进入国际市场，需要设计和改善产品属性，以满足国外消费者偏好的越多，相应的企业用于支付国际市场成本也越高，从而需要的银行融资也越多。根据信贷投资正向影响企业出口的结论，东部地区所需的信贷投资配额和未使用配额的促进出口作用，也要高于中西部地区。表6.6和表6.7的实证结论中，东部地区企业的*overdraft*和ln（*quota*）系数都明显高于中西部地区企业，恰好说明了这一点。

东部地区不少企业生产的产品相同或相似。在激烈的国际市场竞争中，如果企业以抵押物向银行融资，对能否盈利的担心也比中西部地区企业更重，导致东部地区企业的抵押贷款具有抑制企业出口的作用。表6.6和表6.7的结论也说明了这一点。因此，提高东部地区企业出口积极性的重要途径，是缓解它们对于银行抵押融资担保的担忧，鼓励银行更多地向这些企业发放信贷投资的融资贷款。

规模显著正向影响企业出口的作用与全部样本、分行业回归结果相同。不同的是生产率的异质性。东中部地区的企业，其生产率并没有显著促进企业出口而西部显著。其原因可能与东中部地区的贸易临近有关。贸易临近可以弥补生产率的缺陷，起到促进企业参与国际分工的作用，尤其是在加工贸易快速发展的背景情况下更是如此，使得东中部地区企业的生产率促进企业出口作用没有西部企业明显。

总之，无论是全部样本还是分要素密集度不同的样本，或者是分区域的样本，实证结论都稳健地显示出：银行融资是影响中国企业国际化的重要变量，且银行部门提供的信贷投资有利于企业出口，而抵押贷款不利于

表 6.6　银行融资影响企业出口选择的分地区回归结果

	东部地区			中部地区			西部地区		
	金融支持	信贷/抵押	贷款量	金融支持	信贷/抵押	贷款量	金融支持	信贷/抵押	贷款量
C	-2.406*** (-27.08)	-2.023*** (-20.77)	-2.018*** (-27.34)	-2.544*** (-21.96)	-2.538*** (-19.67)	-2.375*** (-24.11)	-2.768*** (-17.82)	-2.607*** (-15.22)	-2.601*** (-18.83)
easy	0.112*** (7.31)			0.051*** (2.54)			0.049* (1.78)		
finance	0.068* (1.84)			0.226*** (4.40)			0.271*** (3.78)		
overdraft		0.315*** (7.83)			0.215*** (3.63)			0.139* (1.68)	
collateral		-0.151*** (-3.33)			0.108 (1.60)			0.110 (1.29)	
ln(*quota*)			0.020*** (3.87)			0.014* (1.81)			0.007 (0.71)
ln(*unused*)			0.048*** (2.98)			0.038 (1.57)			0.014 (0.38)
time			3.04E-05*** (1.27)			1.30E-04*** (3.36)			9.18E-05* (1.89)
ln(*coll-percent*)			-0.023*** (-2.29)			-0.015 (-0.91)			0.008 (0.42)
TFP	0.025 (0.07)	-0.062 (-0.13)	0.032 (0.08)	0.070 (0.12)	0.508 (0.82)	0.173 (0.29)	1.690*** (2.81)	1.160** (1.90)	1.701*** (2.88)
ln(*size*)	0.345*** (25.86)	0.345*** (22.24)	0.332*** (25.06)	0.296*** (15.81)	0.310*** (14.80)	0.285*** (15.41)	0.305*** (12.49)	0.313*** (11.62)	0.305*** (12.33)
industry	*yes*	*yes*	*yes*	*yes*	*yes*	*yes*	*yes*	*yes*	*yes*
year	*yes*	*no*	*yes*	*yes*	*no*	*yes*	*yes*	*no*	*yes*
McF R^2	0.11	0.11	0.12	0.09	0.10	0.10	0.12	0.11	0.12
LR Stat	987.59	726.69	1073.22	385.74	294.02	417.93	264.28	183.91	267.03
Obs	6213	4588	6500	3580	2374	3700	2013	1454	2100

表 6.7　　银行融资影响企业出口供给的分地区回归结果

	东部地区			中部地区			西部地区		
	金融支持	信贷/抵押	贷款量	金融支持	信贷/抵押	贷款量	金融支持	信贷/抵押	贷款量
C	-26.533*** (-28.53)	-20.700*** (-21.05)	-22.091*** (-27.90)	-41.320*** (-24.07)	-38.623*** (-21.50)	-38.524*** (-26.07)	-44.210*** (-20.18)	-40.516*** (-16.99)	-42.134*** (-21.15)
easy	0.349*** (8.17)			0.871*** (2.72)			0.767* (1.79)		
finance	0.782* (1.93)			3.718*** (4.46)			4.464*** (3.87)		
overdraft		0.371*** (8.49)			0.319*** (3.85)			0.312* (1.89)	
collateral		-0.475*** (-3.37)			0.884* (1.87)			0.806*** (1.38)	
ln(*quota*)			0.192*** (3.89)			0.196* (1.75)			0.119 (0.79)
ln(*unused*)			0.499*** (3.27)			0.623* (1.75)			0.186 (0.35)
time			0.001 (1.22)			0.002*** (3.47)			0.001* (1.94)
ln(*coll-percent*)			-0.219*** (-2.22)			-0.187 (-0.78)			0.175 (0.57)
TFP	0.971 (0.61)	0.383 (0.10)	0762 (0.54)	0.445 (0.18)	0.203 (0.81)	0.738 (17.85)	0.641*** (2.73)	0.389*** (1.55)	0.164*** (2.90)
ln(*size*)	0.457*** (32.45)	0.458*** (28.09)	0.447*** (30.97)	0.902*** (18.59)	0.829*** (17.77)	0.862*** (2.03)	0.976*** (14.78)	0.967*** (14.40)	0.952*** (14.89)
industry	*yes*	*yes*	*yes*	*yes*	*yes*	*yes*	*yes*	*yes*	*yes*
year	*yes*	*no*	*yes*	*yes*	*no*	*yes*	*yes*	*no*	*yes*
Pseudo R^2	0.04	0.04	0.04	0.04	0.04	0.05	0.05	0.05	0.05
左设限 *Obs*	261.85	237.26	222.83	98.57	92.43	83.90	63.32	92.43	49.06
Obs	6213	4588	6500	3580	2374	3700	2103	1454	2100

企业参与国际分工。虽然全部样本和劳动密集型样本中，生产率异质性比融资异质性对企业出口的作用更大，但是在资本密集样本和东中部企业样本中，融资异质性反而比生产率异质性更显著促进了出口，至少说明企业的融资异质性也是影响中国企业出口的重要因素。

（四）分所有制的再检验

表6.1的统计结果还表明不同所有制性质的企业，其贷款难度、贷款途径以及贷款用途还存在较大差异，那么企业所有制差异是否会影响上述实证结论，仍值得进一步检验。为分析方便，本书将港澳台企业也纳入到外资企业的范围内。表6.8和表6.9的实证结果显示，无论是外资企业还是内资企业，在金融支持、信贷/抵押和贷款量三个组中，所有影响内外资企业参与出口变量的符号都相同，实证结果较为稳健。

表6.8　银行融资影响企业出口选择的分所有制再检验结果

	外资企业			内资企业		
	金融支持	信贷/抵押	贷款量	金融支持	信贷/抵押	贷款量
C	-0.202** (2.02)	0.477*** (7.33)	0.493*** (11.94)	-1.043*** (-26.04)	-0.617*** (-18.90)	-0.877*** (-40.29)
easy	0.145*** (5.45)			0.055*** (4.66)		
finance	0.053 (0.92)			0.575*** (19.54)		
overdraft		0.232*** (3.47)			0.407*** (12.47)	
collateral		-0.108 (1.53)			0.111*** (2.99)	
ln(*quota*)			0.014* (1.73)			0.042*** (10.14)
ln(*unused*)			0.024 (1.01)			0.038*** (2.75)
time			8.06E-06 (0.20)			1.82E-04*** (8.51)
ln(*coll-percent*)			-0.029 (-1.56)			0.002 (0.24)

续表

	外资企业			内资企业		
	金融支持	信贷/抵押	贷款量	金融支持	信贷/抵押	贷款量
McF R^2	0.01	0.01	0.01	0.04	0.02	0.05
LR Stat	32.11	13.50	16.51	446.59	180.95	638.78
Obs	2388	2388	2388	10012	10012	10012

注：(1) ***、**、* 分别表示 1%、5%、10% 显著通过检验；(2) 括号内为 *z* 值；(3) *yes* 为加入了控制变量，*no* 表示没有加入。

表 6.9　银行融资影响企业出口供给的分所有制再检验结果

	外资企业			内资企业		
	金融支持	信贷/抵押	贷款量	金融支持	信贷/抵押	贷款量
C	-18.343 ** (2.41)	-20.782 *** (-4.03)	-19.321 *** (-6.76)	-15.882 *** (-21.64)	-17.487 *** (-20.89)	-16.982 *** (-31.44)
easy	0.213 *** (8.54)			0.126 *** (6.46)		
finance	0.106 (1.51)			0.428 *** (9.78)		
overdraft		0.376 *** (4.74)			0.521 *** (8.86)	
collateral		-0.323 (1.02)			0.765 *** (6.38)	
ln(*quota*)			0.104 * (1.88)			0.154 *** (7.69)
ln(*unused*)			0.421 (0.99)			0.532 *** (3.28)
time			0.011 (1.25)			0.098 *** (4.63)
ln(*coll - percent*)			-0.107 (-1.07)			0.132 (0.88)
Pseudo R^2	0.06	0.06	0.06	0.07	0.06	0.07
左设限 *Obs*	1022	1022	1022	76706	6706	6706
Obs	2388	2388	2388	10012	10012	10012

注：(1) ***、**、* 分别表示 1%、5%、10% 显著通过检验；(2) 括号内为 *z* 值；(3) *yes* 为加入了控制变量，*no* 表示没有加入，下同。

本书所关心的问题是：内外资企业获得银行融资的扩大出口作用是否存在显著差异？答案是肯定的。在金融支持组中，内资企业获得银行融资促进出口选择的作用达到0.575，而外资企业不显著，说明中国银行部门向内资企业提供外源性融资，帮助它们克服国际市场的固定成本，具有促进这些企业成功出口的作用。然而，内资企业的银行融资容易程度促进出口选择作用（0.055）没有外资企业（0.145）大，表明商业银行控制贷款风险，给内资企业融资带来一些不便，较难获得银行融资，必然导致贷款容易（*easy*）促进内资企业出口作用不大的结论成立。

虽然银行融资促进内资企业出口的作用大于外资企业，但还需要分析哪一种银行融资更有利于内资企业出口？在信贷/抵押组上，信贷投资促进内资企业出口选择的显著作用高达0.407，而外资企业只有0.232，说明信贷投资在促进出口作用上，内资企业又是优于外资企业的。不仅如此，内资企业从银行获得抵押贷款也具有显著促进企业出口选择的作用，达到0.111，而外资企业不显著，说明银行部门向内资企业提供抵押贷款，以解决它们的国际成本约束，也具有扩大中国出口企业面的作用，实现出口贸易的稳定发展。然而，一个更为重要的事实是，即使抵押贷款可以促进内资企业参与国际市场，但其促进作用明显低于信贷投资。所以，信贷投资优于抵押贷款的促进出口作用，在内资企业也是成立的。

在贷款量组中，信贷投资配额促进内资企业出口选择的显著作用达到0.042，而外资企业只有0.014，说明商业银行向内资企业发放信用投资更有利于扩大中国企业出口广度，实现出口贸易的稳定发展。与内资企业相比，外资企业的融资渠道更为便利，不一定需要向银行部门进行外源性融资，也不一定要将未使用的银行信贷投资配额储备起来，以便应付突发的国际市场固定成本。所以，外资企业未使用信贷投资配额促进出口的作用，没有内资企业显著。表6.8和表6.9的实证结论也证实了这一点。例如，内资企业未使用信贷配额扩大出口参与的显著作用达到0.038，而外资企业不显著。与初步回归以及分行业和分地区回归结果相同的是，银行部门提供贷款的时间促进内外资企业出口的作用也很小，说明内外资企业向银行部门获得外源性融资更多的是为了支付进入国际市场的“瞬时”成本。一旦成功出口，是否获得银行融资对参与或不参与出口的作用，没有太大影响。

总之，区分内外资企业后，银行融资有助于扩大企业出口的结论依然成立，且信贷投资优于抵押贷款的结论也是成立。所不同的是，内资企业无论是从银行获得信贷投资还是从银行获得抵达贷款，都有利于提高它们参与国际市场的积极性，说明国家鼓励正规金融机构向内资企业提供外源性融资，可以起到稳定出口的作用。

第五节 小 结

以世界银行《中国企业普查数据》为基础，本书对企业的银行贷款约束与出口进行了统计描述，结果显示银行融资与企业出口存在正向关系，且信贷投资比抵押贷款更有利于企业出口。为对这一现象进行解释，本书在企业异质性基础上，理论分析了信贷投资和抵押贷款的出口促进作用差异，并结合中国微观企业数据进行了实证检验，得出以下结论：

1. 理论上，银行的金融支持是影响企业出口的重要因素，融资异质性应该和生产率异质性一样，成为决定企业出口与否的重要依据。金融发展促进企业出口是有条件的，并非所有的银行金融都能支持企业出口，这与企业的银行融资方式有关，也与银行掌握企业的信息程度有关。相比抵押贷款而言，信贷投资更有助于企业参与出口。

2. 使用微观数据进行实证检验后，银行向企业提供信贷投资的融资便利确实具有显著促进其出口的作用，且这一结论不随分行业、分区域和分所有制的估计而改变。

3. 虽然在全部样本中，生产率异质性比融资异质性具有更大的促进出口作用，但在资本密集型行业和东中部地区的企业中，生产率异质性的促进企业出口作用反而不及融资异质性大。这说明在企业出口的初始阶段，融资异质性可能比生产率异质性更重要，至少在样本期的中国是这样。

4. 区分内外资后，虽然信贷投资优于抵押贷款促进企业出口的结论依然成立，但抵押贷款也同样具有提高内资企业参与出口的积极作用，这对我国当前稳定出口具有重要意义。在商业银行控制贷款风险而不愿意过多实施信贷投资计划的背景下，国家应该鼓励商业银行向内资企业提供抵押贷款融资，提高潜在出口的内资企业参与国际分工，实现出口贸易的可持续发展。

上述结论为中国实现出口贸易的稳定增长提供了重要启示。首先，政府应制定更为合理的企业金融扶持计划，鼓励国家正规银行向企业提供信贷投资。对于没有出口的企业，银行融资可以帮助它们支付进入国际市场的固定成本，使没有出口的企业变为出口商，提高出口贸易的广度。同样，对于已经出口的企业，银行融资也可以帮助它们扩大规模，形成规模经济，增加出口量，以便提高出口贸易的深度。两方面的共同作用对于稳定我国对外贸易增速，乃至实现中国经济平稳发展都有重要的现实意义。其次，银行和金融机构要进一步深化改革，增加对企业信息的掌握程度。因为即使在抵押贷款的银行融资下，企业参与出口的概率也随银行部门对企业信息掌握程度的提高而增加。最后，深化金融体制改革，还需要银行具备一定的风险承担能力。当前，抵押贷款的企业融资已经对我国出口企业造成了一定的负面影响，银行敢于承担风险，勇于向企业提供信贷投资的金融支持，或者减少对抵押物的要求，都会降低企业经营者参与国际市场的成本顾虑，起到稳定出口的作用。

当然，银行融资与企业出口之间可能是双向因果关系，而本书只考察了企业的银行融资对出口的影响，这是本书的局限所在。本书将在未来的研究中继续关注企业出口后的银行融资问题。

第七章

融资约束对出口贸易结构的影响：二元边际视角

前文虽然从微观企业视角实证检验了融资约束对企业出口的影响，但本章仍然关心融资约束对出口贸易结构调整的作用。实际上，自改革开放以来，中国出口增长始终存在路径依赖问题，表现在以少数老产品向少数发达国家大量出口的增长路线。这种出口增长方式不仅会因为外部冲击而出现大的波动，而且会给进口国造成“倾销”的假象，导致涉华贸易摩擦加剧。党的十八大报告指出：促进开放型经济转型，实现开放型经济向互利共赢、多元平衡、安全高效方向发展。学术界也就如何实现中国出口增长的稳定发展而不引起贸易伙伴国的不满展开了研究，成为现在讨论的热点话题之一。中国出口增长的路径依赖与融资约束有什么关系？该如何理解融资约束在一国或地区出口贸易结构调整中的作用？也值得本书进一步分析和解答。为此，本章在前文基础上，首先构建融资约束影响一国或地区出口增长的全新二元边际理论模型，其次使用中国现实数据进行实证检验，以期对中国出口增长路径依赖问题给出融资约束方面的解答。

第一节

出口贸易结构与二元边际

一、中国及部分发展中国家出口贸易结构特征

改革开放以来，通过实施引进外资、发展对外贸易、经济国际化等开放战略，极大地推动了中国经济高速增长。但在出口快速增长背后，隐藏着中国出口贸易结构的固化特征，表现为：①以新老产品对 HS-6 位码出口数据进行分类，1995—2009 年老产品占中国总出口的平均比重高达 83%，而新产品仅为 17%；②按国别进行分类，中国出口产品主要销往美日欧等发达国家，其中仅出口到美国的比重高达 19%，出口到前十位国家的比重超过 67%（项松林等，2014[①]）。本书不禁要问：为什么中国出口贸易存在以少数老产品向少数发达国家大量出口趋势？

在世界经济繁荣的前提下，以比较优势为基础的中国贸易增长方式即使以少数老产品向发达国家大量出口，也能够通过相对合理手段，化解贸易摩擦矛盾，实现出口贸易的健康发展。然而，一旦世界经济陷入危机，尤其起源于发达国家的经济危机，中国出口贸易增长的可持续性将受到考验。本轮经济危机就是很好的例证。在世界经济缓慢复苏的后危机时期，以美国为首的西方发达国家为实现扩大就业、促进经济增长的国内目标，不惜以破坏自由贸易的名义，接连出台“量化宽松”的变相汇率贬值政策，继续遏制中国出口贸易的发展。

现有文献大多从集约边际和扩展边际探讨一国或地区的出口贸易结构。一些研究指出：部分发展中国家的出口结构具有与中国相类似的特征，出口增长也主要沿老产品的集约边际实现，如 Cebeci and Fernandes

① 项松林、赵曙东、魏浩，2014：《农业剩余劳动力转移与发展中国家出口贸易结构：理论与中国经验研究》，《世界经济》第 3 期。

(2013) 对土耳其的研究[①]；Cebeci et al (2012) 对阿尔巴尼亚、孟加拉国、巴西、博茨瓦纳、厄瓜多尔、埃及、爱沙尼亚、危地马拉、伊朗、约旦、肯尼亚、柬埔寨、老挝、黎巴嫩、摩洛哥、墨西哥、马其顿、马里、马拉维、尼日尔、尼加拉瓜、巴基斯坦、塞内加尔、萨尔瓦多、土耳其、乌干达、也门和南非等发展中国家的研究[②]。

然而，已有理论似乎还不能很好地解释包括中国在内的发展中国家出口结构的固化问题。虽然 Chaney (2008)[③] 和 Arkolakis et al (2008)[④] 在新—新贸易理论基础上，分别建立了一个包含集约边际和扩展边际的理论模型，能同时分析新老产品的出口增长问题，但实证检验结论表明，不少发展中国家出口增长动力主要以老产品的集约边际为主，如项松林等(2014)[⑤] 的研究。

本书试图对这一现象进行解释。本书的核心思想是，发展中国家正在经历结构转型，金融部门的市场化改革相对滞后。贸易开放后，由于对利率和汇率进行管制，本币持续贬值，给已经出口的企业提供了额外保护，从而刺激集约边际的出口增长。然而，本币贬值也意味着国内资产相对外国也出现了贬值。这种贬值效应限制了潜在出口企业利用国内资产获取外源性融资的机会，难以缓解它们的流动性资金约束。当国际市场存在固定成本时，由于受流动性资金限制被迫放弃出口计划，不利于出口贸易中扩展边际增长。两方面共同作用，导致包括中国在内的发展中国家出口增长中集约边际过大，而扩展边际不足的问题。为验证这一命题成立，本书还使用中国 1995—2009 年微观出口数据进行实证检验。与以往文献相比，本书还可能存在以下不同：

首先，现有文献就如何合理度量出口贸易的二元边际还有异议，不同

① Cebeci T. and A. M. Fernandes, 2013, "Micro Dynamics of Turkey's Export Boom in the 2000s", The World Bank Policy Research Working Paper, No. 6254.

② Cebeci T., Fernandes, A. M., Freund, C. and M. D. Pierola, 2012, "Exporter Dynamics Database", The World Bank Policy Research Working Paper, No. 6229.

③ Chaney T. 2008. "Distorted Gravity: The Intensive and Extensive Margins of International Trade." American Economic Review, 98 (4): 1707 - 1721.

④ Arkolakis C., S. Demidova., P. Klenow. and A. Rodríguez - Clare, 2008. "Endogenous Variety and the Gains from Trade", American Economic Review, 98 (2), 444 - 450.

⑤ 项松林、赵曙东、魏浩，2014：《农业剩余劳动力转移与发展中国家出口贸易结构：理论与中国经验研究》，《世界经济》第 3 期。

方法得出的结论存在较大差异。本书将出口增长的产品多样化和国别多元化结合起来，使用老产品新市场、新产品老市场和新产品新市场作为衡量扩展边际的基础，而仅把老产品老市场界定为集约边际。这种产品—国家层面的计算二元边际方法，既包括 Amiti and Freund（2007）的产品多样化[①]，也包括 Helpman et al（2008）[②] 和 Felbermayr and Kohler（2006）[③] 的国别多元化，应该能更准确地衡量扩展边际和集约边际在出口增长中的作用。

其次，在理论分析上，本书将“融资约束”融入新—新贸易理论中，并认为农业剩余劳动力的非农转移是造成发展中国家出口增长主要以集约边际为主的重要原因。这既不同于 Chaney（2008）[④]、Arkolakis et al（2008）[⑤] 的理论分析，也较为符合近期的实证研究结论（钱学锋，2008[⑥]；钱学锋、熊平，2010[⑦]），是本书不同于以往理论研究的一个主要区别。

最后，实证研究上，采用逐年比较的方法对中国出口贸易结构进行分解时，集约边际与扩展边际将随着基期和当期选择不同而发生变化。为此，本书在改变基期和当期设置的基础上，分别进行稳健性检验。另外，经济规模、贸易成本、人民币升值、区域经济一体化、外部冲击、语言的相通性、政治体制等因素也会影响到中国新老产品的出口。本书将这些因素作为控制变量代入到计量模型中，进行实证检验。

二、二元边际的文献回顾与比较

（一）二元边际在国别出口增长中的分歧

已有文献大多从集约边际和扩展边际探讨出口贸易结构及其增长动力

① Amiti M. and C. Freund. 2007. “An Anatomy of China's Trade Growth.” IMF Working Paper.

② Helpman E., M. J. Melitz and Y. Rubinstein, 2008, “Estimating Trade Flows: Trading Partners and Trading Volumes”, Quarterly Journal of Economics, 123 (2): 441 - 487.

③ Felbermayr G. J. and W. Kohler, 2006. “Exploring the intensive and extensive margins of world trade”, Review of World Economics, 142 (4): 642 - 674.

④ Chaney T. 2008. “Distorted Gravity: The Intensive and Extensive Margins of International Trade.” American Economic Review, 98 (4): 1707 - 1721.

⑤ Arkolakis C., S. Demidova., P. Klenow. and A. Rodríguez - Clare, 2008. “Endogenous Variety and the Gains from Trade”, American Economic Review, 98 (2), 444 - 450.

⑥ 钱学锋，2008：《企业异质性、贸易成本与中国出口增长的二元边际》，《管理世界》第9期。

⑦ 钱学锋、熊平，2010：《中国出口增长的二元边际及其因素决定》，《经济研究》第1期。

问题，但由于所使用数据和度量方法的不同，所得结论存在较大差异。例如，Hummels and Klenow（2005）认为扩展边际可以解释大经济体60%以上的出口增长[①]，Dutt et al（2011）也发现扩展边际促进WTO成员国出口增长的作用超过31%[②]，但Felbermayr and Kohler（2006）认为集约边际在20世纪70年代至90年代中期的全球贸易增长中更重要[③]。

对发展中国家的研究结论也存在较大差异。一些研究结论表明：集约边际是发展中国家出口增长的主要动力，如Amiti and Freund（2007）[④]、钱学锋和熊平（2010）[⑤]认为中国出口增长主要依赖集约边际实现；Eaton et al（2008）发现1995—2005年哥伦比亚的出口增长也以集约边际为主[⑥]；Cebeci and Fernandes（2013）也认为土耳其的出口增长主要由集约边际引起，尽管扩展边际在其出口增长中的作用不断加强[⑦]。但另一些研究者则认为扩展边际在发展中国家出口增长的作用更重要，如Evenett and Venables（2002）发现1970—1997年间23个主要发展中国家，超过1/3的出口贸易增长是由扩展边际引起的[⑧]；Amurgo－Pacheco and Piérola（2008）认为扩展边际对发展中国家出口增长的促进作用比发达国家还要大[⑨]。

从发达国家的经验研究来看，分歧依然存在。Badinger and Türkcan（2012）对1996—2007年欧盟15国出口到197个国家的HS－6位码贸易

---

① Hummels D. and Klenow, P. 2005. "The Variety and Quality of a Nation's Exports." American Economic Review, 2005, 95, pp. 704－723.

② Dutt. P., Mihov I. and Zandt, T. V. 2011. "Does WTO Matter for the Extensive and the Intensive Margins of Trade?" CEPR discussion paper, No. DP8293, 2011.

③ Felbermayr G. J. and W. Kohler, 2006. "Exploring the intensive and extensive margins of world trade", Review of World Economics, 142 (4): 642－674.

④ Amiti M. and C. Freund. 2007. "An Anatomy of China's Trade Growth." IMF Working Paper.

⑤ 钱学锋、熊平，2010：《中国出口增长的二元边际及其因素决定》，《经济研究》第1期。

⑥ Eaton J., M. Eslava, M. Kugler and J. Tybout, 2008. "The margins of entry into export markets: evidence from Colombia", In: Helpman, Elhanan, Marin, Dalia, Verdier, Thiery (Eds.), The Organization of Firms in a Global Economy. Harvard University Press, Cambridge, MA, pp. 231－272.

⑦ Cebeci T. and A. M. Fernandes, 2013, "Micro Dynamics of Turkey's Export Boom in the 2000s", The World Bank Policy Research Working Paper, No. 6254.

⑧ Evenett S. J. and A. J. Venables, 2002. "Export Growth in Developing Countries: Market Entry and Bilateral Trade Flows", University of Bern working paper, mimeo.

⑨ Amurgo－Pacheco A. 2006. "Preferential Trade Liberalization and the Range of Exported Products: The Case of the Euro－Mediterranean FTA", HEI Working Paper No: 18/2006.

数据进行分析后，发现无论是最终产品还是中间产品，其出口增长主要以扩展边际为主[①]。Berthou and Fontagné（2008）使用1998—2003年法国海关贸易数据，认为欧洲货币统一后，欧元主要通过扩展边际的方式促进法国出口增长[②]。Uribe－Etxeberria and Silvente（2012）使用1988—2005年西班牙分区域贸易数据，发现集约边际和扩展边际都能促进其各区域出口贸易增长，但扩展边际在解释西班牙各地区出口增长中的作用更大[③]。然而，Amurgo－Pacheco（2006）以1990—2004年欧盟15国的HS－6位码贸易数据为基础，发现欧盟成员国向地中海国家的出口主要以集约边际为主[④]。

上述研究虽然在一定程度上揭示了不同国家或经济区域的出口增长特征，但未能就出口增长是以集约边际为主还是扩展边际为主的问题进行跨国比较。Cebeci et al（2012）对此进行了补充。他们使用2003—2010年38个发展中国家和7个发达国家的HS－6位码贸易数据为基础，对出口贸易结构进行国际比较后，发现这些发展中国家的出口增长主要以集约边际为主，而比利时和西班牙等发达国家在2007—2008年的短期出口增长主要由扩展边际引起[⑤]。这一国别比较的结论，似乎暗示着发展中国家出口增长可能以集约边际为主，而发达国家可能以扩展边际为主的趋势。

（二）分歧产生的原因、本书核算方法与跨国比较

Besedeš and Prusa（2011）认为计算二元边际的方法不同，是造成上

① Badinger H. and K. Türkcan, 2012, "Currency Unions, Export Margins, and Product Differentiation: An Empirical Assessment for European Monetary Union", unpublish.

② Berthou A. and L. Fontagné, 2008, "The Euro and the Intensive and Extensive Margins of Trade: Evidence from French", CEPII working paper.

③ Uribe－Etxeberria A. M. and F. R. Silvente, 2012, "The intensive and extensive margins of trade: decomposing exports growth differences across Spanish Regions", Investigaciones regionales, 23: 53－76.

④ Amurgo－Pacheco A. 2006. "Preferential Trade Liberalization and the Range of Exported Products: The Case of the Euro－Mediterranean FTA", HEI Working Paper No: 18/2006.

⑤ Cebeci T., Fernandes, A. M., Freund, C. and M. D. Pierola, 2012, "Exporter Dynamics Database", The World Bank Policy Research Working Paper, No. 6229.

述研究结论差异的重要原因①。他们指出：Amiti and Freund（2007）仅将扩展边际定义为产品层面，即产品多样化的新产品出口增加；而 Helpman et al（2008）和 Felbermayr and Kohler（2006）将扩展边际定义为国家层面，即国别多元化的出口市场增加。界定扩展边际的方法不同必然会导致度量集约边际的差异。例如，假定中国在 1995 年将产品 A 出口到阿根廷和美国，且只将产品 B 出口到阿根廷。到 1996 年中国又开始将产品 B 出口到美国后，依照 Amiti and Freund（2007）的方法，则产品 B 只能计算为集约边际，因为该产品未能实现新产品出口种类增加，但 Helpman et al（2008）和 Felbermayr and Kohler（2006）会将产品 B 应计算在扩展边际之中，因为产品 B 已经实现了出口的国别多元化。类似的，如果中国在 1996 年将产品 C 出口到阿根廷或美国，Amiti and Freund（2007）会将该新产品划归为扩展边际，但产品 C 由于未能实现国别多元化，按照 Helpman et al（2008）和 Felbermayr and Kohler（2006）的方法，只能将其作为集约边际②。由此可见，扩展边际和集约边际度量方法的不同，往往是造成二元边际在出口增长相对大小的重要原因。

本书将产品多样化和国别多元化结合起来，使用老产品新市场（*OPND*）、新产品老市场（*NPOD*）和新产品新市场（*NPND*）作为衡量扩展边际的基础，而将仅老产品老市场（*OPOD*）界定为集约边际。这种产品—国家层面的计算二元边际方法，既包括 Amiti and Freund（2007）的产品多样化，也包括 Helpman et al（2008）和 Felbermayr and Kohler（2006）的国别多元化，应该能更准确地衡量扩展边际和集约边际在出口增长中的作用③。

为确定一国出口结构中的新老产品身份，需要对其历年微观贸易产品进行比较。假定本国 H 在基期 0 有产品 c 出口到国家 i，且该产品在随后的时期 t（$t>0$）内都向该国出口，则本国出口到国家 i 的集约边际为

---

① Besedeš T. and T. J. Prusa, 2011, "The role of extensive and intensive margins and export growth," Journal of Development Economics, 96 (2): 371 - 379.

② 二元边际测算方法比较文献可参见：Amiti M. and C. Freund. 2007. "An Anatomy of China's Trade Growth." IMF Working Paper; Helpman E., M. J. Melitz and Y. Rubinstein, 2008, "Estimating Trade Flows: Trading Partners and Trading Volumes", Quarterly Journal of Economics, 123 (2): 441 - 487; Felbermayr G. J. and W. Kohler, 2006. "Exploring the intensive and extensive margins of world trade", Review of World Economics, 142 (4): 642 - 674.

③ 具体内容可参见前述文献。

$[X_{i,t}^{H}]^{Old}=\sum_{c}OPOD_{cit}^{H}$。同样，假定本国在基期0有产品 d 出口到国家 j，且该产品在时期 t 以后出口到新国家 i，即存在 $OPND_{dit}^{H}$（$t>0$，$i\neq j$），则该国向新国家 i 出口的累计老产品 d 为 $\sum_{d}OPND_{dit}^{H}$。假定 $NPOD_{eit}^{H}>0$ 表示本国在时期 t 向老市场国家 i 出口了新产品 e，但该产品在基期并未实现出口，即 $NPOD_{ei0}^{H}=0$，则该国向老市场 i 出口的累计新产品为 $\sum_{e}NPOD_{eit}^{H}$。如果本国 H 在基期从未向国家 i 出口过任何产品，但在时期 t 有新产品 f 出口，则本国向新市场国家 i 出口的累计新产品 f 为 $\sum_{f}NPND_{fit}^{H}$。将老产品新市场、新产品老市场和新产品新市场加总后，本国出口到国家 i 的扩展边际为 $[X_{i,t}^{H}]^{New}=\sum_{d}OPND_{dit}^{H}+\sum_{e}NPOD_{eit}^{H}+\sum_{f}NPND_{fit}^{H}$。

以此为基础，选择中国、印度、巴西为发展中国家样本，美国、日本和德国为发达国家样本，再次检验二元边际在发展中国家和发达国家出口增长中的作用差异后，本书发现：①这些国家的短期出口增长都以集约边际为主。与1995年相比，1996年中国、印度、巴西、美国、日本和德国的出口增长中，集约边际分别贡献了98.8%、99.8%、98.3%、76.5%、89.4%和88.2%；②发展中国家和发达国家的长期出口增长差异很大，中印巴三国的长期出口增长仍然以集约边际为主，而美日德以扩展边际为主。美国、日本和德国的出口贸易结构中，扩展边际所起的作用分别从1995年的23.5%、10.6%、11.8%上升到2009年的77.6%、71.4%和75.5%，但中印巴三国的扩展边际对其出口增长的贡献始终低于25%。这说明从跨度更长的时间来看，以中印巴为代表的发展中国家，其出口增长更主要依赖集约边际；而美日德为代表的发达国家，出口增长主要靠扩展边际实现。

为什么扩展边际在发展中国家出口增长的作用没有发达国家大？本书将在新—新贸易理论分析框架的基础上，加入发展中国家企业出口的融资约束问题，重新构建一国新老产品的出口模型，试图在理论上说明发展中国家出口贸易结构以集约边际为主的原因。

第二节 融资约束影响二元边际的理论机制

一、经典二元边际理论模型

引力模型是检验国家间贸易水平与国家规模、经济距离等相关关系实证模型中最为成功的一个。新—新贸易理论的发展给引力模型注入了新的内容，表现为扩展边际（Extensive margin）和集约边际（Intensive margin）的二元边际理论。传统贸易理论将现有产品的出口扩张（集约边际）作为出口增长的唯一源泉，而新贸易理论突出强调了增加出口产品种类（扩展边际）对出口增长的重要作用。新—新贸易理论将传统贸易理论和新贸易理论的观点结合起来，认为一国的出口增长是通过集约边际和扩展边际共同实现的（钱学锋，2008①）。Chaney（2008）② 在 Melitz（2003）③ 模型中引入企业生产率的 Pareto 分布和进入市场且数量固定的企业，建立了一个包含集约边际和扩展边际的引力模型。Arkolakis et al（2008）④ 使用企业的自由进入市场条件代替数量固定的企业，也得出同样的引力模型。

假定世界存在许多非对称国家，且每个国家只有一个生产差异化产品的部门。当企业生产率服从 Pareto 分布时，国家 i 出口到国家 j 的总产品可以分解为集约边际和扩展边际两部分：

---

① 钱学锋，2008：《企业异质性、贸易成本与中国出口增长的二元边际》，《管理世界》第9期。

② Chaney T. 2008. "Distorted Gravity: The Intensive and Extensive Margins of International Trade." American Economic Review, 98 (4): 1707 – 1721.

③ Melitz M. 2003. "The impact of trade on intra – industry reallocations and aggregate industry productivity." Econometrica, 71 (6): 1695 – 1725.

④ Arkolakis C., S. Demidova., P. Klenow. and A. Rodríguez – Clare, 2008. "Endogenous Variety and the Gains from Trade", American Economic Review, 98 (2), 444 – 450.

$$X_{ij} = \underbrace{\left(\frac{1-G(\varphi_{ij}^{*})}{1-G(\varphi_{ii}^{*})}\right)M_i}_{\text{扩展边际}}\underbrace{\int_{\varphi_{ij}^{*}}^{\infty}(\rho\varphi)^{\sigma-1}(\tau_{ij}w_i)^{1-\sigma}P_j^{\sigma-1}w_jL_j\frac{g(\varphi)}{1-G(\varphi_{ij}^{*})}d\varphi}_{\text{集约边际}} \quad (7.2.1)$$

其中：M_i 表示国家 i 生产企业的个数；w_jL_j 表示国家 j 的总收入，也等于国家 j 的差异化产品总消费；φ_{ij}^{*} 表示国家 i 生产企业出口到国家 j 的零利润生产率；τ_{ij} 表示国家 i 向国家 j 出口的可变贸易成本（$\tau_{ii}=1$；$\tau_{ij}>1, i\neq j$）。

将国内销售收入及零利润条件、出口收入及零利润条件代入（7.2.1）式，则：

$$X_{ij} = \underbrace{(\varphi_{ii}^{*}/\varphi_{ij}^{*})^{k}M_iw_j}_{\text{扩展边际}}\underbrace{f_{ij}\frac{\sigma k}{k-\sigma+1}}_{\text{集约边际}} \quad (7.2.2)$$

公式（7.2.2）的一个重要结论是：出口的集约边际与可变贸易成本无关，可变贸易成本仅影响出口的扩展边际。可变贸易成本增加，一方面减少了既定国家给定企业的出口，该国所有企业的平均出口也将减少；另一方面，高的可变贸易成本导致低生产率的企业从出口市场退出，存活出口企业的平均出口量也将增加。生产率的 Pareto 分布，正好使这两种相反作用互相抵消，总出口的集约边际与可变贸易成本无关。

与集约边际不同，扩展边际由国内市场的零利润生产率 φ_{ii}^{*} 和出口市场零利润生产率 φ_{ij}^{*} 的比值决定。根据公式（7.2.2）知，可变贸易成本增加，$\varphi_{ii}^{*}/\varphi_{ij}^{*}$ 减小，相应地，出口的扩展边际减少。可变贸易成本与扩展边际反向变化的原因是：①当可变贸易成本增加，降低了潜在进入出口市场企业的预期利润，新企业的出口减少；②新企业出口减少，降低了出口市场的竞争程度，给低生产率企业提供了保护，它们仍将提供产品；③两方面的共同作用导致本国新产品的出口种类减少，扩展边际下降。

将自由进入条件、出口的零利润条件、生产率 Pareto 分布代入到总出口公式（7.2.1）中，用 ψ_{ij} 表示国家 i 出口到国家 j 的产品占国家 j 总消费的比重，则：

$$\psi_{ij} = \frac{L_i\varphi_{i,\min}^{k}(\tau_{ij}w_i)^{-k}f_{ij}^{1-k/(\sigma-1)}}{\sum_s L_s\varphi_{s,\min}^{k}(\tau_{sj}w_s)^{-k}f_{sj}^{1-k/(\sigma-1)}} \quad (7.2.3)$$

引力模型（7.2.3）表示国家 i 的贸易份额由双边阻力（国家 i 和 j 的

贸易成本）、多边阻力（任一国家 s 和国际 j 的贸易成本）决定。与同质企业引力模型不同，在异质性企业的引力模型中，可变贸易成本对一国贸易份额的影响与产品的替代弹性 σ 无关，可变贸易成本对贸易份额的弹性仅由 Pareto 分布的峰度 k 决定。

Arkolakis et al（2008）进一步给出了贸易自由化对进口国社会福利影响的实证模型①。使用生产的零利润条件和进口比重公式（7.2.3），进口国 j 的间接效用函数表示为：

$$V_j=\frac{w_j}{P_j}=\psi_{jj}^{-1/k}L_j^{1/(\sigma-1)}\left(\frac{\varphi_{j,\min}^{k}f_{jj}^{1-k/(\sigma-1)}}{f_e\left(\sigma/(\sigma-1)\right)^{k}\left(\sigma\right)^{k/(\sigma-1)}}\frac{\sigma-1}{k-\sigma+1}\right) \quad (7.2.4)$$

封闭条件下，国家 j 不进口任何产品，本国生产的产品全部在国内销售，$\psi_{jj}=1$。开放后，由于进口的原因，本国生产的产品种类比市场上销售的产品种类要少，所以 $0<\psi_{jj}<1$ 成立。其他条件不变时，贸易自由化带来的可变贸易成本下降，有助于国家 j 的最小企业生产率 $\varphi_{j,\min}$ 提高，国家 j 在贸易自由化后的福利水平得到改善。应该指出的是，由于可变贸易成本并不影响集约边际，而只影响扩展边际，因此，贸易自由化的福利改善将主要通过出口增长中扩展边际的增加得以实现。

同质性企业的新贸易理论认为：消费者可获得产品的种类增加是贸易自由化提高一国福利水平的重要前提。但新—新贸易理论认为：贸易自由化的福利改善与消费产品种类的增加没有直接关系。由贸易自由化福利公式 $V=\rho\left[L/(\sigma f_d)\right]^{\frac{1}{1-\sigma}}\varphi_d^*$（Melitz，2003②）可知：只要一国的零利润生产率提高，该国的价格指数就会下降，用实际收入表示的福利水平也就得到改善。不仅如此，异质性企业的新—新贸易理论还认为贸易自由化可能导致一国的消费产品种类减小！利用公式（7.2.2）和（7.2.3），国家 j 参与国际贸易后，可获得的总产品种类为：

$$\sum_s M_{sj}=\frac{L_j}{f_{jj}\left[k\sigma/(k-\sigma+1)\right]}+\frac{L_j}{k\sigma/(k-\sigma+1)}\sum_{s\neq j}\psi_{sj}\left(\frac{1}{f_{sj}}-\frac{1}{f_{jj}}\right) \quad (7.2.5)$$

于是，国家 j 可获得产品种类是增加还是减少，取决于国家 s 向国家 j

① Arkolakis C., S. Demidova., P. Klenow. and A. Rodríguez - Clare, 2008. "Endogenous Variety and the Gains from Trade", American Economic Review, 98 (2), 444 - 450.

② Melitz M. 2003. "The impact of trade on intra - industry reallocations and aggregate industry productivity." Econometrica, 71 (6): 1695 - 1725.

出口的固定成本$f_{sj}(i \neq j)$与国家j的企业固定生产成本f_{jj}的相对大小。当国家s的固定出口成本大于国家j的固定生产成本（$f_{sj} > f_{jj}$）时，国家j可消费的总产品种类反而减少。也就是说，如果一国进口新产品的种类低于退出市场的产品种类（$f_{sj} > f_{jj}$）时，该国消费者从国内市场上可获得产品种类反而下降。但这种可获得的产品种类是增加还是减少，并不是一国贸易开放后福利改善的前提条件。

根据上述分析，本书可以发现：在单要素新—新贸易理论模型（Melitz，2003①）基础上，Chaney（2008）②、Arkolakis et al（2008）③建立了一个包含集约边际和扩展边际的引力模型，并认为贸易自由化对一国出口增长的集约边际没有影响，从而一国出口增长的主要动力是不断增加的扩展边际。虽然新—新贸易理论给引力模型注入了新的内容，并认为一国的出口增长可以通过集约边际和扩展边际共同实现的（钱学锋，2008④），既不像传统贸易理论突出强调出口增长的集约边际（老产品老市场出口量的增加），也不像新贸易理论仅关注出口增长的扩展边际（新产品新市场、新产品老市场和老产品新市场出口种类的增加），但国内外关于二元边际的实证检验给出了不同的答案。相对于支持扩展边际占主导作用的实证文献既早又少而言（Bernard et al，2003⑤；Kang，2004⑥），新近的实证文献却认为集约边际对一国出口增长的作用更大（Amiti and Freund，2007⑦；Amurgo - Pacheco and Pierola，2008⑧；Helpman et al，

① Melitz M. 2003. "The impact of trade on intra - industry reallocations and aggregate industry productivity." Econometrica, 71 (6): 1695 - 1725.

② Chaney T. 2008. "Distorted Gravity: The Intensive and Extensive Margins of International Trade." American Economic Review, 98 (4): 1707 - 1721.

③ Arkolakis C., S. Demidova., P. Klenow. and A. Rodríguez - Clare, 2008. "Endogenous Variety and the Gains from Trade", American Economic Review, 98 (2), 444 - 450.

④ 钱学锋，2008：《企业异质性、贸易成本与中国出口增长的二元边际》，《管理世界》第9期。

⑤ Bernard A. B., J. Eaton, J. B. Jensen and S. Kortum, 2003. "Plants and Productivity in International Trade", American Economic Review, 93 (4), 1268 - 1290.

⑥ Kang K. 2004. "The Path of the Extensive Margin (Export Variety): Theory and Evidence." University of California, Davis Working Paper, mimeo.

⑦ Amiti M. and C. Freund. 2007. "An Anatomy of China's Trade Growth." IMF Working Paper.

⑧ Amurgo - Pacheco A. 2006. "Preferential Trade Liberalization and the Range of Exported Products: The Case of the Euro - Mediterranean FTA", HEI Working Paper No: 18/2006.

2008[①]；钱学锋，2008[②]；钱学锋、熊平，2010[③]）。这些实证文献的另一个特点是处于转型时期的国家，其出口增长主要依赖集约边际的扩张，比如 Amiti and Freund（2007）[④]、钱学锋（2008，2010）[⑤] 对中国出口的研究；而经济转型相对成功的国家，其出口增长的主要动力源自扩展边际，比如 Kang（2004）对韩国和中国台湾的出口分析[⑥]。为什么现实的结果不符合新—新贸易理论的预测结论？转型国家出口增长是否存在以集约边际为主的必然趋势？值得本书在理论上探索。本节将首先在第三章融资约束影响企业出口的理论模型基础上，对经典二元边际引力模型进行再修改，试图从理论上解释为什么转型国家的出口增长以集约边际为主的原因，并使用中国出口的相关数据对再修改后的二元边际模型进行检验。

二、融资约束对二元边际引力模型的再修改

Chaney（2008）[⑦]、Arkolakis et al（2008）[⑧] 的二元边际引力模型向本书提供了一幅美好画卷：通过提高出口增长的扩展边际比重，可以增进一国开放后贸易福利。但这一模型是建立在市场机制较为成熟的发达国家基础上的。如果本国 i 是经历经济结构转型的发展中国家，那么本国金融市场自由化程度相对较低，将导致本国出口企业零利润生产率水平的上升，而外国生产企业的零利润生产率水平相对下降。由公式（7.2.2）可知，本国 i 出口增长中的扩展边际将下降，而对集约边际没有显著影响。也就是说，对于转型时期的发展中国家而言，上述二元边际引力模型在融资约束背景下还需要进行再修改。

本书对融资约束的二元边际理论模型再修改是从假定世界上仅存在两

---

① Helpman E., M. J. Melitz and Y. Rubinstein, 2008, "Estimating Trade Flows: Trading Partners and Trading Volumes", Quarterly Journal of Economics, 123 (2): 441 - 487.

② 钱学锋，2008：《企业异质性、贸易成本与中国出口增长的二元边际》，《管理世界》第9期。

③ 钱学锋、熊平，2010：《中国出口增长的二元边际及其因素决定》，《经济研究》第1期。

④ 同上。

⑤ 同上。

⑥ 同上。

⑦ Chaney T. 2008. "Distorted Gravity: The Intensive and Extensive Margins of International Trade." American Economic Review, 98 (4): 1707 - 1721.

⑧ Arkolakis C., S. Demidova., P. Klenow. and A. Rodríguez - Clare, 2008. "Endogenous Variety and the Gains from Trade", American Economic Review, 98 (2), 444 - 450.

个国家（本国和外国）开始的。本国企业出口的条件首先需要成功进入市场进行生产，然后观察该企业的生产率水平是否达到获取非负出口利润的要求，即本国企业成功出口的概率为 $p_x^H = [1 - G(\varphi_x^{H*})]/[1 - G(\varphi_d^{H*})]$。由公式（7.2.1），假定本国第 t 年生产企业的个数为 M_{it}^H，对所有成功出口的企业进行加总，则本国总出口分解为集约边际和扩展边际的方程为：

$$X_{it}^H = \underbrace{\left(\frac{1 - G(\varphi_x^{H*})}{1 - G(\varphi_d^{H*})}\right)}_{\text{扩展边际}} \underbrace{M_{it}^H \int_{\varphi_x^{H*}}^{\infty} x_{it}^H(\omega) \frac{g(\varphi)}{1 - G(\varphi_x^{H*})} d\varphi}_{\text{集约边际}} \tag{7.2.6}$$

公式（7.2.6）表明：一国的总出口可以分解为扩展边际和集约边际的乘积。扩展边际（EM）实际上是由成功进入市场的“新”企业决定。假定每个制成品企业只生产一种差异化产品，那么，总出口的扩展边际就是这些企业出口的“新”产品，反映了出口多样化的特点。与扩展边际不同，集约边际（IM）是老产品生产企业出口的“老”产品，反映的内容是总出口增长中出口产品数量的绝对扩张。根据 Pareto 分布、公式（3.2.10）和（3.3.4）可知，扩展边际可以写为：

$$EM_{it}^H = \theta_1 (P_{it}^F/\tau P_{it}^H)(Y_{it}^F/Y_{it}^F)^{\frac{1}{\sigma_i - 1}}(f_{it,x}^H)^{\frac{-1}{\sigma_i - 1}}(A_{ii}^H - W_{ii}^H f_{it,d}^H)^{\frac{1}{(\sigma_i - 1)}} \tag{7.2.7}$$

其中：$\theta_1 = (\tau^{1-\sigma} - \sigma_i^{-1})^{1/(1-\sigma_i)} f_{it,d}^H (W_{it}^H)^{\sigma_i/(1-\sigma_i)} (\sigma_i f_{it,d}^H)^{1/(1-\sigma_i)} M_{it}$。当 $\sigma_i > 1$ 时，通过公式（7.2.7），本书可以得出以下结论：

（1）贸易自由化有助于增加扩展边际，无论是可变贸易成本 τ 还是固定贸易成本 $f_{it,x}^H$ 下降，出口增长的扩展边际都会增加；

（2）外国相对于本国的经济规模越大（Y^F/Y^H 增加），越有利于本国出口增长中的扩展边际增加；

（3）本国货币贬值（直接标价法的实际汇率 P_i^H/P_i^F 上升）对本国出口增长的扩展边际起反向作用，不利于本国出口产品种类的增加。这是由于货币贬值保护了生产率相对较低的出口企业。这些企业一方面继续向国际市场出口产品，增加出口增长中的集约边际；另一方面，老产品生产企业的国际市场地位巩固，减缓了成立新企业、研发新产品的出口激励。相反，本币升值（实际汇率 P_i^H/P_i^F 减小）对出口增长中的扩展边际具有正向作用，有助于提高出口产品种类的增加（项松林，2011b①）；

① 项松林，2011b：《异质性企业、结构转型与稳定出口》，《经济评论》第 4 期。

（4）本国生产企业融资量 A_{ii}^{H} 对出口增长的扩展边际也有正向作用。本国生产企业融资途径和融资量扩大后，用于支付国际市场固定成本的企业也越多。在这些企业中，超过出口临界生产率的企业数量也会增加。随着这些潜在出口者进入国际市场后，新产品出口种类随着扩大，提高出口增长的扩展边际也有所提高。

使用 Ω^* 表示本国出口为正的第 i 种工业制成品品种 ω 的集合，外国第 i 种工业制成品的价格 P_i^F 可以表示为进口本国产品的价格指数和外国国内相同产品价格指数的加权平均：

$$P_i^F = \left[\int_{\omega\in\Omega^*} p_{i,x}^F(\omega)^{1-\sigma_i}d\omega + \int_{\omega\in\Omega} p_{i,d}^F(\omega)^{1-\sigma_i}d\omega\right]^{\frac{1}{1-\sigma_i}} \tag{7.2.8}$$

再次使用利用公式（3.2.9－10）和 Pareto 分布可得：

$$P_i^F = \gamma_i (Y^F)^{1/k-1/(\sigma_i-1)}\eta_i \tag{7.2.9}$$

其中：参数 $\eta_i^k = M_i^H(\tau W_i^H)^{-k}(f_x^H)^{1-k/(\sigma_i-1)} + M_i^F\varphi_{\min}^k(W_i^F)^{-k}(f^F)^{1-k/(\sigma_i-1)}$ 为双边阻力，参数 $\gamma_i^k = [k/(k+1-\sigma_i)][\sigma_i/(\sigma_i-1)]^{-k}(\sigma_i/\alpha_i)^{1-k/(\sigma_i-1)}$。

将公式（3.3.4）和 P_i^F 代入到公式（7.2.6）中，可求得出口增长的集约边际为：

$$IM_{it}^H = \theta_2 (Y_{it}^F)^{\frac{k-\sigma_i+1}{\sigma_i-1}}(\tau)^{-k}(f_{it,x}^H)^{-\frac{k-\sigma_i+1}{\sigma_i-1}}(A_{it}^H - W_{ii}^H f_{it,d}^H)^{-\frac{k-\sigma_i+1}{\sigma_i-1}} \tag{7.2.10}$$

其中：$\mu_i = k\alpha_i/(k+1-\sigma_i)[\sigma_i/(\sigma_i-1)]^{-k}(\sigma_i/\alpha_i)^{1-k/(\sigma_i-1)}\gamma_i^k(\varphi_x^{H*})^k$ 为不变常数；$\theta_2 = 1/(\sigma_i - k - 1)(W_i^H)^{1-\sigma_i}(\gamma_i\eta_i)^{1-\sigma_i}(P_i^F)^{-\sigma_i(\sigma_i-k+1)}[W_i^H]^{\sigma_i-k+1}[(\tau^{1-\sigma}-\sigma_i{}^{-1})f_{it,d}^H]^{(k-\sigma_i+1)/(\sigma_i-1)}[\sigma_i/(\sigma_i-1)]^{-k}$。

当 $\sigma_i>1$ 和 $k>\sigma_i-1$ 时，由公式（7.2.10）可知，出口增长的集约边际具有以下性质：

（1）因为 $\partial(IM_{it}^H)/\partial\tau<0$、$\partial(IM_{it}^H)/\partial f_{it,x}^H<0$，固定贸易成本和可变贸易成本下降，都能提高出口增长的集约边际；

（2）由于 $\partial(IM_{it}^H)/\partial Y_{it}^F>0$，贸易伙伴国的绝对经济规模扩大，有利于出口增长的集约边际；

（3）因为 $\partial(IM_{it}^H)/\partial A_{it}^H<0$，本国生产企业融资量越多，出口增长的集约边际反而会下降。

融资约束正向影响扩展边际而负向影响集约边际，也符合前文的理论模型预期。这是因为在出口市场存在沉淀成本和企业流动性约束条件下，虽然有些企业可以从出口活动中获利，但由于不能获得充足的流动性对这些沉淀成本进行投资，阻碍了它们进入国际市场。因此，只有那些生产率足够高且在国内销售中获得足够流动性的企业，才能成功出口。如果本国进行金融市场化改革，放松利率和汇率管制，随着本国货币升值，已经出口的企业必将失去部分竞争优势，从而减少出口量。出口企业减少国外市场的份额，符合传统竞争性国际贸易理论的。但是，本币升值也意味着国内资产相对外国出现了升值。这种升值效应将导致一些原本由于存在流动性约束的不能进入出口市场的企业，因为国内资产价值的升值，缓解了它们的流动性限制，从而成功出口。因此，本币升值后，虽然出口增长的集约边际会下降，但扩展边际将提高，意味着该国的总出口应该没有太大影响。如果两国双边贸易商品存在较大差异性（替代弹性不大），一国汇率升值虽然降低了已有企业的出口量，但新企业的开始出口将抵消部分该国总出口减少的作用。当扩展边际的正向作用超过集约边际的负向影响后，一国总出口甚至会在本币升值后出口增加的情况。换句话说，存在企业异质性和流动性约束条件下，扩展边际使得一国经常项目调整不完全同于汇率波动理论。汇率升值后，一些企业受其国内资产增加的支持，进入出口市场。这种新增加的出口企业，扩大了该国贸易增长的扩展边际，抵消了现有出口商出口规模的减少（即出口集约边际减少）。从这个角度上看，中国出口增长主要以集约边际为主的原因，很可能与金融市场化改革相对滞后有关。本书将使用中国出口贸易相关数据进行实证检验。

第三节　实证模型、数据来源与处理

一、实证模型

对方程（7.2.7）和（7.2.10）取其自然对数，并考虑实证数据可获得性，本书选择如下实证模型检验融资约束对出口增长二元边际的影响：

$$\ln EM_{it}^{H} = a_0 + a_1 \ln A_{it}^{H} + a_2 \ln(P_{it}^{F}/P_{it}^{H}) + a_3 \ln(I_{it}^{F}/I_{it}^{H}) + a_4 \ln\tau_{it} + a_5 \ln f_{it,x}^{H} + \varepsilon_{it} \tag{7.3.1}$$

$$\ln IM_{it}^{H} = b_0 + b_1 \ln A_{it}^{H} + b_2 \ln I_{it}^{F} + b_3 \ln \tau_{it} + b_4 \ln f_{it,x}^{H} + \xi_t \qquad (7.3.2)$$

其中：t 表示时间；i 表示出口目标市场的国家或地区；$\ln EM_{it}^{H}$ 和 $\ln IM_{it}^{H}$ 分别为出口增长的扩展边际和集约边际；$\ln A_{it}^{H}$ 为融资约束变量；$\ln(I_{it}^{F}/I_{it}^{H})$ 和 $\ln I_{it}^{F}$ 分别为中国与出口目标国家的相对经济规模和外国的绝对经济规模；$\ln\tau_{it}$ 和 $\ln f_{it,x}^{H}$ 分别为可变贸易成本和固定贸易成本；ε_{it}、ξ_t 为误差项；a_i 和 $b_i(i=1,2,\cdots)$ 为待估计参数。由公式（7.2.7）和（7.2.10）的分析结论，本书预测各估计参数的符号应该满足 $a_1<0, a_2<0, a_3>0, a_4<0, a_5<0$；$b_1>0$，$b_2>0, b_3<0, b_4<0$ 成立。

二、变量的选择、数据来源与处理

计量方程（7.3.1）（7.3.2）中变量涉及到中国出口的老产品、新产品种类和价值、实际汇率、农业部门的剩余劳动力、经济规模、出口的可变贸易成本和固定贸易成本等。

（一）扩展边际与集约边际（$\ln EM_{it}^{H}$、$\ln IM_{it}^{H}$）

扩展边际和集约边际分别用新产品和老产品的累计出口表示。将1995年看成是基期0，对中国1996—2009年向某一国家或地区 j 出口的HS-6码产品与1995年进行比较，确定每种出口产品的老产品老市场、老产品新市场、新产品老市场和新产品新市场身份，再加总就可以计算出老产品和新产品的累计出口。中国对123个国家或地区的1995—2009年HS-6位码贸易数据来源于CEPII BACI数据库。

（二）融资约束（$\ln A_{it}^{H}$）

在中国转轨阶段中，政府对市场的干预活动是中国出口贸易结构的重要因素。本书直接采用樊纲等（2010）《中国市场化指数——各地区市场化相对进程2009年报告》中金融合理化指数①，作为影响中国出口增长二元边际的融资约束变量，且金融合理化指数越高，出口企业获取外源性融资越容易，融资约束也越小。

---

① 樊纲、王小鲁和朱恒鹏，2010：《中国市场化指数——各地区市场化相对进程2009年报告》，经济科学出版社。

（三）实际汇率（$\ln(P^F/P^H)$）

在 IMF 测算各国货币对美元的汇率基础上，本书使用项松林等（2004）计算成对货币汇率的方法①，确定中国与 123 个国家或地区的实际汇率。各国货币对美元的原始汇率来源于联合国统计数据库。

（四）经济规模（$\ln(I^F/I^H)$、$\ln I^F$）

经济规模采用人均国民收入表示。中国和 123 个贸易伙伴的人均国民收入来自于联合国统计数据库。

（五）可变贸易成本和固定贸易成本（$\ln\tau$、$\ln free$）

借鉴钱学锋、熊平（2010）的方法②，可变贸易成本使用中国与 123 个国家或地区的首都之间距离表示，数据来源于 CEPII BACI 国际贸易数据库。固定贸易成本采用 The Heritage Foundation 2010 年出版的涵盖商务自由、贸易自由、财政自由、政府规模、货币自由等 9 方面的 Index of Economic Freedom 评价得分与中国的评价得分百分比表示。

（六）其他的控制变量

结构转型（$\ln(L/N)$）。中国正在经历经济结构转型，且农业剩余劳动力的非农转移也是影响我国出口增长二元边际的重要因素（项松林等，2014③）。为此，本书将农业剩余劳动力作为转型变量代入到计量方程中，且中国经济结构转型变量使用农业剩余劳动力占总人口的比重表示，计算方法与蔡昉、王美艳（2007）相同。与计算农业剩余劳动力相关的人口数据来源于中经网统计数据库。

出口对象的国家类型。123 个国家或地区中，包括 36 个高收入国家、28 个中高收入国家、33 个中低收入国家以及 26 个低收入国家。使用虚拟变量 $Hincome=1$ 表示高收入国家、$UHincome=1$ 表示中高收入国家、$DLincome=1$ 表示中低收入国家、$Lincome=1$ 表示低收入国家。国家收入

---

① 项松林、赵曙东、魏浩，2014：《农业剩余劳动力转移与发展中国家出口贸易结构：理论与中国经验研究》，《世界经济》第 3 期。

② 钱学锋、熊平，2010：《中国出口增长的二元边际及其因素决定》，《经济研究》第 1 期。

③ 同上。

等级的划分来源于世界银行的世界发展指数数据库。

区域一体化。使用虚拟变量 *Contig* = 1 表示中国与出口对象国签订有一体化的协定，否则 *Contig* = 0。区域一体化的数据来源于 The CEPII Gravity Dataset。

语言的相通性。随着中国与出口对象国会使用一种语言人数的增加，双边贸易的交流信息成本下降，贸易量将增加。使用虚拟变量 *Comlang* = 1 表示中国与出口对象国有至少 9% 的人口会说一种共同语言，否则 *Comlang* = 0，数据也来源于 The CEPII Gravity Dataset。

另外，为考察不同政治体制（政治歧视）是否影响两国之间开展双边贸易，本书还是用虚拟变量 *Cpolitics* = 1 表示中国与出口对象国之间不曾有过相同的政治体制，否则 *Cpolitics* = 0。在 123 个国家样本中，曾有过共同政治体制的国家主要是苏联的加盟共和国以及南斯拉夫的加盟共和国。

第四节 实证结果及分析

一、初步回归

由于本书中的数据存在不少零点，属于设限数据类型（Censored data）。伍德里奇（2003）认为采用 Tobit 模型可以处理这类存在零点的设限数据①。虽然 Tobit 模型估计的原始系数没有特定经济含义，但 Tobit 模型参数估计值会随被解释变量非零值的增加而趋向于 OLS 估计量。在极端情况下，如果所有被解释变量的数据都是非负的，采用 Tobit 模型的估计结果与 OLS 相同。对中国向 123 个国家出口的 HS－6 位码贸易数据按新老产品进行加总后，左设限的零贸易数据占总数据的比重均不超过 7%，因此，本书使用 Tobit 模型对公式（7.3.1）（7.3.2）进行实证分析后，

① 伍德里奇，2003：《计量经济学导论：现代观点》，中国人民大学出版社。

参数的估计值与非设限数据的 OLS 估计系数具有很接近的经济含义。另外，如果设限数据存在异方差，Tobit 模型的估计结果可能不是一致估计量。为检验模型的稳健性，本书在实证分析中，首先使用公式（7.3.1）（7.3.2）的基本变量进行分析，然后在基本模型中加入控制变量，用以判断估计结果是否为一致估计量。集约边际出口和扩展边际出口的 Tobit 估计结果见表 7.1 和表 7.2。

表 7.1　　集约边际估计结果

变量	全部国家 1	全部国家 2	高收入	中高收入	中低收入	低收入
常数项	7.50***	-61.26***	-131.86***	-79.19**	-82.68**	-14.94
	(13.24)	(-3.29)	(-5.07)	(-2.14)	(-2.22)	(-0.41)
ln(*A*)	-0.06***	-0.03***	-0.01**	-0.03*	-0.02*	-0.05***
	(-25.67)	(-3.47)	(-2.06)	(-1.67)	(-1.64)	(-3.52)
$\ln(I^F)$	0.23***	0.20***	0.55***	0.28***	0.25***	0.07*
	(11.00)	(9.94)	(8.17)	(3.02)	(2.55)	(1.60)
$\ln\tau$	-0.34***	-0.28***	1.18***	-0.21*	-0.47***	-1.20***
	(-6.63)	(-4.42)	(9.43)	(-1.82)	(-5.23)	(-10.05)
ln*free*	0.74*	1.48***	4.84***	3.68***	-0.77***	-2.46***
	(1.60)	(3.41)	(4.65)	(4.60)	(-6.60)	(-3.41)
ln(*L*/*N*)		0.18***	0.31***	0.22**	0.25**	0.09
		(3.65)	(4.60)	(2.26)	(2.55)	(0.93)
Contig		0.24**	1.09***	2.59***	-1.81**	-0.54**
		(2.13)	(6.55)	(10.88)	(-2.34)	(-2.06)
Comlang		0.20	1.06***	0.70***	-0.27	-0.36
		(1.34)	(5.76)	(2.67)	(-1.14)	(-1.09)
Cpolitcs		1.31***	-0.12	2.77***	1.74***	0.33*
		(16.43)	(-0.85)	(16.93)	(10.23)	(1.87)
对数似然值	-2789.23	-2649.49	-610.31	-548.87	-703.66	-496.78
Pseudo R^2	0.11	0.16	0.25	0.27	0.17	0.23
Obs	1845	1845	540	420	495	390
左设限 *Obs*	50	50	4	18	22	6

注：(1) ***、**、* 分别表示 1%、5%、10% 显著通过检验；(2) 括号内为 *t* 值。

表 7.2　　扩展边际估计结果

变量	全部国家 1	全部国家 2	高收入	中高收入	中低收入	低收入
常数项	0.44 (0.86)	-188.48*** (-10.86)	-86.78*** (-2.88)	-185.08*** (-5.53)	-199.86*** (-5.99)	-231.61*** (-6.40)
$\ln(A)$	0.08*** (38.30)	0.15*** (20.89)	0.14*** (10.92)	0.15*** (10.84)	0.15*** (11.32)	0.16*** (10.93)
$\ln(P^F/P^H)$	0.07*** (2.87)	0.06** (2.41)	0.20*** (4.68)	-0.14*** (-2.87)	0.07 (1.27)	-0.02 (-0.47)
$\ln(I^F/I^H)$	-0.24*** (-11.47)	-0.20*** (-9.55)	-0.68*** (-8.75)	-0.19** (-2.29)	0.51*** (5.94)	-0.11* (-1.86)
$\ln\tau$	0.09* (1.87)	0.10* (1.64)	-0.81*** (-5.54)	0.23** (2.23)	0.24*** (2.76)	0.48*** (4.06)
ln*free*	-1.02** (-2.45)	-1.59*** (-3.92)	-8.81*** (-7.28)	-1.78** (-2.36)	0.30*** (2.89)	0.85 (1.16)
$\ln(L/N)$		0.49*** (10.89)	0.27*** (3.48)	0.48*** (5.55)	0.07 (1.27)	0.59*** (6.31)
Contig		0.21** (2.05)	-0.61*** (-3.19)	-0.39** (-1.76)	0.17 (0.25)	0.33 (1.31)
Comlang		-0.50*** (-3.71)	-0.88*** (-4.08)	-0.69*** (-2.85)	0.12 (0.55)	0.16 (0.49)
Cpolitcs		-0.33*** (-4.55)	0.15 (0.88)	-0.64*** (-4.41)	0.06 (0.42)	0.18 (1.08)
对数似然值	-2582.94	-2501.91	-678.19	-521.18	-654.01	-491.02
Pseudo R^2	0.19	0.22	0.30	0.25	0.21	0.23
Obs	1842	1842	540	419	494	389
左设限 *Obs*	124	124	36	28	34	26

注：(1) ***、**、* 分别表示 1%、5%、10% 显著通过检验；(2) 括号内为 t 值，下同。

在表 7.1 和表 7.2 中，全部国家 1 表示基本模型的 Tobit 估计结果，全部国家 2 表示加入控制变量后的 Tobit 估计结果，后面四个分别表示按高收入国家、中高收入国家、中低收入国家和低收入国家分类后的 Tobit 估计结果。从表中可以看出，中国向所有样本国家或地区出口的老产品和新产品在加入控制变量和不加入控制变量并没有显著差异，模型估计结果具有较好统计性质。

（一）融资约束

无论是全部样本，还是分收入等级国家的再检验，ln(*A*)显著负向影响集约边际，显著正向影响扩展边际，符合理论预期。改革开放的深入和对外经济的发展，出口导向型外贸企业迅速增多，出口产品的种类和产值增加。在国外市场上，这些企业的出口产品面临外国同类产品的激烈竞争，如果不采用新技术、生产新产品，将有不少的出口企业会被迫退出出口市场，导致出口增长的集约边际逐步下降。然而，随着中国市场化改革的逐步推进，资源的市场配置逐步合理，金融合理化指数也不断提升。当金融资本发现潜在出口企业海外销售有利可图，将愿意为这些企业提高外源性融资支持，以便分享它们的出口收益。当潜在出口企业获取这些外部融资后，既可以支付进入国际市场的固定成本而成功出口，也可以利用海外销售的利润支付外部融资成本，符合金融资本和实体出口企业“双赢”的要求，促使出口增长的扩展边际反而提高。但应该注意的是，在国际市场存在固定成本的背景下，潜在出口企业由于存在流动性资金约束问题，如果不能获得外部融资，将被迫放弃或减少出口计划，不利于出口增长的扩展边际持续增强。上述结论对后危机时期稳定我国出口增长有其重要的现实意义。政府应该继续推进和深化金融市场改革，消除破坏资本自由流动的制度性障碍，促进金融资本向高生产率的新产品潜在出口企业倾斜，不仅有利于提高出口增长的扩展边际，以实现出口贸易的可持续发展，而且可以有效消除融资约束对企业出口的阻碍，毕竟金融市场化改革乏力后，既会出现出口增长的集约边际减小，也会导致扩展边际停滞不前，不利于出口贸易的稳定发展。

（二）经济规模

经济规模显著正向影响集约边际出口，也符合理论模型的预期。贸易对象国经济规模的扩大，为中国老产品出口提供了较大的市场容量和消费潜力，老产品出口得以继续增长。但是，相对经济规模显著负向影响扩展边际出口，同理论预期结论相反。本书认为可能是以下原因造成的：①供给方面，新产品相对于老产品而言，成功出口到国外市场的进入成本相对较高，进入壁垒较大；②需求方面，根据本地市场效应理论，新产品成功进入国外市场的前提是在国内具有大量的消费需求。虽然我国的内需不断扩大，但真正由国内需求引领国际需求的新产品很少。自美国成为世界最大经济体后，几乎每次技术创新带来的产品创新都由美国发起，然后引领发达国家消费，最后到发展中国家生产和出口。这也是当代世界经济发展中存在的一种奇怪现象：发展中国家的技术、产品创新跟随发达国家，而发达国家跟随美国，其原因可能是由于这些国家的国内需求难以成功引领世界消费潮流所致。

（三）贸易成本

可变贸易成本显著负向影响集约边际，符合理论模型分析结论。所有样本国家或地区中，可变贸易成本显著正向影响扩展边际出口。划分国家类型后，所得结论还存在差异。对高收入国家而言，可变贸易成本增加，显著增加中国集约边际出口、减少扩展边际出口；而对中低收入国家而言，可变贸易成本增加，显著减少集约边际出口、增加扩展边际出口。高收入国家多集中在欧美，与中国距离较远。但贸易流量不仅取决于距离，而且受历史联系紧密、关税、信息成本等影响（施炳展，2008①；许统生等，2011②）。虽然发达国家距离中国的地理位置较远，但这些国家制度建设比较健全，信息成本相对较低（许统生等，2010③）。同时，中国改革开放以后与这些发达国家的历史联系也相对紧密。基于比较优势的国际分工，使得中国出口到高收入国家的产品多以劳动相对密集的老产品为主，从而出现总出口增长中集约边际所占比重较高，扩展边际比重较小的现象。与中低收入国家相比，中国在技术密集型的新产品上具有比较优势，从而对这些国家的出口也主要体现在扩展边际上。

固定贸易成本减少（ln*free* 是衡量贸易自由度的变量，值越大，固定贸易成本越小），显著负向影响集约边际出口、正向影响扩展边际出口（除中低收入国家以外），说明固定贸易成本的减少有助于企业增加开发新产品的投入，提高新产品的出口能力。

---

① 施炳展，2008：《中国与主要贸易伙伴国的贸易成本测定——基于改进的引力模型》，《国际贸易问题》第 11 期。

② 许统生、陈瑾、薛智韵，2011：《中国制造业贸易成本的测度》，《中国工业经济》第 7 期。

③ 许统生、涂远芬，2010：《中国贸易成本的数量、效应及其决定因素》，《当代财经》第 3 期。

（四）实际汇率对新产品出口的影响

$\ln(P^F/P^H)$显著为正的系数，说明人民币升值有助于增加中国新产品的扩展边际出口，符合理论分析结论。但人民币升值对不同收入国家的影响存在差异。对高收入国家而言，人民币升值将打破低效率的老产品继续出口，鼓励企业生产和研发新产品出口到高收入国家，扩大扩展边际拉动出口增长的作用。虽然人民币升值对中低收入和低收入国家的扩展边际出口没有显著影响，但对中高收入国家却显著呈负相关关系。因此，在当前人民币升值的大背景下，为保持中国出口的可持续发展，应对服务于不同对象国的出口企业采取不同的扶持政策：出口到欧美市场的企业应加大研发资金投入，鼓励新产品出口，提高中国的贸易利得和福利水平（见表7.3、表7.4）。

（五）控制变量的影响

1. 经济结构转型的作用。$\ln(L/N)$显著正向影响集约边际和扩展边际出口，符合理论预期。这主要是因为企业国际竞争的成本优势造成的。中国正在经历结构转型，农村剩余劳动力被不断输送到制造业领域。贸易开放后，农村工人的进入会抑制制造业实际工资增长，给出口企业提高无形保护，无论是老产品还是新产品出口企业，其国际竞争都具备成本比较优势，从而促进中国出口增长的集约边际和扩展边际都获得提高。

2. 区域一体化。对全部样本国家，一体化变量正向影响集约边际和扩展边际出口，说明通过签订区域经济一体化协定，对已经出口的老产品和尚未出口的新产品都有促进作用。划分国家类型后，针对高收入和中高收入国家签订经济一体化协定对集约边际出口有显著正向促进作用，但对扩展边际出口有排斥作用。这似乎表明：即使高收入国家与我国签订所谓区域经济一体化，也会表现出保守性和局限性，削减关税的一体化协定只能促进已经建成的贸易关系发展，不适合于新产品增量的扩大。与低收入国家签订区域经济一体化，不利于集约边际出口而有利于扩展边际出口（不显著），似乎又说明低收入国家对我国生产的新产品有较大需求，签订减少关税壁垒的一体化协定，有助于增加一些尚未出口的新产品成功出口。不同类型国家签订一体化协定，对我国新老产品出口的影响不同，具有明显的政策含义：注重与中低收入国家保持良好的对外经贸关系，有助

表 7.3　改变基期的集约边际估计结果

变量	模型 1	模型 2	模型 3	模型 4	模型 5	模型 6	模型 7	模型 8	模型 9	模型 10	模型 11	模型 12
常数项	-43.68**	-14.72***	-9.24**	-9.35**	-18.94***	-6.83**	-35.23***	-268.71***	-312.67***	-580.62***	-573.97***	-30.52***
	(-2.10)	(-2.68)	(-2.41)	(-2.42)	(-2.75)	(-2.22)	(-2.73)	(-3.05)	(-3.55)	(-4.89)	(-5.36)	(-8.73)
ln(*A*)	-0.03***	-0.04***	-0.04***	-0.04***	-0.04***	-0.04***	-0.04***	-0.01**	-0.01**	-0.04**	-0.04*	-0.04*
	(-4.03)	(-4.89)	(5.01)	(5.13)	(4.70)	(4.65)	(3.06)	(2.23)	(2.32)	(2.11)	(1.92)	(1.75)
ln(I^F)	0.19***	0.20***	0.19***	0.18***	0.18***	0.17***	0.16***	0.15***	0.13***	0.11***	0.09***	0.06***
	(9.23)	(9.18)	(8.57)	(7.94)	(7.48)	(6.84)	(6.08)	(5.42)	(4.43)	(3.82)	(3.04)	(2.14)
lnτ	-0.25***	-0.23***	-0.21***	-0.19***	-0.18**	-0.15*	-0.13*	-0.12**	-0.10**	-0.09***	-0.09***	-0.08***
	(-3.78)	(-3.43)	(-3.04)	(-2.64)	(-2.38)	(-1.93)	(-1.64)	(-2.39)	(-2.09)	(-2.95)	(-2.91)	(-2.92)
ln*free*	1.30***	1.12**	1.01**	0.91*	0.85*	0.80**	0.77**	0.76**	0.81**	0.64**	0.40***	0.40***
	(2.83)	(2.37)	(2.09)	(1.83)	(1.64)	(2.50)	(2.37)	(2.31)	(2.31)	(2.00)	(2.60)	(2.65)
ln(*L/N*)	0.13**	0.05***	0.04***	0.04***	0.07***	0.03***	0.11***	0.72***	0.83***	1.04***	1.02***	
	(2.42)	(2.97)	(2.68)	(2.69)	(2.99)	(2.42)	(2.85)	(3.12)	(3.62)	(4.95)	(5.42)	
Contig	0.28**	0.30**	0.32***	0.34***	0.34**	0.36***	0.34**	0.33**	0.34**	0.31*	0.27	0.15*
	(2.35)	(2.51)	(2.58)	(2.62)	(2.54)	(2.59)	(2.35)	(2.15)	(2.12)	(1.85)	(1.55)	(1.92)
Comlang	0.17**	0.13***	0.13***	0.10***	0.07**	0.06**	0.03**	0.01**	0.01**	0.01**	0.04**	0.06**
	(2.09)	(2.84)	(2.78)	(2.58)	(2.42)	(2.33)	(2.16)	(2.01)	(2.04)	(2.01)	(2.16)	(2.27)
Cpolitcs	-1.27***	-1.25***	-1.23***	-1.22***	-1.20***	-1.17***	-1.12***	-1.07***	-1.00***	-0.92***	-0.79***	-0.50***
	(-15.14)	(-14.41)	(-13.85)	(-13.34)	(-12.64)	(-11.95)	(-10.79)	(-9.95)	(-8.68)	(-7.73)	(-6.40)	(-4.36)
对数似然值	-2269.68	-2078.07	-1886.56	-1688.01	-1502.16	-1307.99	-1141.14	-947.94	-774.07	-582.91	-395.94	-196.72
Pseudo R^2	0.15	0.14	0.14	0.14	0.13	0.13	0.12	0.13	0.12	0.13	0.13	0.17
Obs	1599	1476	1353	1230	1107	984	861	738	615	492	369	246
左设限 *Obs*	40	36	31	27	24	19	17	13	10	7	4	1

表 7.4　　改变基期的扩展边际估计结果

变量	模型 1	模型 2	模型 3	模型 4	模型 5	模型 6	模型 7	模型 8	模型 9	模型 10	模型 11	模型 12
常数项	-214.92***	-219.96***	-208.91***	-188.77***	-154.26***	-114.83***	-138.37***	-156.10***	-191.84***	-155.57***	-150.45***	-160.60***
	(-10.49)	(-9.85)	(-8.54)	(-7.49)	(-5.11)	(-2.91)	(-2.58)	(-2.61)	(-4.51)	(-2.70)	(-3.55)	(-2.30)
ln(*A*)	0.16***	0.16***	0.16***	0.17***	0.16***	0.15***	0.12***	0.14***	0.15***	0.20***	0.31***	0.29***
	(20.02)	(19.12)	(17.84)	(17.84)	(15.57)	(12.79)	(7.40)	(5.84)	(6.33)	(16.65)	(12.61)	(10.45)
$\ln(P^F/P^H)$	0.05*	0.04**	0.03**	0.03***	0.02***	0.01**	0.01**	0.01**	0.01**	0.03**	0.04**	0.10***
	(1.79)	(2.44)	(2.11)	(2.88)	(2.60)	(2.31)	(2.09)	(2.24)	(2.12)	(2.43)	(2.52)	(2.60)
$\ln(I^F/I^H)$	-0.20***	-0.21***	-0.22***	-0.22***	-0.22***	-0.22***	-0.22***	-0.23***	-0.24***	-0.16	-0.17	-0.13
	(-8.90)	(-8.65)	(-8.11)	(-7.53)	(-6.88)	(-6.19)	(-5.48)	(-5.54)	(-5.05)	(-0.80)	(-0.64)	(-0.70)
$\ln\tau$	0.10	0.11	0.12	0.12	0.12	0.12	0.13	0.14	0.16	0.36	0.22	0.19
	(1.55)	(1.60)	(1.53)	(1.43)	(1.36)	(1.23)	(1.17)	(1.20)	(1.19)	(1.50)	(1.16)	(0.35)
ln*free*	-1.59***	-1.58***	-1.59***	-1.70***	-1.80***	-1.94***	-2.07***	-2.12**	-2.19**	-0.19**	-0.15**	-0.78**
	(-3.51)	(-3.22)	(-2.99)	(-2.97)	(-2.85)	(-2.74)	(-2.58)	(-2.54)	(-2.33)	(-2.54)	(-2.31)	(-2.74)
ln(*L/N*)	0.56***	0.57***	0.54***	0.49***	0.40***	0.30***	0.31***	0.49***	0.50***			
	(10.51)	(9.85)	(8.54)	(7.47)	(5.07)	(2.87)	(2.61)	(12.64)	(14.54)			
Contig	0.21*	0.21*	0.21	0.20	0.20	0.19	0.20	0.21	0.21	0.22	0.21	0.16
	(1.76)	(1.69)	(1.53)	(1.37)	(1.25)	(1.08)	(0.99)	(1.01)	(0.89)	(3.19)	(2.23)	(0.16)
Comlang	-0.51***	-0.51***	-0.52***	-0.48***	-0.49**	-0.48**	-0.46*	-0.44	-0.42	-0.39	-0.32	-0.18
	(-3.35)	(-3.13)	(-2.92)	(-2.55)	(-2.32)	(-2.05)	(-1.71)	(-1.58)	(-1.35)	(-0.84)	(-0.51)	(-0.14)
Cpolitcs	0.37***	0.38***	0.39***	0.41***	0.43***	0.46***	0.48***	0.51***	0.55***	0.59***	0.62*	0.62*
	(4.47)	(4.26)	(4.03)	(3.93)	(3.77)	(3.61)	(3.36)	(3.42)	(3.26)	(2.40)	(1.83)	(1.92)
对数似然值	-2226.27	-2093.43	-1959.58	-1797.39	-1653.34	-1503.10	-1344.73	-1089.81	-885.33	-806.75	-601.94	-395.37
Pseudo R^2	0.21	0.20	0.20	0.20	0.19	0.18	0.17	0.23	0.25	0.14	0.12	0.01
Obs	1599	1476	1353	1230	1107	984	861	738	615	492	369	246
左设限 *Obs*	123	123	123	123	123	123	123	123	123	123	123	123

于增加扩展边际出口，起到稳定出口的作用。

3. 语言的相通性。中国与出口对象国说一种共同语言人数的增加，对集约边际出口有促进作用（中低收入和低收入国家除外），而对扩展边际出口有排斥作用。

4. 是否具有政治歧视。除低收入国家外，政治体制变量显著正向影响集约边际出口，反映出不同政治体制国家对世界经济的包容性，也是中国基于比较优势积极开展同西方发达国家贸易往来后，产品出口得以快速增长的重要原因。然而，从全部样本国家和中高收入国家的计量结果看，政治体制变量与新产品出口呈显著反向变化关系，说明随着中国外向型经济快速发展，世界主要国家，特别是高收入的西方发达国家，并不希望中国既成为一个老产品出口的大国，又是一个技术不断进步、新产品生产和出口继续扩张的国家。这种矛盾的心理使得世界主要国家既依赖中国已有的出口产品、满足其国内需求，又加强对中国的技术封锁、防止中国成为技术丰裕的国家，挑战它们已经形成的对世界经济的影响力。政治歧视的两种相反作用将加剧未来中国对外贸易良性发展的调整难度。

上述实证结果会不会随集约边际和扩展边际的时期选择不同而改变？本书选择改变样本期的方法，进行稳健性检验。

二、稳健性检验

由前文衡量二元边际的方法可知，出口产品的新老身份随着样本期的不同而发生改变。例如，以 1995 年为基期后，1996 年的出口产品有些可能是新产品而被计算在扩展边际中，而有些可能是因为老产品只能计算在集约边际中；然而以 1996 年为基期后，该年所有出口产品必然为老产品，从而全部是集约边际。因此，样本期选择的不同，将导致出口贸易结构中二元边际发生变化，可能会影响到实证结论的稳健性。

实际上，已有文献也对改变基期后的出口贸易结构进行了分解。例如，Besedeš and Prusa（2011）对 1975—2003 年美国 HS－4 位码贸易数据进行逐年分解，以便分析基期改变对出口结构的影响①；Amiti and Freund（2007）也分别以 1992 年和 2004 年为基期，比较了中国出口产品种

① Besedeš T. and T. J. Prusa, 2011, "The role of extensive and intensive margins and export growth," Journal of Development Economics, 96 (2): 371－379.

类的变化和对贸易额的影响①。本书采用 Besedeš and Prusa（2011）的逐年比较方法②，分别将1996—2008年看成基期0，重新计算了中国出口贸易的新老产品结构，并使用Tobit模型、进行稳健性检验③。表7.3和7.4给出了改变时期后的计量结果，其中模型1－12分别表示以1996年至2007年为基期。改变基期后，除少数变量在部分年份不显著外，其余变量的系数符号和显著性水平均不改变，实证结果较为稳健。

$\ln(A)$负向影响中国集约边际出口、正向影响扩展边际出口的结论与前文类似，说明随着中国金融市场化改革的推进，金融部门缓解企业融资约束确实有利于出口增长中扩展边际扩大，不利于集约边际的出口扩张。

$\ln(I^F)$正向影响集约边际出口，说明贸易对象国绝对经济规模的扩大，提高了中国老产品的需求空间，有助于老产品出口量的进一步增加；$\ln(I^F/I^H)$负向影响新产品出口，说明贸易对象国的相对经济规模增长，不利于新产品的扩展边际出口规模扩大。

改变基期后，可变贸易成本负向影响集约边际出口，说明贸易自由化和贸易便利化后的可变贸易成本降低，对中国老产品出口增长有一定的推动作用。可变贸易成本在改变基期后对新产品出口也没有显著作用。

固定贸易成本影响中国新老产品出口的作用机制和前文一样。ln*free*显著正向影响集约边际出口，显著负向影响扩展边际出口，说明降低固定贸易成本有利于企业开发新产品，增加新产品的出口能力。类似的还有实际汇率的影响，$\ln(P^F/P^H)$显著为正，说明人民币升值有助于打破中国出口增长主要沿老产品实现的固化特征，促进新产品出口的增长，实现出口增长向扩展边际调整方向调整。

其他控制变量的影响。$\ln(L/N)$在对集约边际和扩展边际的大多数模型中都显著为正，说明中国农业剩余劳动力非农转移带来的成本优势，极大程度地促进了中国出口贸易增长。*Contig*显著正向促进老产品出口，表明我国同贸易对象国签订一定协定，有助于已经出口的老产品继续增加。然而，*Contig*在改变基期后对新产品出口的作用大多数也不再显著，说明一体化变量对新产品出口的作用还不稳健。为实现中国出口增长向新产品

① Amiti M. and D. Weinstein. 2011. "Exports and Financial Shocks." Quarterly Journal of Economics, 126 (4): 1841－1877.

② 同上。

③ 数据和实证方法同前。

为主的转变，政府仍需要在签订区域经济一体化协定的过程中，有针对性地增加有关促进新产品出口的谈判筹码，以便扩大出口贸易结构中新产品比重。

另外，*Comlang* 正向影响集约边际出口、负向影响扩展边际出口在表 7.3 和表 7.4 中也大多成立，说明随着中国与贸易对象国家语言相通性的提高，对老产品出口有促进作用，但排斥新产品出口。类似的还有外部冲击政治歧视变量（*Cpolitcs*）对集约边际和扩展边际出口的影响。因此，即使调整新老产品的比较时期，改变集约边际和扩展边际的构成，本书新老产品相互比较的基期后，实证结论也较为稳健。

第五节 小　结

通过构建转型国家融资约束影响出口贸易结构的二元边际理论模型，本书首先在理论上分析了发展中国家出口贸易结构固化的原因，然后使用中国 HS－6 位码贸易数据进行实证检验，得出以下结论：

1. 发展中国家以少数老产品大量出口的原因与其金融体系不完善密切相关。金融市场化改革的相对滞后，降低了老产品出口企业的零利润条件，有利于出口增长的集约边际增长。同时当出口市场存在固定贸易成本，缺乏外部融资机会的潜在出口企业只能被迫放弃出口机会，导致出口增长中的扩展边际停滞不前。两方面的共同作用导致发展中国家出口增长存在以少数老产品大量出口的必然特征。

2. 对中国 1995—2009 年出口到 123 个国家或地区的贸易数据进行实证检验后，金融市场化指数显著负向影响集约边际出口、显著正向影响扩展边际出口，说明中国加快市场化改革，尤其是金融市场化改革以提高资源的市场配置效率，能显著改善出口增长主要沿集约边际实现的现状，提高扩展边际在出口增长中的作用，实现出口贸易的稳定发展。

3. 贸易成本下降、一体化变量正向促进老产品和新产品出口增长，表明我国应更加注重内部市场化制度改革，积极参加区域经济贸易一体化协定，以便促使出口贸易的平稳发展。

4. 除低收入国家外，政治体制变量显著正向影响老产品出口，反映出不同政治体制的国家对世界经济的包容性，也是中国基于比较优势积极开展对外贸易往来，老产品出口得以快速增长的重要原因。然而，中高收入国家的政治体制变量与新产品出口呈反向变化关系，说明随着中国经济的快速发展，这些世界主要国家并不希望中国既成为一个老产品的出口大国，又是一个技术不断进步、新产品生产和出口继续扩张的国家。“政治歧视”的两种相反作用将加剧未来中国贸易可持续发展的调整难度。

第八章

融资约束对区域经济融合的影响：资本流动视角

面临经济全球化新形势、国际经贸格局和全球经济规则的重大调整、中国谋取国际分工体系新地位的现实需求以及国内经济转型升级的实践，客观要求中国开放型经济要更加积极主动地融入区域经济融合发展历史进程中，以便微观企业的发展战略顺利实现从融入全球价值链向嵌入全球创新链转变（项松林，2015[①]）。然而，在中国大力实施“高质量引进来”与“大规模走出去”发展战略的同时，也面临着全球经贸格局和治理结构调整的重大挑战，尤其是以美国主导的跨太平洋贸易伙伴关系协定（TPP）和跨大西洋贸易与投资伙伴关系协定（TTIP）等超大自由贸易区正如火如荼地发展，就是明证（张二震等，2014[②]）。这反过来也势必会在很大程度上改变世界贸易投资的规则、标准和格局，给中国外贸结构转型升级造成障碍。为此，本章将以跨太平洋贸易伙伴关系协定（TPP）为例，首先，从其发展历程、形成原因、高标准特点出发，探讨 TPP 改变国际经贸规则的真实意图，并初步探讨中国的战略应对；其次，在前文拓展的新—新贸易理论模型基础上，借助传统区域经济一体化理论分析框架，构建融资约束影响区域经济融合的理论模型，分析资本流动对区域经

① 项松林，2015：《中国开放型经济嵌入全球创新链的理论思考》，《国际贸易》第 7 期。

② 张二震、戴翔，2014：《关于构建开放型经济新体制的探讨》，《南京社会科学》第 7 期。

济一体化的影响效应，并使用数值模拟的方法和 OECD 样本数据库进行实证检验；最后，本书以资本流动尤其是外资流动影响区域经济融合的结论为基础，从中国开放型经济嵌入全球创新链具有内涵新、目标新、基础新、手段新、主导方式新以及发展路径新等特点出发，探寻嵌入全球创新链如何通过促进服务业全球化、制造业高端化、企业国际化、国内外要素流动有序化、资源配置高效化、区域发展协调化，以及适应全球经贸规则高标准化等，培育中国参与和引领国际经济合作竞争新优势，再塑开放型经济新动力，而如何嵌入全球价值链，则应从转变政府职能、完善要素有序自由流动体制机制、形成区域开放格局有效动力机制、培育企业创新能力和竞争能力等方面进行全面深化改革。

第一节　全球区域经济融合的新趋势：TPP 为例

TPP 全称是跨太平洋伙伴关系协定（Trans - Pacific Partnership Agreement），是由美国主导、共有 12 个国家（美国、日本、加拿大、墨西哥、澳大利亚、新西兰、秘鲁、智利、新加坡、越南、马来西亚、文莱）参与谈判的区域多边自由贸易协定。自 2015 年 10 月 5 日 TPP12 国达成框架性协议以来，有关协议本身的特点、能否被各国国会批准、对区内外国家贸易与投资流量的影响等若干重大问题，日益成为当前国际领域普遍关注的热点话题，甚至出现了一些针锋相对的观点，例如，有人认为 TPP 是“新帝国特惠制度的变种”，高举自由贸易旗帜、行贸易保护之实，但也有人认为 TPP 的高规格高标准要求，是当今经济全球化和一体化的新标杆，甚至是唯一一条可成功通向亚太自贸区（FTAAP）的可行路径，等等[①]。实际上，造成这一现象的重要原因是 TPP 自谈判之日起就高度保密，以至于对众多研究者其关键内容和特征难以做出合理判断。为此，我

① 参见梅新育相关评论：《TPP 是新型“帝国特惠制”还是未来发展方向?》，新华网 2015 年 10 月 8 日。

们将以TPP正式文本协议为基础，从其发展历程、产生背景、主要特征等相关内容展开讨论，无疑对于正确理解TPP的本质，以及合理判断TPP对中国开放型经济造成的可能影响和其应对举措，有所帮助。

一、TPP发展的阶段性特征、谈判历程及其重要影响

正确认识TPP发展的原因及其特征，需全面梳理其发展的历史进程。以若干重大历史事件为划分依据，TPP发展进程大致可以划分为五个阶段：第一阶段是2001—2005年的P4首次实验阶段，其标志性事件是智利、新西兰、新加坡和文莱参与TPSEP谈判；第二阶段是2005—2008年的初步成形阶段，其标志性事件是P4签订跨太平洋战略经济伙伴关系协议；第三阶段是2008—2011年的高速发展阶段，其标志性事件是美国高调加入并积极推动TPP谈判，并在美国的示范带领下，其他亚太国家相继加入，成员国数量开始发展壮大，迅速完成P4到P9转变；第四阶段是2011—2014年的关键谈判阶段，其标志性事件是加拿大、墨西哥和日本宣布加入TPP谈判，使得TPP发展至P12规模，完成了从地域上连接三大洲、横跨太平洋，具有明显地域、文化、经济发展水平差异的成分最复杂贸易协议；第五阶段是2015至今的初步成功阶段，其标志性事件是P12达成框架性协定，并对外宣称TPP可以支持亚太地区的就业、可持续增长、包容性发展和创新。

实际上，按照TPP原定计划，各成员国应在2013年年底就签署协定，但由于各方分歧较大，谈判可谓一波三折，直到2015年10月5日才达成协议。在TPP谈判的时间进程上看，截至目前已经启动了28轮谈判，其中2010年历经了4轮谈判、2011年历经了6轮谈判、2012年历经了5轮谈判、2013年历经了6轮谈判、2014年经历3轮部长级谈判和2轮首席谈判代表会议以及2015年经历2轮部长级谈判。TPP之所以经历28轮艰苦谈判才修成正果，主要原因是日本加入后，美日分歧巨大。从农产品和汽车的市场准入上来看，双方在都有保留和诉求，例如，日本希望保留大米、小麦、牛猪肉、乳制品和甘蔗等5类农产品的关税，用10年或者更长时间逐步取消，这与美国要求取消所有关税的原则存在分歧。再比如汽车市场准入上，日本要求美国废除汽车关税、制订取消汽车零部件税的时间表，但美国以国内汽车生产商的利益受损为由也拒绝了日本要求。另外，在国有企业竞争和知识产权领域，美国与越南以及马来西亚也存在分

歧。美国主张国有企业在与民营企业竞争上应该无差别地对待国内外企业，要求取消对国有企业的税制优待。拥有较多国有企业的越南担心快速市场开放会对国有企业造成影响，因而反对针对国有企业竞争的规则。在专利权等知识产权领域，美国与越南、马来西亚的意见也存在差别。

尽管 TPP 成员国之间始终存在各种分歧，但最终在 2015 年达成协议，至此 TPP 成为现有的最大自由贸易区或区域一体化组织，不仅涵盖了亚太地区主要发达经济体和部分发展中国家，而且成员的贸易总额约占世界贸易份额的 25% 以上，出口总额占世界份额的约 23%，而进口总额占世界份额的约 28%。TPP 整体占据了约 1/4 的世界贸易，这样巨型区域一体化组织对于全球贸易和经济的影响不言而喻，可能会在整合亚太现有经济区域合作组织基础上，发展成涵盖亚洲太平洋经济合作组织大多数成员在内的亚太自贸区（FTAAP），成为亚太区域内的小型世界贸易组织但合作程度更高的区域经济一体化组织。

二、TPP 产生的原因

应该说，TPP 的产生不是无本之木，其有深刻的历史背景，既有当前国际经贸格局从更加注重多边主义向更加注重区域主义的转变，也有亚太地区自贸协定“泛滥成灾”和“意大利面碗”效应突出的问题，更有美国等国家推动 TPP 的经济和非经济等多方面原因①。

1. 全球经贸格局从更加注重多边主义向更加注重区域主义转变。从全球经贸格局上看，不同国家在国际交往中始终存在多边主义和区域主义两种倾向，应该说多边贸易体制和区域贸易协定就像一对孪生兄弟，成为主导国际经济活动的两个主旋律。但近年来，由于 WTO 多边体系本身存在的制度缺陷和难以应对以跨国公司为主导的全球价值链驱动全球贸易及投资的新范式，全球经贸格局日益从多边主义转向区域主义。从数量上看，区域贸易协定在世贸组织成立后发展速度就很快，全球 FTA 数目在 1995 年之前仅 34 个，之后则快速成长，1995—2014 年间新增加了 221 个。从特点上看，跨区域结盟逐渐成为主流，2000 年以前全球跨区域 FTA 仅有 12 个，2000—2014 年间增加了 84 个。从内容上看，谈判的议

① TPP 产生的原因详见赵亚南，2014：《基于贸易转移效应视角下的美国 TPP 发展前景研究》，辽宁大学博士学位论文。

题不断深化和广化，除了关税减免等贸易议题外，也涵盖劳工、环境、电子商务、竞争政策等许多新议题。从谈判方式上看，不少国家同时推动多个区域贸易协定谈判，甚至为特定签署对象量身定做适合 FTA 的协定内容，以加速谈判进度①。

应该说，正是多边贸易体制发展缓慢，一些国家才会试图通过区域或双边贸易投资谈判，对那些敏感、涉及政治和利益集团利益较大，且多边范围内是很难在短时间有所作为的领域展开谈判，为开辟和进一步推动多边贸易自由化进程提供经验和“试验场”，导致全球经济合作向更加注重区域融合的方向转变。

2. 亚太地区自贸协定“泛滥成灾”。亚太地区经济一体化也在 20 世纪 90 年代之后迅速发展，许多活跃的制度安排得以创建，例如，亚太经济合作组织（APEC）的成立、“10 + X”模式的兴起与发展等。虽然亚太地区的经济合作机制取得了较大进展，但是该地区至今也没能建立起覆盖整个区域的自由贸易区，发展水平也都不高。纵观亚太地区的自由贸易机制建设，其主要困境表现在三个方面：首先表现在双边低水平 FTA。目前亚太区域内各经济体建立的双边 FTA 数量约为多边 FTA 的三倍，且质量大多不高，既没有有效推动区域内贸易水平提升，还造成了每一个双边 FTA 在关税安排、原产地规则和争端解决机制等问题上的复杂性，造成如今亚太地区即便 FTA 签订数量迅速增加，但实际使用率并不高的矛盾。其次是区域制度过剩，即区域体系中的制度和机制在数量上超越了推动区域合作的需要。它一方面表现为制度在数量上的多余，另一方面表现为制度的发展水平低下，以至于出现部分协议出现重叠化和碎片化特征，不仅在经济上造成了严重的“意大利面碗效应”，也不符合区域整体应向统一开放的市场发展这一基本原则；最后是主导权的缺位，例如，以“10 + X”为主体的东亚经济合作机制发展过程中，始终存在“10 +3”还是“10 +6”的纷争。虽然后来得到了统一，各经济体也在多种场合都肯定了东盟的主导地位，但是由于东盟自身经济发展水平不高，且区域内国家间的产业互补性也不强，要东盟真正主导地区经济合作机制建设，还是相当困难。

由此可见，亚太地区各主要经济体一方面参与区域经济合作机制建设

---

① 具体数据详见陈添枝、刘大年主编，2014：《由 ECFA 到 TPP：台湾区域经济整合之路》，财团法人两岸交流远景基金会。

热情十分高涨，另一方面亚太地区经济一体化的发展水平也不高。P4 虽然作为 APEC 发展受挫情况下产生的替代品，但随着美国高调宣布加入谈判后，关注度和知名度迅速提升。不少亚太国家为减少“意大利面碗效应”带来的贸易与投资障碍，开始有兴趣加入谈判，一定程度上也加速了 TPP 的发展进程。

3. 经济动因和非经济动因。虽然 TPP 本质是一个广域区域贸易协定，隶属于经济范畴，但从美国及其他国家力推 TPP 的动机上看，不能简单地用纯粹的经济因素来解释其参与区域经济合作，而应从经济动因和非经济动因等多维度考虑。

从美国来看，经济动因是其推进 TPP 的主要动因。通过 TPP 既可以帮助美国重振经济，提高就业，又可以使美国成为整个亚太 FTA 的规则制定者和框架内领导者，甚至可能带来 WTO 机制的深刻转变，再次掌握全球经济规则制定权，并夺取亚太地区经济主导权，提升美国企业在亚太地区的竞争力。另外，美国也可以通过 TPP 来强化亚太地区政治主导力，进而巩固其全球政治影响力。具体看来，TPP 既可以帮助盟国介入“去美国化”的亚太经济一体化，增强在亚太地区的存在感和影响力；又可以帮助美国强化地区同盟关系，保证美国在亚太地区政治和安全利益；同时还能在一定程度上遏制中国发展，防止中国挑战美国在亚太地区的主导权，从而主观和客观上对中国形成了包围和遏制，起到抑制中国发展的作用。

从日本来看，虽然自参加 TPP 谈判以来，其国内外相关争论一直不断。但从日本推动 TPP 谈判的意图上看，至少有 5 个方面的原因：第一是改善美日关系，促进美日经济利益捆绑，借助美国力量增加日本在东亚地区的话语权；第二是推进开放，通过拉动出口带来日本自身经济增长，并提高产业国际竞争力；第三是推动日本国内农业改革，提高日本农业的国际竞争力；第四是构建高水平的区域经济合作机制，争取国际新一轮国际经贸规则制定的话语权；第五是挤压中韩，建立日本主导的亚太秩序，即通过加强与美国的协调，不断发挥日本的领导作用，从而在构建面向未来的亚太区域贸易投资合作中占据主导地位。应该说，日本参加 TPP 谈判的主要意图也在经济上，因为在安倍二次组阁后，被誉为“三支箭”的安倍经济学实施效果并不理想，2014 年第二季度后日本再次出现负增长。安倍寄希望于推进 TPP 发展，给日本带来 3.2 万亿日元的经济效益。

从其他国家来看，主要动因还是经济利益诉求，毕竟加入 TPP 谈判一方面可以享受到“创始成员国”的既得利益，另一方面可以享受到对新成员“规则歧视”带来的搭便车收益。这些国家都可以通过 TPP 生效后直接进入彼此市场，享受贸易创造效益，规避不加入可能产生的贸易转移效应，以增加商品和服务的出口，扩大本国产品和服务的海外市场需求，从而拉动本国经济发展和产业升级。经济利益的巨大吸引，对于像新加坡、文莱、越南、马来西亚、智利、秘鲁等远超过美国，对 TPP 的发展态度必然也是积极的。

总之，美国等 TPP 成员国发起本轮高标准的国际经贸协定谈判，意图是多方面的，既有经济的也有非经济的，虽然各个国家的侧重点也不同，但 TPP 作为一个广域区域贸易协定，本质上仍属于经济范畴，所以经济利益是这些国家发起谈判的主要动因。

三、TPP 的特征

2015 年 10 月 5 日 TPP 部长级会议在美国亚特兰大结束，当天 12 国贸易部长发表一份共同声明，声明称谈判各方已达成一项宏伟、全面、高标准和平衡的 TPP 协定，以支持亚太地区的就业、可持续增长、包容性发展和创新。那么，TPP 究竟高在何处？我们试图通过广度、强度和深度这三个维度进行探讨。

1. 广度——TPP 的覆盖率。所谓广度是指 TPP 对现有区域贸易协定谈判的覆盖率，反映了该协议对目前影响国际贸易、投资的边界措施和境内措施的关注度，理应成为判断一个区域贸易协定是否全面的前提和基础。根据 WTO 在 2011 年发布的《世界贸易报告》，我们可以发现当前 FTA 议题分为“WTO +”和“WTO - X”两类，前者是在现存 WTO 规则框架的延伸，试图通过进一步开放边境措施 14 个方面的谈判，以互惠方式提高在对方市场的准入水平，降低那些仍然影响国际贸易和投资的障碍因素，促进贸易与投资自由化发展；后者是现行 WTO 框架尚未包含且全新的贸易规则，主要通过境内措施谈判的方式，让成员国的国内政策、规制协调至全部成员共同认可的最低标准，消除各种经济扭曲，实现区域内国家间公平竞争与自由发展，主要包括竞争政策、资本流动、投资、环境、劳工以及 TRIPS 协议之外的知识产权问题、消费者保护等在内的 38 个具体领域。

以 TPP 框架协议和全部文本为基础，将其设计的条款与“WTO +”“WTO - X”进行比较，我们可以发现，除反洗钱、核安全、政治对话机制、恐怖主义四个议题没有涉及外，还有三个议题仅仅略微提及，分别是能源问题仅在环境章节中提及低碳发展、反毒品仅在知识产权章节中提及对药品的管理、采矿业协同发展仅在发展章节中提及可持续增长。所以，TPP 也并非全部覆盖了人们关注的所有领域。但这并不妨碍 TPP 成为亚太地区覆盖议题最多的自由贸易协定。我们可以通过 TPP 与部分亚洲国家间双边 FTA、亚太跨区域双边 FTA、亚太非国家双边 FTA、亚太多边 FTA 进行广度上的比较。

首先，从全部议题上看，TPP 总覆盖率达到 87%，远超过亚洲双边 FTAs 广度最大的日本 - 印尼自贸协定（56%）、亚太跨区域双边最大的韩国 - 智利自贸协定（67%）、亚太非国家间双边 FTAs 最大的加拿大 - 秘鲁自贸协定（72%）、亚太多边 FTAs 最大的 P4 协定（59%）。其次，从 WTO + 议题上看，TPP 能和韩国 - 智利、美国 - 智利、加拿大 - 秘鲁、NAFTA 等自贸协定相同，覆盖率达到 100%，但比亚洲双边 FTAs 中“WTO +”覆盖率最大的韩国 - 新加坡自贸协定（86%）高。最后，从“WTO - X”上看，TPP 覆盖率高达 82%，远高于亚洲双边 FTAs 覆盖最大的日本 - 印尼自贸协定（47%）、亚太跨区域双边 FTAs 覆盖最大的韩国 - 智利自贸协定（55%）、亚太非国家间双边 FTAs 覆盖最大的加拿大 - 秘鲁自贸协定（61%）、亚太多边 FTAs 覆盖最大的 P4 协定（47%）。从这个角度上看，TPP 覆盖现有自贸协定议题的广度是亚太地区最高的。①

实际上，TPP 还是目前全球覆盖议题最多的自贸协定，因为它比已经覆盖了现有区域经济自由化谈判 52 个议题中的 45 个，比现已达成协议最高的欧盟和阿尔巴利亚（42 个）还要多 3 个，进一步说明 TPP 是一个覆盖广度最高的协议，尤其有关 WTO 框架外“WTO - X”的领域，更具有明显广度优势。

2. 强度——TPP 的法律承诺率。所谓强度是指 TPP 对所关注议题的法律承诺率，反映了已达成协议的数量是否都对成员国具有法律效应。实际上，不同于 FTA 的协定文本不仅涵盖不同的议题，在实施条款过程中

① 其他亚太 FTAs 的数据详见吴涧生、曲风杰等著，2014：《跨太平洋伙伴关系协定趋势影响及战略对策研究》，中国计划出版社。下同。

的真实效力也各不相同。一些签订 FTA 的国家通常都会在协议文本中对涉及超出 WTO 框架的贸易条款做出“明示”承诺，但这并不意味着这些承诺一定具有实质的法律效力并能够得到实施，这些都会削弱 FTA 条款的实际法律约束力。TPP 的法律承诺率到底如何？我们使用具有法律效力的条款数量占协议所涵盖条款数量的比重进行统计。

首先看 TPP 对 WTO + 或者 WTO - X 有关议题的法律约束力。通过对比，我们发现在这 52 个议题中有 8 个属于 WTO - X 范畴的议题仅仅做出“明示”承诺，不具有法律效力，包括农业现代化、创新政策、文化合作、经济政策对话、教育与培训、医疗卫生、人权问题、签证与政治保护。另外，还有 7 个议题没有涉及的，包括能源问题、反毒品、采矿业协同发展、反洗钱、核安全、政治对话机制、恐怖主义，也没有法律效力。也就是说，TPP 对第一代和第二代贸易政策关注 52 个议题中，有 37 个议题具有法律约束力，应该说强度较大。

应该指出的是，全面判断 TPP 的高强度，还要比较其他 FTAs 就“WTO +”和“WTO - X”的议题是否比 TPP 更高，因此我们选择亚太国家、跨区域、亚太非国家双边间 FTA 和亚太区域 FTA 进行比较后发现：首先 TPP 的总承诺率位居第二，承诺范围达到 71%，略低于加拿大 - 秘鲁的 72%；其次 TPP 对 WTO + 领域承诺率达到 100%，和 AFTA、美韩等 28 个自由贸易协议相同，但也比日本 - 文莱自贸协定（60%）高；最后 TPP 对“WTO - X”领域的承诺率只有 61%，排在第 11 位，而类似 NAFTA、中国 - 东盟、澳大利亚 - 巴布新几内亚、泰国 - 澳大利亚的承诺率几乎达到 100%，另外泰国 - 新西兰、马来西亚 - 新西兰等覆盖范围也超过 70%。

具体来看，到底是哪些章节出现了法律约束力不足的问题？值得探讨。为此，我们仅使用“法律术语”出现次数占各章节条款数量这一简单方法进行判断后，可以明显将其划分为三类：第一，法律承诺率较低的领域包括投资、监管一致性、国有企业、金融、电子商务等 10 个章节。由于这些领域主要集中在境内措施，通常设计到一国管理其境内经济事务的主权，法律让渡的难度较大，从而强度不高也在情理中；第二，法律承诺率较高的领域包括跨境服务贸易、电信、中小企业、政府采购、劳动、环境、竞争政策等 12 个章节，主要体现美国等发达国家利益诉求的服务业开放和规范发展中国家经济政策，要求发展中国家应该遵循国际规范的主要内容；第三，法律承诺率最高的领域主要包括技术性贸易壁垒（TBT）、货物贸易、卫生和动植物检疫（SPS）、海关管理与便利化等8个章节。由于这些议题已经是多边贸易体制和区域贸易安排讨论的常见话题，具备法律效应相对来说较为容易，达成高承诺困难不大。

因此，如果不考虑不同FTA覆盖内容上的差异，本轮TPP达成协议的强度并不算太高，其原因依然在于各原成员发展水平、经济诉求、管理境内措施的经济主权分歧等存在较大差异，否则也不会在经历28轮艰苦谈判后才达成。

3. 深度——TPP具体内容的诞生或拓展。与此同时，我们也发现TPP涉及的不少议题已经在现有自贸协定谈判，如果仅仅和原先已有的协议相同，优势也应该不明显，有必要比较TPP的深度问题。所谓深度是指该协议对现有WTO或区域贸易具体条款规定的发展和延伸，反映了已达成协议的具体内容是否更有利于贸易与投资的自由化、便利化，应该成为判断一个区域贸易协定是否超前的核心内容。我们采用逐章节进行比较和分析。

具体来看，除初始条款、例外（每章附件例外除外）和最终条款一般没有实质性内容外，商务人员临时入境、劳工和环境的内容和WTO或原有FTA基本持平，没有太多实质性发展。从商务人员临时入境上看，没有深化的原因在于即使是像美国这样服务贸易强国，经历“9·11”事件以后，对于人员的自由流动，美国有政治、经济、安全等多方面的顾虑，因而做出对外开放承诺时较为谨慎。从劳工上看，TPP基本继承了美国－秘鲁自由贸易协定的内容，仅仅强调国际劳工组织的四项核心标准，外加最低工资、工作时间等经济劳工标准；保护水平也仅要求不为促进贸易降低劳工标准，也不允许用劳工标准行使贸易保护；国内实施要求强化合作确保劳工机制运行，并允许公众参与、采纳公众意见等等。从环境上看，TPP环境条款是对美韩自由贸易协定和NAFTA的综合版，例如环境应与动植物检验检疫规则协调，要求SPS规则受制于环保的要求；环境与国内环保法律关系，不为鼓励贸易或投资削弱环境法；环境保护落实要求多种途径并举，包括公众参与和监督、多种论坛；争端解决应该先申请协商解决，如未能解决，才诉诸争端解决程序。

TPP依然有三部分内容可能是不利于贸易和投资自由化发展，分别是：（1）原产地规则要求区域价值在45%以上，比中国－智利、日本－

东盟自贸协定规定的高 40%，区域价值要求越高过多强调了区域价值链的融合与发展，对区外国家存在较为明显的“歧视”。另外，原产地规则的计算方法使用了完全累计规则，虽然名义上比“双边累计”和“斜边累计”更高，但在 12 个国家间大进大出的价值链驱动国际贸易过程中，计算方法略显复杂。（2）纺织品和服装要求采用纱后计划的原产地规则，也不利于经济一体化。实际上，纱后原则在 2005 年失效，美国坚持该原则无非是鼓励本国纱线和纤维织物出口，并且只能在成员国无法满足所需数量的纤维、纱线、布料供应时，才允许“短缺清单”的存在。（3）知识产权保护可能也不利于经济一体化，特别是被 WTO 的 TRIPS 协议排除在外的产品、技术、设备被允许申请专利保护，例如对人类或动物的疾病诊断。治疗和外科手术方法以及动植物有帮助的制药业、药品、农业化学品及其未公开的实验和其他数据授予专利保护，将在一定程度上导致发展中国家医疗健康产品价格上涨，降低公共服务水平，进而引发一些社会问题。

TPP 对 WTO 或现有 FTA 规定有所突破的内容达到 14 个部分，例如货物贸易上，要求绝大部分工业品关税立刻减免并大幅削减农产品补贴，自由化程度较高；贸易救济上，要求时间更短（最多 2 年，至多延长 1 年，之后必须自由化），并对实施保障措施受损方提供必要补偿，可能为当前阻碍国际贸易发展“两反一保”提供新的解决思路；卫生与植物检验措施上，要求允许公众发表意见，广泛沟通，听取各方面的意见，在加速 SPS 问题解决中可直接起诉，地点甚至是国际法院；技术性贸易壁垒要求不增设新障碍、新旧标准有合理时间间隔、证书相互认证，有助于推动区域内技术法规的一致性；投资上，负面清单管理方式外，增加保护投资和投资争端，有助于弱化东道国不合理的法律法规，提请中立、透明的国际仲裁机构解决；金融业上，开放的范围扩大、资本要求降低，并新增保险业开放；电信业上，要求不对特定技术进行限制，开放本地环路和稀缺电信资源的分配和使用，推动电信业的互联互通；政府采购上，除承诺国民待遇和非歧视原则外，要求以正面清单列表形式管理，并允许投标者对某项授标进行质疑并提出投诉；国有企业上，核心是防止政府的商业化活动对市场公平竞争的侵害，要求从国有企业商业行为和非商业行为开始，对国有企业成本、定价、回报率等指标上判断是否存在不正当竞争，并监督缔约方政府在税收、监管、借贷和补贴等方面给予当地国有企业享有的不正当竞争优势；中小企业上，创建有助于提升中小企业用户效率的用户友好型网站，保障它们能充分利用 TPP 信息，同时设立中小企业委员会，支持中小企业的合作或能力建设项目；管理与机制上，明确设立跨太平洋伙伴关系委员会，由部长或高级别官员组成，监督协定的实施和运用，并指导未来升级，确保 TPP 运行的高效透明；争端解决上，允许公众参与，可跟踪、提交意见，并参加听证会，也可获得专家组提交的最终报告，同时针对争端问题，要求成立中立的、无偏见的专家组解决争端，解决时间一般在 150 天，这和 WTO 规定的 3－6 个月差不多。

另外，TPP 还有 7 个领域的内容是 WTO 或者现有 FTA 很少涉及的内容，例如电子商务上，主张互联网数据自由传输或跨境流动不应受到限制，为进一步扩大数字经济和产品的贸易打开通道，确保全球信息和数据自由流动，以驱动互联网和数字经济自由发展；竞争政策上，加强国内法制建设和加强执法，允许私人诉讼权利，尤其是因为缔约方竞争法不当导致的损害；合作和能力建设上，建立合作和能力建设委员会，以协商一致的原则确保资源的可获得性；发展方面，重点强调促进区域内基础深厚的经济增长、促进妇女就业与经济增长以及教育、科技、研究和创新的相互合作；竞争力和商务便利化上，要求成立专门委员会，建立一系列正式机制，特别着眼于日益深化供应链，包括促进中小企业参与供应链发展；监管一致性上，成立专门委员会，建立有效的跨部门磋商和协作机制，分享最佳实践经验，并考虑潜在合作领域；透明度和反腐上，为应对贿赂和腐败对经济体造成的腐蚀影响，TPP 允许对公职人员提供或诱惑以不当优势追究刑事责任，并确保 TPP 利益攸关方在相关行政审查中的正当权利。

因此，从整体上看，TPP 大体上有 21 个章节属于深化部分，剩余 9 个部分内容因为不符合自由化发展潮流，或者不及已有 FTA 自由化程度，亦或者和现有内容无明显差异，我们将其归为没有深化部分。所以从总体上说，TPP 深化程度应该达到了 70%，对现有条款和规定在一定程度上进行了补充和发展。

四、TPP 对全球经贸规则的可能影响

应该说，TPP 应该是一个覆盖较广、内容较深、法律承诺力也较高的区域自由贸易协定。那么，是否可以认为对每个国家都有利？判断这个问题，还是要回到“制度非中性”，即“同一制度对不同人意味着不同的事

情，在同一制度下不同的人或人群所获得的收益往往具有差异”。在国际经贸领域，非中性的区域自由贸易制度往往会因为歧视性程度高低、适用范围大小和执行力度强弱不同，给不同成员国与非成员国之间以及内部成员国之间带来国家利益的差异。就 TPP 协议本身而言，除了反映美国急切重掌新一轮全球贸易规则制定主导权的战略考虑外，也将会因为其高标准高质量的新要求对全球经贸格局产生重要影响。具体来看，主要有四个方面①：

1. 货物贸易进一步与环境标准、劳动标准等发达国家占优势的国内事务挂钩，变相提升发达国家制成品贸易的国际竞争力。随着在制造业等领域比较优势的削弱，货物贸易成为发达国家贸易逆差的主要来源。美国等发达国家为削弱发展中国家的生产优势，试图通过新贸易规则的制定，扩大本国制成品国际市场出口份额。一方面把“环境”本身作为可贸易品，要求成员国制成品生产和供应链必须全程绿色化，无形中形成了一道新的绿色进入壁垒，打压了发展中成员国和非成员国货物贸易国际竞争优势；另一方面也把“劳工”标准融入制成品贸易中，就任何情况下违反劳工标准的制成品进口或出口，也无论这些成分来自成员国还是非成员国，即使有助于推动 TPP 倡导的区域价值链融合，也必须给予抵制。环境和劳动标准与货物贸易的结合，无疑有助于压制众多发展中国家制成品生产优势，发达国家相关产品的国际竞争力将不是因降低生产成本而是规格提升“被动”提高。

2. 服务贸易与严格知识产权保护、公平竞争政策、规范贸易救济等规则融合起来，降低发展中经济体管理并指导本国服务业发展的能力。与货物贸易相反，服务贸易美国等发达国家最大优势，扩大服务业出口份额对维护发达国家经济增长、扩大就业、减轻财政赤字等国内目标具有深远意义。但发展中经济体因为服务行业发展较为落后，市场进入壁垒较高。为进一步打开发展中经济体的服务贸易市场，TPP 一方面要求采用“负面清单”方式全方位开放服务业市场，另一方面要求成员国调整相关法律、法令以及政府管理规则，给予其他成员国公平竞争政策，同时还要求执行严格的知识产权保护和短暂贸易救济规则，无疑有助于保障发达国家的领

① 具体内容详见樊勇明、沈陈，2013：《TPP 与新一轮全球贸易规则制定》，《国际关系研究》第 5 期。

先优势，降低发展中经济体扶持本国服务业发展的能力。

3. 跨境投资与国有企业竞争中立、监管一致性、争端国际仲裁机制等结合起来，抑制所有国家管理本国经济事务权利。TPP 协议中，除允许采用“负面清单”赋予外国投资者在境内建立企业的权利外，核心内容是如何处理外国投资者和本国投资者的非差别待遇、国民待遇等核心问题，尤其是关注新兴市场经济体不断涌现的国有企业问题。于是，竞争中立原则被广泛关注，不仅要求政府不能向本国国有企业提供任何形式的保护与优惠，也不能对本国国有企业在第三方市场跨境投资中给予任何帮助，以确保国有企业在任何领域内与国内外其他性质企业的平等竞争。为对成员国政府行为进行监控，TPP 要求对外国政府管理展开公开和透明评估，甚至允许公众尤其是跨国公司对政府管理提出质疑，一旦与东道国政府发生争议，私人投资者可获得将争议提交国际仲裁机构而非当地法院裁定的权利，这无疑把东道国的经济主权转移至类似总部位于华盛顿的投资争端解决中心，大大降低了所有缔约国管理本国经贸事务的自主发展权利。

4. 否定发展中国家特殊待遇，强调“市场至上”和“效率优先”的国际经贸规则新理念。长期以来，在多边贸易体制中，给予发展中国家特殊待遇已成惯例，目的是为了帮扶欠发达国家发展。但美国等发达国家一直认为发展中国家利用优惠税收、政府补贴、货币低估等政策，获得不公平的竞争优势，最终导致世界经济失去平衡。在此基础上，让世界经济再平衡的“唯一”方法是否定发展中国家的特殊待遇，主张尽可能地降低政府对经济的干预，降低公共和福利开支，以“市场至上”和“效率优先”实现国际贸易的货物、资本和服务的无限制跨境自由流动。因此，在世界经济全球化和一体化加速发展的背景下，美国等发达国家在谈判或签订新贸易协定时，要求所有谈判对象国以“对等的”部门开放为前提。由于美国经济基数的强势，以及不少国家对美国市场的高度依赖，所谓对等开放实际上就是要求对方国家按照遵循美国的理念、标准、方式来重塑他们同美国的贸易关系。这样既可把美国式“市场至上”和“效率优先”强加给对方，同时又在根本上否定了多边贸易体系中对发展中国家有重要益处的特殊和差别待遇原则。

五、中国应对 TPP 的对策

改革开放以来尤其是加入世贸组织以来，中国经济发展在很大程度上得益于相对繁荣和宽容的国际经济环境，也得益于多边贸易体制的特殊和差别待遇，当然更离不开中国开放型经济发展的自身努力。然而，面对TPP已达成协定的新趋势，未来不可避免会对中国开放型经济产生重要影响。面对这一现实，我们既要做好“被邀请”的准备，也有做好“不被邀请”的“最坏”打算，但最终的依然是“苦练内功”，促进中国开放型经济转型升级。①

1. 关于“被邀请”的对策。目前来看，TPP扩容是一个大趋势，韩国、中国台湾、菲律宾等亚太国家和地区都明确表示了极大兴趣。中国已成为世界第二大经济体，不仅进出口贸易和跨境投资在全球总量中占据重要位置，而且是全球三大价值链之一的东亚价值链主要组成部分，没有中国参与，TPP转变为亚太自贸区（FTAAP）恐怕会很困难。这样看来，中国“被邀请”加入的可能性依然很大。

在美国提出加入TPP之后即主导谈判之初，曾因为没有邀请中国加入而引起“美国要借TPP达到遏制中国的目的”猜想，即使之后曾经表示“中国要不要加入还是应该由自己决定”的论调，也不免令人认为TPP是美国针对中国的政治手段，直到2013年5月美国商务部副部长桑切斯在访问日本时首度表示“在一定前提下欢迎中国加入TPP”，才让这种“紧张”态度有所缓和。美国对中国的态度经历了“遏制”“重新认识”到“重视”的逐步转变，在承认中国不可忽视的地区影响力的前提下表现出“合作”的意愿，这不仅反映出大国在TPP发展过程中将会发挥重要的引导作用，而且说明如果缺少中国这样的大国加入TPP有可能陷入发展瓶颈。所以，美国可能会在不远的将来对中国表示出真诚“欢迎”，并且其他成员国也会表示赞成。而中国应该对已经“赋予浓厚政治色彩”的TPP进行“单纯经济化”，即淡化美国利用TPP针对中国的政治动机，更多强调TPP的经济效应以及对亚太地区包容、合作、共赢的积极作用。

2. 关于“不被邀请”的对策。随着中国在地区经济、政治中获得越来越重要的地位，很多国家普遍认识到没有中国的参与任何一体化形式都是不完整的，即使没有邀请加入TPP，中国依然可以在积极推进亚太地区

① 详见赵亚南，2014：《基于贸易转移效应视角下的美国TPP发展前景研究》，辽宁大学博士学位论文。

其他形式一体化进程中发挥巨大作用。

首先，以中国—东盟自贸区为起点，降低因 TPP 造成的东盟分化的可能性。目前 TPP 成员中包括东盟中的新加坡、文莱、越南、马来西亚四个成员国，而泰国、菲律宾早前也曾明确表示有意加入，其余的老挝、缅甸、柬埔寨和印尼由于其国内经济水平较低目前尚不具备加入的条件，这样从各东盟成员的关系上看东盟就存在一定的被分化的趋势。中国—东盟自由贸易区自生效实施以来，一直都在地区贸易投资领域发挥着重要作用，而且中国已经成为东盟各国重要的商品和原材料来源地，互为目标市场，双方贸易互补性渐强。今后，双方应进一步加强合作，提高自由贸易区的利用效率，在扩大商品贸易的基础上继续开拓与东盟各国在服务贸易领域的深度发展，尤其争取更多机会与非 TPP 成员的东盟各国进行合作，主张东盟发挥整体性，防止由于 TPP 造成的东盟分化而对中国—东盟自由贸易区的发展造成影响。

其次，积极寻求一切可能建立中日韩自贸区。目前学界热议的东亚一体化主要包括东北亚和东南亚经济一体化，前者主要指中日韩，后者则以东盟十国为代表。也就是说，“10 + 3”未来一旦实现，就意味着东亚一体化的主体工作基本完成。目前中日韩自贸区并未达成，而由于 TPP 已经吸收了部分东亚国家加入，对正在进行的东亚一体化无疑是一股不容忽视的阻碍力量，应进一步促进中日韩自贸区的建设和发展。虽然中日、日韩存在固有领土纷争，而且短期内矛盾难以调和，但是中国仍可在中韩自贸区基础上，待中日岛屿之争缓解后，再促成中日韩自贸区的形成，促成中日韩进一步合作，以消除未来日韩都成为 TPP 成员而对中国形成的贸易转移影响。

最后，加强与亚太国家的双边贸易合作以促进亚太经济合作。中国应在发展东亚经济一体化的同时加强与亚太其他国家的双边合作，以作为中国区域贸易政策实施的有效补充。具体来说，“进一步巩固与智利、新西兰的经贸合作关系；尽快落实与澳大利亚自贸谈判具体实践同时，加强与美国、欧盟、日本、韩国、印度等世界主要经济体的双边 BIT 合作，建立良好的政策对话机制，促进相互之间的贸易投资便利化。”这些既可以弥补中国未加入 TPP 所受到的利益损失，又可以增加中国未来可能加入 TPP 之后与现有成员国之间进行双边谈判取得胜算的机会。

3. 进一步促进开放型经济转型升级。在中国还未正式成为 TPP 成员国之前，我们应该直接面对TPP对中国国内产业可能造成的种种威胁，包括关税范围的进一步扩大可能对农业、高科技、劳动密集型产业等产品造成冲击；与TPP劳工标准的差距可能造成国内劳动密集型产业受到冲击；更苛刻的知识产权和环境保护标准，以及更广泛的服务市场准入可能对中国的农业、金融、通讯、政府透明度、外资待遇等诸多方面的冲击等等。

面对各种威胁时，需要积极接受这些威胁作为既成事实，尽量利用未加入的时间差来加快国内产业结构调整，促进中国开放型经济转型升级。一方面应该根据TPP的内容进行自身改良，例如自贸区战略，即使短期内达不到TPP的标准，也可以向世界展示这是我们经过努力后能够达到的最好水平，以此作为未来谈判时的谈判底价，以一个负责任的大国形象认真履行责任义务，避免美国等其他成员国的进一步可能刁难。另一方面制定各项扶持政策发展新兴产业，如大力发展绿色制造等新兴产业，要尽量做到政策公开透明，既要寻找新产业优势，又要弥补传统产业升级损失，强化以质取胜，增加中国国际竞争优势的真实对抗能力。

同时要配合挖掘新兴市场，更好发挥“一带一路”作用，通过扩大新市场弥补老市场外需减少的损失，为国内产业结构升级中提升传统优势产品竞争优势的改造升级换取时间成本。由于国内产业结构调整升级是现代国家产业政策的主体和企业日常管理的常态目标，不管中国是否或何时加入TPP，都是前期必要准备。只有中国的整体水平呈现出与TPP的各项标准的差异趋缓的倾向，才可以争取到更多国家的支持。目前，中国已经成为美国等TPP成员国重要经济合作伙伴，只要加大产业结构调整力度，改革并完善制约进一步融合国际经济合作的相关体制机制性障碍，无论“被邀请”或“不被邀请”，都能够增加中国在未来促成区域自由贸易协定和多边贸易体制发展进程中获得更多的话语权。

第二节

融资约束影响区域经济融合的理论分析

面对中国暂时还未成为TPP成员国，依然有必要探讨有没有一种

“市场的自发力量”吸引中国加入？或者说即使中国现在不加入，依然有一种强大的市场力量迫使现有 TPP 的 12 个成员国必须“主动邀请”中国加入？如果这种结论能够成立，那么中国在面对 TPP 及其影响必然能有更多自主空间，只需要“再等等”，让“时间”解决这个终极问题。为此，本书在传统区域经济一体化理论基础上，借助新—新贸易理论分析框架，构建了一个融资约束条件下，资本流动（即 FDI）影响区域经济一体化政策的理论模型，并借助数值模拟的方法分析外商直接投资对区域经济一体化的影响效应。

一、FDI 与区域经济一体化相互关系

从现有文献上看，外商直接投资与区域经济一体化的关系包括两方面：一是区域一体化的投资创造效应和投资转移效应；二是国家间相互投资可能促进区域经济一体化的形成。前一种影响是现有文献研究的主流。Kindleberger（1966）最早研究区域经济一体化的投资创造效应和投资转移效应①，Yannopoulos（1990）②、Dunning（1993）③ 在此基础上提出了区域经济一体化的动态 FDI 效应。随后在新经济地理的推动下，以 Baldwin and Venables（1995）④ 和 Puga and Venables（1997⑤，1999⑥）为代表的经济学家，考察了区域经济一体化对特定经济活动的区位效应，后来研究者将这一理论框架称为 BPV 模型。为了弥补 BPV 模型只考虑外商直接

① Kindleberger C. P. 1966, “European Integration and the International Corporation”, *Columbia Journal of World Business*, 45 (1): 65 – 73.

② Yannopoulos G. 1990, “Foreign Direct Investment and European Integration: the Evidence from the Formative Years of the European Community”, *Journal of Common Market Studies*, 28 (2): 235 – 259.

③ Dunning J. 1993, “Multinational Enterprises and the Global Economy”, Addison Wesley, MA.

④ Baldwin R. and A. J. Venables 1995, “Regional Economic Integration, in G. Grossman and K. Rogoff, (eds) Handbook of International Economics”, vol. III; Elsevier Science.

⑤ Puga D. and A. Venables, 1997, “Preferential Trading Agreement and Industrial Location”, *Journal of International Economics*, 43 (3 – 4): 347 – 368.

⑥ Puga D. and A. Venables, 1999, “Preferential Trading Arrangements and Industrial Development”, The World Bank, Policy Research Working Paper, 1787.

投资仅作用生产单元迁移的缺陷，Gao（1999）[①]、Baldwin et al（2003）[②]进一步提出自由资本模型，认为区域经济一体化也会对跨国公司的垂直投资产生作用，从而将区域经济一体化的投资创造和投资转移从水平分工扩展到垂直分工。鲁晓东、李荣林（2009）更是构建了区域经济一体化的四国八地区模型，探讨一体化组织对国际直接投资中流动规模、流动方向和区位分布的影响[③]。由此可见，现有文献主要探讨外商直接投资与区域经济一体化的前一种效应。

区域经济一体化仅能对 FDI 的投资创造和投资转移产生影响吗？反之，FDI 能否促进区域经济一体化的形成？现有文献似乎关注不足，究其原因主要是因为这些研究通常将区域经济一体化视为外生变量，从而只考察一体化后的贸易和投资效应。但区域经济一体化一定是外生的吗？答案显然是否定的。有关区域经济一体化内生性的思想早已在一些文献中有所体现，例如 Lawrence（1996）就指出："区域经济一体化可能是一个内生变量，它是贸易与投资规模扩大的结果，并非原因，因为当一体化收益超过成本后，国家之间组成一体化的可能性将大大增加。"[④] Baider and Bergstrand（2004）更是选择 1996 年全球范围内 1431 个"国家对"作为样本，对区域一体化的内生问题进行实证检验，结果显示的预测准确率高达 95% 以上。这说明将区域一体化看作外生是缺乏根据的[⑤]。

如果我们接受区域经济一体化的内生假定，那么诸如"国家间的投资联系该对区域经济一体化的决策会产生怎样影响？尤其是区域间一体化尚未启动时，该地区的国际投资状况是否会引导区域一体化的未来决策？"就变得很有意义。本书试图对上述问题进行初步探讨。与现有文献相比，本书还具有如下特点：

---

① Gao T. 1999, " Economic geography and the department of vertical multinational production", *Journal of International Economics*, 48 (2): 301 - 320.

② Baldwin R., Forslid R., Martin P., Ottaviano G. and F. Robert - Nicoud, 2003, "Economic Geography and Public Policy", Princeton University Press, Princeton.

③ 鲁晓东、李荣林，2009：《区域经济一体化、FDI 与国际生产转移：一个自由资本模型》，《经济学（季刊）》，第 4 期。

④ Lawrence R. Z. 1996, "Regionalism, Multilateralism, and Deeper Integration". Brookings Institution, Washington, DC.

⑤ Baider S. L. and J. H. Bergstrand 2004, "Economic determinants of free trade agreements", *Journal of International Economics*, 64 (4) 29 - 63.

首先，在理论分析上，本书将 FDI 的资本流动融入传统区域经济一体化理论中，并借助新—新贸易理论分析框架，构建外商直接投资影响区域一体化的理论模型，认为国家间投资联系越紧密，组成一体化的可能性越大，但周边国家的投资行为能否促进区域内国家组成一体化，还取决于国家间经济实力，且实力差距越小，结成一体化的意愿越大，反之相反。这一结论既不同于以往区域一体化外生既定的理论分析（Kindleberger, 1966; Baldwin and Venables, 1995; Puga and Venables, 1999; Baldwin et al, 2003），也较为符合近期的实证检验结论（Baider and Bergstrand, 2004; 李荣林等, 2014），是本书不同于以往文献的主要区别①。

其次，实证研究上，采用 Probit 模型对区域经济一体化的二元离散变量进行计量检验时，会受到分布函数的影响。为此，本书分别采用 Logit 模型和 Poisson 模型进行稳健性检验。另外，国家间经济规模、地理距离、要素禀赋等因素也会影响到区域一体化。我们将这些因素作为控制变量代入到计量模型中，进行实证检验。

本书的结论表明：外商直接投资确实是影响区域一体化的重要因素，但国家间经济规模、要素禀赋、地理距离等影响区域经济一体化不完全相同，说明影响区域经济一体化的因素依然复杂。下面是理论模型的构建。

二、FDI 影响区域经济一体化的理论机制

为分析外商直接投资对区域经济一体化的影响，我们在新—新贸易理论分析框架基础上，构建了 $N \times 2 \times 2$ 的理论模型，即世界上包括 N 个国家、每个国家包括工业制成品产业和农业两个部门、使用资本（K）和劳动（L）两种生产要素。假定农业部门生产一种不可贸易的同质农产品，工业部门生产可贸易的 M（$M \geqslant 1$）种制成品，且不同企业生产的制成品 i 具有水平差异。消费者消费 q_A 个单位的农产品和 C_i（$i = 1, 2, \cdots, M$）个单位制成品的效用函数使用 C－D 形式表示，消费工业产品 i 不同品种 $q_i(\omega)$ 的效用函数使用 CES 函数形式表示，总效用函数为：

$$\ln U = \alpha_0 \ln q_A + \sum_{i=1}^{N} \alpha_i \ln C_i, \quad C_i = \left(\int_{\omega \in \Omega_i} q_i(\omega)^{\rho} d\omega\right)^{1/\rho} (0 < \rho < 1) \tag{8.2.1}$$

---

① Baider S. L. and J. H. Bergstrand 2004, "Economic determinants of free trade agreements", *Journal of International Economics*, 64 (4) 29－63.

其中，$\sigma_i = 1/(1-\rho) > 1$ 表示工业制成品不同品种之间的替代弹性。

假定农产品的价格为 1，制成品品种 ω 的价格为 $p_i(\omega)$，则第 i 种制成品的价格指数 P_i 为 $\left[\int_{\omega\in\Omega} p_i(\omega)^{1-\sigma_i} d\omega\right]^{1/(1-\sigma_i)}$。若消费者的收入为 I，根据 Dixit and Stiglitz（1977）两步法①，可求出工业制成品 i 及其品种 ω 的需求函数和企业销售收入分别为：

$$C_i = \alpha_i I / P_i \qquad r_i(\omega) = p_i(\omega) q_i(\omega) = \alpha_i I \left[\frac{p_i(\omega)}{P_i}\right]^{1-\sigma_i} = R_i \left[\frac{p_i(\omega)}{P_i}\right]^{1-\sigma_i} \tag{8.2.2}$$

其中：$R_i = \alpha_i I = \int_{\omega\in\Omega} p_i(\omega) q_i(\omega) d\omega$ 表示第 i 种工业制成品行业的总收入，也等于消费者消费第 i 种工业制成品的总消费。

农业部门的生产是完全竞争的，且规模报酬不变，其生产函数为 $q_A = \varphi L_A$。根据项松林等（2014）分析结论②，各国农业部门的名义工资为 $W_A = \varphi_A P_A$，其中 P_A 表示农产品价格指数。为方便计算，假定各国农产品的价格均为 1，农业部门的劳动生产率也为 1，则农业部门的实际工资均为 $w_A = 1$ 成立。

与新贸易理论（Krugman，1980）③ 一样，假定制造业部门的生产行为是规模报酬递增，且是垄断竞争的。所不同的是，新—新贸易理论中，生产企业的要素投入不仅取决于产量，而且取决于生产率状况。根据 Melitz（2003）④ 经典理论，生产率为 φ 的企业，生产工业制成品品种 ω 的国内价格为：

$$p_i(\omega) = \sigma_i W_i / [(\sigma_i - 1)\varphi] \tag{8.2.3}$$

$$r_i(\omega) = \alpha_i I \left[\frac{\sigma_i W_i}{(\sigma_i - 1)\varphi P_i}\right]^{1-\sigma_i} = R_i \left[\frac{\sigma_i W_i}{(\sigma_i - 1)\varphi P_i}\right]^{1-\sigma_i} \tag{8.2.4}$$

假定企业生产工业制成品存在固定生产成本，且固定成产成本与企业

---

① Dixit A. and J. Stiglitz, 1977. "Monopolistic Competition and Optimum Product Diversity," American Economic Review, 67, 297 - 308.

② 项松林、赵曙东、魏浩，2014：《农业剩余劳动力转移与发展中国家出口贸易结构：理论与中国经验研究》，《世界经济》第 3 期。

③ Krugman P. 1980, "Scale Economies, Product Differentiation, and the Pattern of Trade", *American Economic Review*, 70（5）: 950 - 959.

④ Melitz M. J. 2003, "The Impact of Trade on Intra - Industry Reallocations and Aggregate Industry Productivity", *Econometrica*, 71（6）: 1695 - 1725.

产出成比率，即固定生产成本等于企业产出的 $\lambda(0<\lambda<1)$，则代表性工业企业的利润函数为：

$$\pi_i(\omega)=(1-\lambda)r_i(\omega) \tag{8.2.5}$$

存在跨国投资后，企业可以同时在本国和国际投资中获得利润。但考虑到国际投资的风险，跨境投资的交易成本也高于国内。假定企业跨境投资的交易成本是“冰山”（Iceberg costs）形式，则投资开放后，由 *CES* 函数的加成原理，代表性企业从国家 j 获得的总利润为：

$$\pi_i(\omega)=R_i\{\tau_{ij}\sigma_i W_i/[(\sigma_i-1)\varphi P_i]\}^{1-\sigma_i}=\alpha_i I\{\tau_{ij}\sigma_i W_i/[(\sigma_i-1)\varphi P_i]\}^{1-\sigma_i} \tag{8.2.6}$$

其中：$\tau_{ii=1}$，$\tau_{ij}>1$ 成立。由于区域经济一体化行为直接表现为跨境投资成本的降低，我们将 $\kappa_{ij}=\tau_{ij}{}^{1-\sigma}$（$\sigma>1$）定义为区域经济一体化程度，反映了两国间是否能够实施一体化政策。

跨境投资不可能完全占据对方国家市场。假定代表性企业在 j 国投资所占消费份额是全世界行业总产出的一份，当工业部门实际工资与农业部门相同（$W_i/P_i=w_A=1$），企业生产率水平（φ）和工业品品种的替代弹性也相同（$\sigma_i=\sigma$）时，由（8.2.6）式，可以得出以下推导公式：

$$\because\ \pi_i(\omega)=\frac{R_i}{\sum_{j=1}^{N}R_i\tau_{ij}{}^{1-\sigma_i}}\left[\frac{\tau_{ij}\sigma_i W}{(\sigma_i-1)\varphi P_i}\right]^{1-\sigma_i}$$

$$\therefore\ \pi_i(\omega)=\frac{R_i}{\sum_{j=1}^{N}\alpha I\tau_{ij}{}^{1-\sigma_i}}\left[\frac{\tau_{ij}\sigma_i W}{(\sigma_i-1)\varphi P_i}\right]^{1-\sigma_i}(\because\ \alpha I=R_i)$$

$$\therefore\ \hat{\pi}_i(\omega)=\sum_{j=1}^{N}\pi_i(\omega)=\sum_{j=1}^{N}\frac{R_i}{\sum_{j=1}^{N}\alpha I\tau_{ij}{}^{1-\sigma_i}}\left[\frac{\tau_{ij}\sigma}{(\sigma-1)\varphi}\right]^{1-\sigma}(W_i/P_i=1,\sigma_i=\sigma,\alpha_i=\alpha)$$

$$=\frac{R^w}{\alpha I^w}\times\frac{\alpha I^w}{R^w}\sum_{j=1}^{N}\frac{R_i}{\sum_{j=1}^{N}I\tau_{ij}{}^{1-\sigma_i}}\left[\frac{\tau_{ij}\sigma}{(\sigma-1)\varphi}\right]^{1-\sigma}$$

$$=\frac{R^w}{\alpha I^w}\times\left[\frac{\sigma}{(\sigma-1)\varphi}\right]^{1-\sigma}\times\sum_{j=1}^{N}\left[\frac{R_i\tau_{ij}{}^{1-\sigma}}{\sum_{j=1}^{N}I\tau_{ij}{}^{1-\sigma_i}}\times\frac{\alpha I^w}{R^w}\right]$$

$$=\frac{R^w}{\alpha I^w}\times\left[\frac{\sigma}{(\sigma-1)\varphi}\right]^{1-\sigma}\times\sum_{j=1}^{N}\left[\frac{R_i\tau_{ij}{}^{1-\sigma}}{R^w}\times\sum_{j=1}^{N}\frac{\alpha I^w}{I\tau_{ij}{}^{1-\sigma_i}}\right]$$

$$= \frac{R^w}{\alpha I^w} \times \left[\frac{\sigma}{(\sigma-1)\varphi}\right]^{1-\sigma} \times \sum_{j=1}^{N}\left[SR_i \times \tau_{ij}^{\ 1-\sigma} \times \sum_{j=1}^{N}\frac{\alpha I^w}{I\tau_{ij}^{\ 1-\sigma_i}}\right](\because SR_i = R_i/R^w)$$

$$= \frac{R^w}{\alpha I^w} \times \left[\frac{\sigma}{(\sigma-1)\varphi}\right]^{1-\sigma} \times \sum_{j=1}^{N}\frac{SR_i \times \tau_{ij}^{\ 1-\sigma}}{\sum_{j=1}^{N}\frac{I\tau_{ij}^{\ 1-\sigma_i}}{\alpha I^w}}(\because SR_i = R_i/R^w)$$

$$= \frac{R^w}{\alpha I^w} \times \left[\frac{\sigma}{(\sigma-1)\varphi}\right]^{1-\sigma} \times \sum_{j=1}^{N}\frac{SR_i \times \tau_{ij}^{\ 1-\sigma}}{\sum_{j=1}^{N}SI_i \times \tau_{ij}^{\ 1-\sigma_i}}(\because SI_i = \alpha_i I/\alpha I^w)$$

$$= \frac{R^w}{\alpha I^w} \times \left[\frac{\sigma}{(\sigma-1)\varphi}\right]^{1-\sigma} \times \sum_{j=1}^{N}\frac{SR_i \times \kappa_{ij}}{\sum_{j=1}^{N}SI_i \times \kappa_{ij}}(\because \tau_{ij}^{\ 1-\sigma} = \kappa_{ij})$$

$$= \frac{AR^w}{\alpha I^w} \times \sum_{j=1}^{N}\frac{\kappa_{ij}SR_i}{\sum_{j=1}^{N}\kappa_{ij}SI_i}(\because \left[\frac{\sigma}{(\sigma-1)\varphi}\right]^{1-\sigma} = A)$$

从而代表性企业跨国投资后的总利润为：

$$\widehat{\pi}_i(\omega) = (AR^w/\alpha I^w)\sum_{j=1}^{N}(\kappa_{ij}SR_i/\sum_{j=1}^{N}\kappa_{ij}SI_i) \qquad (8.2.7)$$

其中：$SR_i = R_i/R^w$ 表示该国第 i 种工业制成品占世界工业制成品的比重；$SI_i = \alpha_i I/\alpha I^w$ 表示该国消费第 i 种工业制成品占世界总消费的比重；$\kappa_{ij} = \tau_{ij}^{\ 1-\sigma}$表示区域一体化程度；$A = \{\sigma/[(\sigma-1)\varphi]\}^{1-\sigma}$表示参数。

当资本在国家之间自由流动时，长期均衡要求各国资本收益率相等，且都等于平均收益率。根据 Baider and Bergstrand（2004）① 的分析结论可知，资本流动的平均收益率可以表示为：

$$\overline{\pi(\omega)} = \sum_{j=1}^{N}SR_iK^w\widehat{\pi}_i(\omega)/K^w \qquad (8.2.8)$$

将公式（8.2.4）、（8.2.7）代入（8.2.8）式可知，资本流动的平均收益率满足$\overline{\pi(\omega)} = AR^w/\alpha I^w$ 成立，从而转化为：

$$\sum_{j=1}^{N}(\kappa_{ij}SR_i/\sum_{j=1}^{N}\kappa_{ij}SI_i) \equiv 1 \qquad (8.2.9)$$

上式即为资本流动的长期均衡条件。但国家间能否组成区域经济一体化，还要取决于 FDI 流动后对各国福利的影响，或者说，只要资本流动带

① Baider S. L. and J. H. Bergstrand, 2004, "Economic determinants of free trade agreements", *Journal of International Economics*, 64 (4) 29 - 63.

来的福利增加大于产业份额所占比重的损失，区域经济一体化很有可能在两国间实现。

消费者的福利使用间接效用函数 $V=I/P$ 表示。由于总支出 I 等于要素收入，且资本跨境投资的收益返回母国消费，所以总支出取决于要素禀赋。当要素禀赋保持不变时，总支出也不变化。因此，消费者的福利水平只与价格指数有关。使用 Melitz（2003）的方法，并结合公式（8.2.6）和（8.2.7），可以得出消费者的福利函数为：

$$V = \sum_{j=1}^{N} (\kappa_{ij} SR_i)^{\mu} = (\Lambda)^{\mu} \qquad (8.2.10)$$

其中：$\mu=\alpha/(1-\sigma)$。由于方程（8.2.9）和（8.2.10）都是非线性的，无法直接求出一体化变量 κ_{ij} 的解析解。为此，我们再使用数值模拟的方法，探寻 FDI 流动对区域经济一体化的作用。

三、数值模拟

现实中区域经济一体化是一个离散变量，取值要么为 1 要么为 0，而前文中 $\kappa_{ij}=\tau_{ij}^{1-\sigma}$ 却是连续变量，必须设置临界门槛（Threshold）。假定连续型变量 κ_{ij} 存在一临界值 κ，当 $\kappa_{ij}>\kappa$ 时，意味着国家间组成一体化，否则相反。临界值 κ 在现实中也有合理性，因为区域经济一体化表现为优惠贸易协定、自由贸易区、关税同盟、共同市场等多种形式，因此不同形式的区域一体化，其跨境投资交易成本也存在不同。如果将这些跨境交易成本按从小到大排序，计算的一体化程度也将是一连续变量，最小值则可看成是临界门槛。

为简便起见，我们在数值模拟中仅采用三个国家情形进行。假定初始的一体化程度、产业比重、消费比重均相等，即 $\kappa_{12}=\kappa_{13}=\kappa_{23}=0.1$、$SR_i=1/3$（$i=1,2,3$）、$SI_i=1/3$（$i=1,2,3$）。由于国家 1 启动了资本跨境投资，增加对国家 2 的投资，导致国家 1 的产业份额减少，而国家 2 的产业份额增加。根据公式（8.2.9）和（8.2.10），模拟的三个国家区域经济一体化变化趋势如下（见图 8.1）。

在图 8.1 中划分为四个阶段：第一阶段是国家 1 和 2 一体化意愿提高，且两国总福利有所增加；第二阶段是三个国家的一体化意愿也都提高，但国家 1 和 3、国家 2 和 3 的总福利水平增长速度不快；第三阶段是三个国家的一体化意愿继续提高，且每两个国家的总福利水平增速很快；

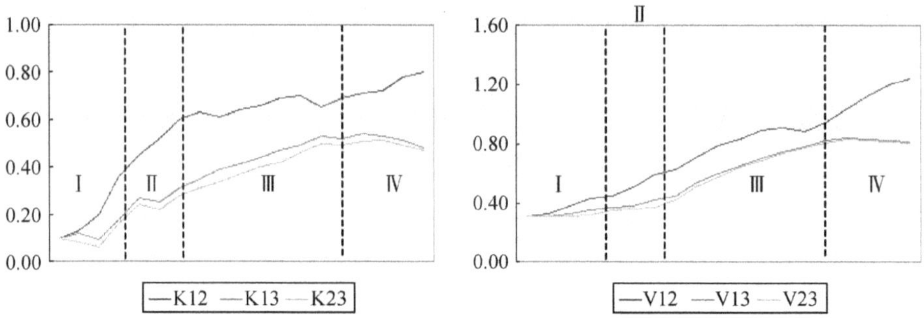

图 8.1　FDI、区域一体化与福利模拟图

第四个阶段是国家 1 和 2 的一体化意愿继续增强，但国家 1 和 3、国家 2 和 3 的总福利水平反而下降。如果我们按门槛值设置为 0.5，显然国家 1 增加对国家 2 的投资后，一体化意愿立刻增强，并在第二阶段结成一体化同盟，并最终在第四阶段组成完全一体化。也就是说，当两国之间 FDI 增加后，双方实施一体化的总福利大大提高，并最终促成双边经济一体化，并在时间上是最早达成区域经济一体化。

由于投资转移效应的存在，当国家 1 增加对国家 2 进行投资后，国家 1 和 3、国家 2 和 3 的总福利水平增速变得很慢，不足以抵消一体化的产业份额损失，所以在它们在第一阶段的一体化意愿反而下降。但是当投资创造效应带来的总福利增加，超过产业份额损失后，一体化意愿也不断增强，并在第三阶段组成一体化同盟。不过，当国家 1 和 2 完全一体化后，投资转移和投资创造效应完全消失，他们继续促进一体化的意愿反而下降，不太可能形成完全一体化。也就是说，周边国家的 FDI 增加后，区域内国家的一体化意愿也会增加，并最终达成一体化协定，但时间上较前者晚，一体化程度也更低。因此，我们得出以下重要假定：

假定 1：区域经济一体化应该是内生的，且随国家间 FDI 增加不断变化。

假定 2：国家间 FDI 投资增加后，投资联系会加快两国一体化进程，使得它们成为最早结为区域经济一体化的国家。

假定 3：周边国家的 FDI 越多，也同样对区域内国家经济一体化产生积极示范作用，加快区域内经济一体化进程，但不太可能组成完全一体化。

以上假定是否符合实际，我们再通过 OECD 样本数据库进行实证检验。

第三节

资本流动影响区域经济融合的实证检验

一、实证模型

除资本流动外，诸如经济规模、地理距离、要素禀赋等都可能会影响到区域经济一体化的决策。为此，我们在借鉴 Baier and Bergstrand（2004）计量模型基础上，采用以下方程进行实证检验：

$$\kappa_{ijt} = \beta_0 + \beta_1 \ln FDI_{ijt-1} + \beta_2 \ln DIST_{ijt-1} + \beta_3 \ln SCALE_{ijt-1} + \beta_4 \ln ENDO_{ijt-1} + \varepsilon_{ijt} \quad (8.3.1)$$

其中：κ 为一体化虚拟变量；ln*FDI* 为外商直接投资对数；ln*DIST* 为地理距离的对数；ln*SCALE* 为经济规模的对数；ln*ENDO* 为要素禀赋的对数；ε 为误差项；β_i（$i=1$，2…）待估计系数；i、j 表示国家，t 表示时间；滞后期的选择是为了解决内生性问题，目的是控制区域经济一体化与 FDI 投资的互为因果关系。

二、变量选择、数据来源与处理

1. 一体化变量（κ）。κ 表示区域经济一体化的虚拟变量，且若 i 国与 j 国同在一个一体化区域中，则取值为 1，否则取值为 0。各国 1985—2012 年经济一体化虚拟变量来源于 WTO 数据库。

2. 外商直接投资（ln*FDI*）。考虑到双边外资流动和周边外资流动都会对区域经济一体化决策产生影响，我们采用三个指标分析 FDI 对一体化的影响效应。

$\ln FDI^1$ 表示双边 FDI 投资对区域经济一体化的作用，根据假定 1 和 2，预期 $\ln FDI^1$ 的系数符号为正。

$\ln FDI^2$ 表示周边地区 FDI 平均投资对区域内经济一体化的作用。计算周边地区外商直接投资，必须克服区域内国家 i 和 j 的 FDI 总量。为此，我们采用周边地区平均外商直接投资 $\ln\left[\sum_{h=1,h\neq i}^{N}\sum_{k=1,k\neq j}^{N}FDI_{hk}/(N-1)\right]$ 作为 $\ln FDI^2$ 变量。根据假定 3，我们预测其系数符号也为正。

$\ln FDI^3$ 表示周边地区 FDI 总投资对区域内经济一体化的作用，并采用如下以下公式 $\ln\left[\sum_{h=1,h\neq i}^{N}\sum_{k=1,k\neq j}^{N}FDI_{hk}\times D_{ij}\right]$ 进行计算，其中 D_{ij} 表示国家 i 和 j 处于同一地区的虚拟变量。根据假定，周边地区外商直接投资总量也有利于区域内经济一体化政策的实施，我们预测 $\ln FDI^3$ 系数符号也为正。以上双边 FDI 数据来源于 OECD 数据库。

3. 地理距离（$\ln DIST$）。$\ln DIST$ 表示国家间的地理距离。根据新经济地理和区位理论，地理距离更近的国家，更倾向于组成经济一体化，即预期其系数符号位正。国家之间的地理距离来源于 CEPII BACI 数据库。

4. 经济规模（$\ln SCALE$）。借鉴 Baier and Bergstrand（2004）方法，经济规模采用两种形式表示；一是双边实际经济总量（$\ln SCALE^1$）；二是实际经济规模差异（$\ln SCALE^2$）。

$\ln SCALE^1$ 采用双边实际 GDP 平均数计算，数据来源世界银行。根据经济规模越大，越有可能组成经济一体化的结论，我们预期 $\ln SCALE^1$ 的系数符号也为正。

$\ln SCALE^2$ 采用两国实际 GDP 之差的绝对值计算。由于两国实际经济规模差距越大，组成经济一体化的意愿越低，我们预期 $\ln SCALE^2$ 的系数符号为负。以上实际 GDP 数据来源于世界银行数据库。

5. 要素禀赋（$\ln ENDO$）。要素禀赋也采用两种形式：一是国家间要素禀赋的差异（$\ln ENDO^1$）；二是国家间相对要素禀赋与世界其他国家的差异（$\ln ENDO^2$）。

$\ln ENDO^1$ 使用两国资本劳动比的绝对值表示。根据 H－O 理论，当国家间要素禀赋差异越大，经济互补更强，一体化后的比较优势更容易充分发挥，一体化的福利所得也更大，因此预期该变量的系数符号为正。

$\ln ENDO^2$ 同样借鉴 Baier and Bergstrand（2004）方法，使用两国资本劳动比的相对差异除以全球其他国家资本劳动比的相对差异测算。由于 H－O 理论指出，当国家间要素禀赋互补性低于各自与世界其他国家的联系，投资转移效应会对区域经济一体化的福利带来负面影响，从而使一体化意愿下降，所以预期 $\ln ENDO^2$ 为负。测算 1985—2012 年各国资本劳动比的数据也来源于世界银行。

三、实证结果及分析

1. 初步估计。对 1985—2012 年双边国家区域经济一体化进行实证分析，我们共收集了 34 个 OECD 国家样本和 157 个非 OECD 国家样本。由于部分数据缺失，实际使用的样本仅有 5224 个国家对。初步估计使用 Probit 模型对这些样本进行实证检验，结果见表 8.1。

表 8.1　　全部样本与 OECD 国家样本估计结果

	全部样本				OECD 国家样本			
	模型 1	模型 2	模型 3	模型 4	模型 5	模型 6	模型 7	模型 8
C	11.490*** (22.40)	13.370*** (22.43)	14.310*** (22.54)	16.410*** (21.42)	33.140*** (13.42)	40.080*** (13.18)	39.060*** (12.41)	42.720*** (11.33)
ln*DIST*	−0.818*** (−29.75)	−0.811*** (−29.28)	−0.792*** (−28.39)	−0.723*** (−20.20)	−0.455*** (−11.19)	−0.402*** (−10.62)	−0.445*** (−10.40)	−0.733*** (−8.10)
$\ln SCALE^1$	0.492*** (6.32)	0.408*** (5.16)	0.373*** (4.70)	0.338*** (3.47)	0.347*** (9.46)	0.488*** (9.76)	0.459*** (8.52)	0.476*** (8.67)
$\ln SCALE^2$	−0.057*** (−4.50)	−0.058*** (−4.55)	−0.071*** (−5.47)	−0.024* (−1.73)	−0.171*** (−3.34)	−0.167*** (−3.20)	−0.170*** (−3.22)	−0.194*** (−3.55)
$\ln ENDO^1$	0.071** (2.06)	0.100*** (2.49)	0.099*** (2.47)	0.486*** (6.59)	0.739*** (3.23)	0.846*** (3.35)	0.835*** (3.31)	0.893*** (3.38)
$\ln ENDO^2$	−0.136*** (−7.43)	−0.135*** (−7.34)	−0.129*** (−7.01)	−0.119*** (−6.36)	−0.422*** (−4.38)	−0.508*** (−4.50)	−0.505*** (−4.47)	−0.570*** (−4.56)
$\ln FDI^1$		0.073*** (6.47)	0.061*** (5.28)	0.072*** (5.75)		0.133*** (4.48)	0.142*** (4.64)	0.146*** (4.74)
$\ln FDI^2$			0.046*** (4.50)	0.041*** (3.62)			0.048 (1.07)	0.056 (1.18)
$\ln FDI^3$				0.022* (1.76)				0.093 (1.09)
PseudoR^2	0.33	0.33	0.34	0.44	0.33	0.33	0.34	0.34
极大似然值	−2131	−2109	−2099	−1756	−2131	−2109	−2099	−2082
Obs	5224	5224	5224	5224	5224	5224	5224	5224

注：(1) ***、**、* 分别表示 1%、5%、10% 显著通过检验；(2) 括号内为 *z* 值。

逐步回归时，我们采用了四个模型，其中模型1表示不添加FDI变量的估计结果，模型2－4表示分别添加双边国家FDI投资、周边国家FDI平均投资和周边国家FDI总投资的估计结果。从表8.1的估计结果中可以看出，所有变量的系数符号和显著性水平都符合要求，且各变量系数相差不大，实证结果较为稳健。

地理距离（ln*DIST*）显著负向影响区域经济一体化，符合前文预期。根据新经济地理理论可知，国家间距离越远，相互之间的了解程度反而降低，构建区域经济一体化的隐性成本反而更高，风险更大。这是因为双方建立区域经济一体化，必然要求企业增加相互投资，但企业对目标市场了解程度越低，投资意愿反而下降。企业投资意愿下降，通常是由于以下前期沉淀成本造成的：一是需要对产品是否适合目标市场需求、能否满足国外消费者偏好、是否符合相关国家的管理规定等信息进行搜索和匹配；二是产品修改成本，因为企业一旦确定目标市场后，还需要对产品进行必要修改，以适应相关国家的风俗、习惯和管理规定；三是建立分销体系成本。当距离越远后，双方国家的企业对彼此市场的了解程度反而下降，与此相关的信息搜索—匹配成本必然更高，投资风险自然加大，从而导致地理距离反向影响区域经济一体化的结论成立。

双边经济总量（$\ln SCALE^1$）显著正向影响区域经济一体化，且经济规模的实际差距（$\ln SCALE^2$）显著负向影响区域经济一体化，也同样符合前文预期。这是因为双边经济总量扩张后，两国对彼此产品、服务、要素等资源的需求大为增加，结成经济一体化可发挥彼此竞争优势，降低生产成本和流通成本、减少市场进入壁垒，充分发挥各国资本、技术、人才、服务等生产要素的积极作用，提高彼此经济福利。但如果两国实际经济规模差距太大，即使两国经济总量在不断扩大，组成区域经济一体化的意愿也会下降。这是因为结成区域经济一体化后，市场内部的竞争将更为激烈。对于经济总量较低的“弱小”国家而言，统一市场后的成本显然高于收益。“后进”国家为保护“民族产业”，增强国民经济安全，势必会保留适当权益，阻碍区域经济一体化的实施。

两国间要素禀赋差异（$\ln ENDO^1$）显著正向影响区域经济一体化，同样符合前文预期。根据赫克希尔—俄林的理论，两国要素禀赋有所不同，可组成区域一体化，因为两国可各自发挥比较优势，从事专业化生产，提高专业技术水平和生产效率，促使劳动、资本及其他要素充分利用，从而形成相互有利的国际分工格局，提高两国一体化后的福利所得。但如果两国要素禀赋差异不及各国与其他国家的差异，彼此结成经济一体化的福利所得，将低于各自与其他要素禀赋差异更大的国家，从而不利于区域经济一体化政策的实施。全部样本估计结果中，$\ln ENDO^2$ 显著负向影响区域一体化恰好体现了这一点。

应该说上述影响区域经济一体化的实证结论和 Baier and Bergstrand (2004)① 没有显著差异，我们更关心的是 FDI 是否能促进区域经济一体化？表 8.1 中，$\ln FDI^1$、$\ln FDI^2$、$\ln FDI^3$ 显著正向影响区域经济一体化，说明在全部样本中，无论是双边 FDI 投资增加，还是周边国家 FDI 平均投资量或周边国家 FDI 投资总量的增加，都可加快一体化进程，促进区域经济一体化早日实现。当双边投资总量扩大后，任何国家都不可能忽视以直接投资形式流入的外商资本在经济发展中的重要作用，无论在缓解就业压力，还是在催生人力资本、提升产业结构等方面（鲁晓东、李荣林，2009）②。进一步降低或解除投资壁垒、鼓励投资政策、实质性减少外资管制等政策措施都将在外商直接投资规模经济效应的带动下逐步实现，从而“自发”推动区域经济一体化向前发展。周边国家以外商直接投资形式增加的资本联系，在成功缓解区域内某个国家经济发展中资本约束、增加就业、促进技术进步、推动产业结构升级、提升配套产业加工能力、提高资源配置效率等各方面的“示范效应”，也会促进区域内国家经济一体化的向前发展。同样，区域内国家在接受其他国家的外商资本后，“溢出效应”带来的技术提升和生产制造能力增强，也有向区域内国家投资的冲动，这也构成了另一种“投资创造效应”，加速区域内国家组成一体化。对于未接受新增外商直接投资的国家，为避免“投资转移效应”带来的产业份额减少，也会积极融入区域经济一体化的浪潮，推动一体化进程向前发展。所以，无论是双边 FDI 投资还是周边 FDI 投资，都会带来区域经济一体化的内生化，而这也符合我们理论分析的预期结论。

FDI 内生决定区域经济一体化，对正确理解当前中国推动亚洲基础设施开放银行也有积极意义。亚投行的成立和发展，无疑有助于中国优质企

① Baider S. L. and J. H. Bergstrand 2004, “Economic determinants of free trade agreements”, *Journal of International Economics*, 64 (4) 29 – 63.

② 鲁晓东、李荣林，2009：《区域经济一体化、FDI 与国际生产转移：一个自由资本模型》，《经济学（季刊）》第 4 期。

业以跨境投资的方式“走出去”。虽然在“走出去”过程中，既面临“政治体制歧视”带来的不公正待遇，也会因为东道国未与中国建立高层次经济一体化协定，使得进入壁垒还较为明显。但本书结论表明，以亚投行为机遇，鼓励中国企业“走出去”也有利于推动中国与其他国家建立区域经济一体化，即使没有政府高层推动也是如此。在当前国际经济治理进入敏感期以及复杂的国际政治局面，发展中国与其他国家的区域经济一体化，不应“操之过急”，而应采取分步走的战略思路，即先鼓励优秀企业借助亚投行平台“走出去”，与东道国建立良性互动的产业配套发展格局，再利用资本流动推进区域经济一体化的积极作用，提高相互建立经济一体化的意愿，最终实现区域经济一体化。

2. 分收入等级的再检验。FDI 内生化区域经济一体化的结论是否会随国家间收入等级差异而发生变化？也值得我们进一步探讨。为此，本书再对分收入等级国家进行检验，但考虑到目前外商直接投资的资本来源方主要是发达国家，而发展中国家或低收入等级国家则主要作为接受国，所以分收入等级国家的再检验分为两种情况，一是对 OECD 为主的发达国家内部进行再检验（见表 8.1 右侧），二是对 OECD 国家与非 OECD 的发展中国家进行成对再检验（见表 8.2 左侧）。

表 8.2　OECD 国家与非 OECD 国家的成对估计结果与稳健性检验

	OECD 国家与非 OECD 国家组				稳健性检验	
	模型 9	模型 10	模型 11	模型 12	Logit 模型	Poisson 模型
C	11.241***	13.496***	14.503***	14.648***	29.659***	9.222***
	(17.08)	(18.32)	(18.81)	(17.82)	(20.60)	(12.95)
ln$DIST$	-0.699***	-0.692***	-0.659***	-0.667***	-0.706***	-0.735***
	(-20.03)	(-19.66)	(-18.41)	(-17.10)	(-19.73)	(-11.96)
ln$SCALE^1$	0.126***	0.174***	0.200***	0.202***	0.400***	0.160***
	(10.77)	(12.89)	(13.70)	(13.56)	(15.50)	(10.88)
ln$SCALE^2$	-0.012***	-0.011*	-0.010*	-0.010*	-0.048*	-0.034**
	(-2.87)	(-1.75)	(-1.68)	(-1.67)	(-1.87)	(-2.02)
ln$ENDO^1$	0.292***	0.344***	0.355***	0.355***	0.079***	0.063***
	(3.61)	(4.20)	(4.32)	(4.32)	(6.68)	(5.53)
ln$ENDO^2$	-0.141***	-0.141***	-0.133***	-0.133***	-0.227***	-0.152***
	(-7.05)	(-6.98)	(-6.58)	(-6.58)	(-6.31)	(-6.23)

续表

	OECD 国家与非 OECD 国家组				稳健性检验	
	模型 9	模型 10	模型 11	模型 12	Logit 模型	Poisson 模型
lnFDI^1		0.108*** (7.40)	0.092*** (6.17)	0.092*** (6.15)	0.082*** (5.59)	0.074*** (3.43)
lnFDI^2			0.058*** (4.79)	0.060*** (4.69)	0.047*** (3.18)	0.043*** (3.03)
lnFDI^3				0.008*** (2.52)	0.030* (1.75)	0.024** (2.52)
$PseudoR^2$	0.21	0.22	0.23	0.23	0.45	0.21
极大似然值	-1486	-1458	-1446	-1446	-1750	-2698
Obs	4102	4102	4102	4102	5224	5224

注：（1）***、**、*分别表示 1%、5%、10% 显著通过检验；（2）括号内为 *z* 值。

同样采用逐步回归的方法，我们将 OECD 国家内部再检验也划分为 4 个模型。表 8.1 的计量结果显示，无论是不加入 FDI 还是加入双边 FDI 或周边 FDI，各变量的系数符号和显著性水平均没有显著变化，实证结果较为稳健。与全部样本计量结果类似，即使仅对以 OECD 为代表的发达国家进行再检验，以下重要结论依然是成立的：①地理距离显著负向影响区域经济一体化；②双边经济总量显著正向影响区域经济一体化，但两国经济实力差距显著负向影响经济一体化；③两国间要素禀赋差异越大，越有利于区域经济一体化，但如果两国要素禀赋差异较小，不足以抵消与其他国家要素禀赋的差距，区域内国家更有可能与区域外要素禀赋更为互补的国家组成一体化；④双边外商直接投资总量的增加，有利于加快区域经济一体化的进程。

唯一的不同是，周边国家 FDI 平均量和总量对 OECD 国家区域经济一体化的影响不再显著，而这也和前文的理论预期结论相同。作为发达国家，OECD 成员国彼此间大多处于相对较高等级的一体化，类似于图 8.1 中第四阶段完全一体化。这时，如果周边国家对区域内某国增加外商直接投资，贸易和投资的转移效应远远大于创造效应，结成区域内更高层级一体化的福利收益远远低于产业份额损失，进一步发展一体化的意愿反而会下降。这也是为什么美国主导的跨大西洋贸易与投资战略伙伴关系协定（TTIP）推动起来更为困难的一个原因，因为对于已经处于高标准一体化组织下的各成员国，互利互通的渠道几乎完全敞开，继续推进更高标准的一体化，更可能演变为“零和博弈”，一方福利增加建立在另一方福利损失基础之上。

再看 OECD 的发达国家和非 OECD 的发展中国家之间的成对检验，即发达国家与发展中国家组成一体化的影响因素有哪些？表 8.2 的估计结果中，以下结论同样成立：①ln*DIST* 显著负向影响区域经济一体化；②ln$SCALE^1$ 显著正向影响区域经济一体化，但 ln$SCALE^2$ 显著负向影响经济一体化；③ln$ENDO^1$ 显著正向影响区域经济一体化，但 ln$ENDO^2$ 显著负向影响区域经济一体化；④lnFDI^1、lnFDI^2、lnFDI^3 都显著正向影响区域经济一体化。这说明即使把全部样本划分为发达国家和发展中国家成对组成的子样本，实证结论依然没有发生根本变化。

不过我们更关心的是发达国家和发展中国家组成区域经济一体化中，有关经济规模差异带来的负面影响，以及扩大外商直接投资带来的正面影响。以模型 12 为例，表 8.2 中经济规模差异的显著性系数为 -0.010，说明经济规模差距每增加 1%，组建区域经济一体化的意愿会下降 0.01%。同时双边国家 FDI、周边国家平均 FDI 和周边国家总 FDI 的显著性系数分别为 0.092、0.060、0.008，说明外商直接投资每增加 1%，组建区域一体化的总意愿为上升 0.16%，大大超过经济规模上的差距。这说明如果不考虑其他因素，扩大以外商直接投资足以抵消区域内国家经济水平的绝对差异，推动一体化进程向前发展。这对目前中国构建上海自贸区以及美国主导的跨太平洋战略贸易伙伴关系协定（TTP）的理解都有一定的借鉴意义。

以中国（上海）自贸区为例，虽然这一战略自推出以来，一度受到不少质疑。但鉴于目前中国已成为世界第二大吸引外资国和第三大境外投资的国客观事实，双边与周边 FDI 流动增强，都将大幅提高各国参与中国（上海）自贸区建设和发展的意愿，加速上海自贸区早日形成规模。而对 TTP 而言，虽然初步有加入意向的 12 个国家，其经济规模和发展实力存在显著差异，谈判仍在僵持，但考虑到未来双边和周边外商直接投资的加速，FDI 促进区域经济一体化的正向作用，将会超过经济发展水平差异带来的负面影响，使得 TTP 在不远的将来成为现实。因此，我们也不能“袖手旁观”，不能因为其所谓的“高标准规则”而放弃参与的可能。相反，在“高标准市场规则”有取代 WTO 主导经济全球化的背景下，我们只有及早顺应、适应新规则，才可能避免“被边缘化”的风险，才有可能抓住下一轮经济全球化的机遇。

3. 稳健性检验。由于前文采用 Probit 模型进行实证检验是基于生长函数分布为基础的，如果改变分布函数的性质是否会改变结论，也同样值得关注。为此，我们再使用 Logit 模型和 Poisson 模型进行稳健性检验。表 8.2 的估计结果表明，对全部样本改变分布函数后，各变量的系数符号和显著性水平也不发生改变，唯一的不同是各系数大小存在局部差异，以此实证检验结论是稳健的。另外，稳健性检验结果中，以下重要结论依然是成立的：①$\ln DIST$ 的系数显著为负；②$\ln SCALE^1$ 的系数显著为正，而 $\ln SCALE^2$ 的系数显著为负；③$\ln ENDO^1$ 的系数显著为正，但 $\ln ENDO^2$ 的系数显著为负；④$\ln FDI^1$、$\ln FDI^2$、$\ln FDI^3$ 的系数都显著为正。

总之，无论是对全部样本，还是对 OECD 的发达国家样本，或者对以 OECD 为主的发达国家与非 OECD 的发展中国家组成成对样本，以及改变样本分布函数的稳健性检验，我们都发现了外商直接投资带来的经济联系，是有可能促进区域经济一体化的内生形成，同时符合前文理论模型的预期结论。

四、外资流动影响区域经济融合的启示

在假定区域经济一体化内生性的前提下，本书在借鉴新—新贸易理论分析框架基础上，构建了一个 FDI 影响区域经济一体化内生决定的理论模型，并使用数值模拟和 1985—2012 年 OECD 国家数据库的样本数据进行实证检验，得出以下主要结论：

1. 理论上区域经济一体化的内生决定是可能的，这取决于一体化后的福利增加和产业损失。当外商直接投资的加速发展后，一体化的福利所得将大于产业损失，有助于推动地区间形成经济一体化。

2. 使用 OECD 数据库进行实证检验后，FDI 促进区域经济一体化的作用确实存在，但国家间经济规模、要素禀赋、地理距离等影响区域经济一体化不完全相同，说明影响区域经济一体化的因素依然复杂。

外商直接投资促进区域经济一体化内生形成，对正确理解中国（上海）自贸区、亚洲基础设施投资银行、跨太平洋战略贸易伙伴关系协定（TTP）、跨大西洋贸易与投资战略伙伴关系协定（TTIP）等重大区域经济发展战略有一定借鉴意义：

从上海自贸区来看，随着中国与其他国家双边和周边FDI投资联系的进一步增强，自动会助推自贸区的建设和发展，质疑之声将不攻自破。

对亚洲基础设施投资银行而言，鼓励优秀企业借助亚投行平台“走出去”，与东道国建立良性互动的产业配套发展格局，再利用资本流动推进区域经济一体化的积极作用，也会自动提高区域经济一体化水平。所以，在当前国际经济治理进入敏感期以及复杂的国际政治局面，发展中国与其他国家的区域经济一体化，不应“操之过急”，而应具有分步走的长远战略眼光，采取先鼓励资本“走出去”，再用“走出去”资本推动区域经济一体化。

对TTIP来说，美国等发达国家已经处于高标准的一体化组织下，互利互通的渠道几乎完全敞开，继续推进更高标准的一体化，更可能演变为“零和博弈”，进一步推动TTIP，必须找到破解“一方收益建立在另一方福利损失基础之上”的困局。

对TTP而言，虽然有加入意向的国家，因经济规模和发展实力存在显著差异，致使谈判处在僵持阶段，但考虑到未来双边和周边外商直接投资的加速，FDI促进区域经济一体化的正向作用，将会超过经济发展水平差异带来的负面影响，使得TTP在不远的将来成为现实。而这也在2015年美国亚特兰大的第28轮谈判中达成了初步框架性协定，等待各国国会批准生效。

第四节 中国开放型经济嵌入全球创新链的再思考

改革开放以来，中国依托低成本优势，快速而全面地融入跨国公司主导的全球价值链分工体系，的确带动了出口贸易的快速扩张和产业结构的优化升级（金京等，2013）[①]。但从全球价值链分工格局来看，中国在总

① 金京等，2013：《全球要素分工背景下的中国产业转型升级》，《中国工业经济》第11期。

体上仍处于中低端，且跨国公司主导的全球价值链分工模式往往具有“动态”特征，即不同生产环节和阶段具有追寻“低成本”的天然倾向。随着中国劳动力等各种生产要素成本的集中上升，环境、资源、能源约束的日益增强，以及其他更多低成本优势国家或地区加入跨国公司主导的国际分工体系，现有开放型经济发展模式似乎难以为继，必须摆脱以简单融入全球价值链的分工格局，再塑开放型经济新动力，促进开放型经济转型升级。为此，新一届中央领导集体多次强调指出：加快实施创新驱动发展战略，把创新摆在国家发展全局的核心位置，推动中国产业向全球价值链高端跃升，实施新一轮高水平对外开放，从而构建开放型经济新体制①。可以说，这一新的提法和重要战略部署，为中国开放型经济发展在新的历史起点上再塑新动力指明了正确发展道路和方向。推动中国产业向全球价值链的高端跃升，必须实施以创新驱动为核心的发展战略，推进中国开放型经济由简单融入全球价值链（GVC）到深度嵌入全球创新链（GIC）的转型升级。于是，中国为什么需要嵌入全球创新链？与融入全球价值链相比，嵌入全球创新链究竟“新”在何处？嵌入全球创新链与培育开放型经济新优势之间有什么关系？以及如何嵌入全球创新链分工体系？应该是值得我们认真思考和深入探讨的重要课题。本书拟就上述四个方面的问题做一肤浅探析。

一、嵌入全球创新链的必要性

正确理解站在新的历史起点上中国开放型经济由简单融入全球价值链到深度嵌入全球创新链的必要性，有必要先来梳理一下改革开放以来中国开放型经济发展的历史轨迹和现行开放型经济发展的固有特征，以及面临

① 习近平在2015年全国“两会”和2014年中央经济工作会议期间强调指出：“创新是引领发展的第一动力”，“必须让创新成为驱动发展的新引擎，更多靠产业化的创新来培育和形成新的增长点”；李克强在2015年和2014年《政府工作报告》中指出：“当前经济增长的传统动力减弱，必加快实施创新驱动发展战略，……加快构建开放型经济新体制，以开放的主动赢得发展的主动、国际竞争的主动”，“要把创新摆在国家发展全局的核心位置，推动我国产业向全球价值链高端跃升”；其他中央领导关于创新驱动战略的观点见人民网：《高层密集发声“四个全面”，“创新驱动”热度不减》，2015年3月9日。以上资料来源于新浪网：《习近平在2015年全国“两会”上的妙语集锦》，2015年3月16日；新华社：《中央经济工作会闭幕：提2015年5项任务》，2014年12月11日；人民网：《李克强作2015年政府工作报告（全文）》，2015年3月6日；新华网：《国务院2014年政府工作报告》，2014年4月1日。

当前国内外环境深刻变化条件下，以简单融入全球价值链分工体系为目标的现有开放型经济发展模式呈现的不适应。

以对外开放若干重大标志性事件为划分依据，中国以简单融入全球价值链分工体系的开放型经济发展大致可以划分为三个阶段：第一阶段是1978年至1991年的探索性阶段，其标志性事件是设立经济特区和开发上海浦东新区。这一阶段主要是利用劳动密集型产业国际转移的历史机遇，在大力承接国际订单和吸引外资中，加速劳动密集型制造业融入全球价值链分工；第二阶段是1992年至2001年开放型经济高速发展阶段，其标志性事件是邓小平同志的南方谈话。这一阶段是利用国际国内两种资源、两个市场，加速国内经济发展，尤其是通过吸引外资带动出口，促进资本技术密集型制造业融入全球价值链分工；第三阶段是2001年以来的经济国际化发展阶段，其标志性事件是加入世贸组织。这一阶段是从单方面的自我开放为主，向与世贸组织成员相互开放为主转变，并逐步建立起符合中国国情及世贸组织规定的开放型经济体制（张二震等，2014）①，推动中国经济全面融入全球价值链分工体系。实际上，中国开放型经济发展的阶段性特征，既是一个涉外经济体制不断调整的过程，也是一个为适应经济全球化发展形势需要而不断改革的过程，其固有特征可概括为：在各级地方政府主导下，以简单融入制造业全球价值链体系为目标、以大量利用外资和大规模出口为导向、以低成本竞争为主要手段、以低附加值加工制造活动（包括低端加工、制造、生产、装配）为载体，从而形成庞大的生产制造能力和大进大出的循环格局。应该说，中国开放型经济发展，成功发挥了低成本竞争优势而融入全球价值链分工体系，并以出口市场为依托从而成功解决经济起飞的需求约束问题，从而铸就了现有开放型经济发展的一系列“辉煌成就”：目前中国已成为世界第一大出口国、第二大进口国、第一大贸易国、第一大外汇储备国、第二大吸引外资国、第二大经济体、第三大对外投资国。

然而，也正是上述固有特征，以简单融入全球价值链体系为目标的现有经济在面临国内外环境的深刻变化时，呈现出一些不适应。具体来说，在各类生产要素成本不断上升从而使传统低成本优势逐渐丧失的内部条件下，在外需减弱、贸易保护主义升温、经贸摩擦加剧、全球经贸格局

① 张二震、戴翔，2014：《关于构建开放型经济新体制的探讨》，《南京社会科学》第7期。

“南升北降”、区域经济合作蓬勃发展等外部条件下，简单融入全球价值链的现有开放型经济发展模式出现了四个不适应：一是不适应应对全球经济变化新形势的要求；二是不适用应对国际贸易格局重大调整的要求；三是不适应中国谋取国际分工新地位的要求；四是不适应国内经济增长方式转型升级的内在要求。

1. 从应对全球经济变化新形势来看。长期以来，中国融入全球价值链的开放型经济发展战略，是以外部需求为导向的。然而，在本轮金融危机的冲击下，全球主要经济体的经济增速都在变慢。例如，作为世界最大经济体的美国，其境况一直不佳，经济增速下滑以及失业率居高不下，一直是令其“头痛”的问题。为此，奥巴马政府采取“重振制造业”或者说“制造业回流”的新经济政策，采取了包括减税等在内的一系列扶持本国制造业发展和吸引制造业“回流”的政策措施，力图避免制造业产业被发展中经济体“占领”而丧失自身竞争力。目前来看，尽管在各种政策措施的作用下，美国经济状况有所好转，但仍不能与20世纪90年代期间的高速发展阶段相比。而在欧洲，严重的欧债危机导致欧盟国家的经济增速也在低区间徘徊，对经济增长的预期被不断下调至缓慢增幅区间，低速增长态势至今难见尽头。而在日本，受到全球金融危机、地震、海啸以及核辐射的四重“打击”，经济短期内难有显著复苏。因此，长期以来一直作为中国最大贸易伙伴的全球前三大经济体，由于其经济发展态势不佳甚至自身仍深陷泥淖，加之中国经济发展所伴随的各类生产要素成本不断上升，必然对以外需为主的简单融入全球价值链贸易活动带来巨大压力，开放型经济需要培育新竞争优势。

2. 从应对国际经贸格局重大调整来看。中国融入全球价值链分工体系的对外经济发展，是以世贸组织的全球经贸规则为前提的。但在本轮全球化中，全球经贸格局呈现“南升北降”特征，这也被许多学者看作是发展中经济体成为本轮经济全球化最大受益者的表现和结果，而美国等发达经济则似乎获益有限。也正因如此，以美国等为代表的西方发达经济体认为这是全球化失控的表现，是当前全球经贸规则下的不公平竞争结果。受其影响，当今经济全球化深入发展的总趋势虽然没有改变，但多边贸易体制的发展却历经坎坷，多回合谈判仍然徘徊不前，与此相伴随的是贸易投资保护主义升温和经贸摩擦频发甚至走向政治化倾向。因此，为了改变经济全球化红利的“分配格局”，降低关税，取消非关税措施等传统扩大开放模式，对于美国等发达经济而言已经变得越来越没有吸引力，代之而起的则是要建立所谓高标准的市场经济规则。当前由 WTO 主导的经济全球化进展受阻，国际经贸格局甚至呈现“圈子化”（吴中宝等，2014）①、“碎片化”发展趋势，美国主导的跨太平洋战略贸易伙伴关系协定（TPP）和跨大西洋贸易与投资伙伴关系协定（TTIP）等超大自由贸易区正如火如荼地发展，就是明证。上述变化将会在很大程度上改变世界贸易规则、标准和格局。比如 TPP 不仅要求成员所有产品实现零关税、服务贸易全面开放、实质性取消外资审批，还引入了知识产权、环境保护、劳工权益、国有企业竞争中立等升级条款。再比如当前国际投资规则中，要求采用准入前国民待遇和负面清单的外资管理模式已成为发展新趋势。全球经贸格局的重大调整及其规则的变化，或将取代 WTO 制定经济全球化的新规则，必然对中国以简单融入全球价值链体系的低端制造业贸易活动提出新挑战。

3. 从谋求中国在国际分工体系的新地位来看。改革开放以来，中国融入跨国公司主导的全球价值链分工体系，是以低成本优势为依托的。然而，在全球价值链为基础的国际分工模式下，跨国公司主导的全球生产布局并非一成不变，而是会随着不同地区生产成本的相对变化而出现动态变化。这一动态特征意味着，在中国沿全球价值链向上攀升的过程中，如果未赶在更多低成本国家或地区加入分工体系之前，可能面临着被全球价值链“链主”开除“链籍”的危险，即使不会“踢出”也存在“低端锁定”的风险。随着中国经济的发展，多年来的高速增长在为进一步扩大开放提供物质基础的同时，也面临迈入中等收入国家行列后的劳动力、土地等各种生产要素成本集中上升，以及资源、能源、环境约束日益严峻，从而传统低成本竞争优势逐渐减弱，低价竞争的市场优势正逐步趋于消失。低成本优势不断地让位于其他发展中国家，且新竞争优势尚未完全建立的前提下，产业国际竞争力衰减也将制约中国攀升全球价值链的能力。

4. 从促进国内经济转型升级的内在要求来看。自 2008 年全球金融危机爆发以来，越来越多的有识之士认识到，金融危机表面上是对经济增长速度的冲击，实质上是对经济发展方式的冲击。因此，转变经济发展方式已刻不容缓，已经成为中国国民经济面临的全局而重大的战略任务。如何

① 吴中宝、江道辉，2014：《新经贸格局下的中国机会》，中国经济网 1 月 21 日。

才能实现经济发展方式转变，最终要依赖于创新驱动战略，依赖的是微观经济主体，依赖的是具有竞争能力和创新能力的企业。然而，在现行的开放型经济体系中，以简单融入全球价值链的国际代工增长方式，只能依靠低成本优势竞争，难以演化出创新驱动的发展格局。这是因为，简单融入全球价值链分工体系，中国低附加值贸易活动，做的是发达国家早已研发好、设计好的外包订单，自己成为别人的零部件供应商，收取微薄的加工费用。虽然这是发展早期必须付出的学习成本，但副作用很大，不仅在从起点就让中国企业失去了自主创新的欲望和动力，而且一旦进入这一体系，很容易被跨国企业“俘获”并长期被锁定在全球价值链的低端难以自拔，为未来产业转型升级自我设置了障碍，从而抑制中国经济进入创新驱动发展的可能性。

总之，为了适应经济全球化新形势、加快培育参与和引领国际经济合作竞争新优势、成功应对国际经贸格局重大调整、谋求中国在国际分工中的新地位以及应对国内经济转型升级的现实需求等等，必须要扭转以简单融入全球价值分工体系的开放型经济发展模式，再塑开放型经济新动力。

二、嵌入全球创新链“新”特点

中国开放型经济已经站在了新的历史起点上，进一步推动对外开放，需要实现由简单融入全球价值链向深度嵌入全球创新链转变。那么何谓全球创新链，或者说，与全球价值链相比，全球创新链究竟“新”在哪里？我们认为，全球创新链“新”就新在内涵新、目标新、基础新、手段新、主导方式新以及发展路径新的六个方面。

1. 嵌入全球创新链有了新内涵。改革开放以来，中国加入跨国公司主导的全球价值链分工体系，依托的是外国市场对本国产品的需求。这种以外需为导向的国际代工，本质是一种依赖性经济，易受到外部市场的冲击而出现大的波动，本轮全球经济危机就是很好例证（项松林等，2014）[①]。这一点在低附加值加工贸易领域表现得尤为明显，比如家电、纺织服装、IT 设备等制造业领域。这些领域由于过度依赖外部市场，导致外需下降后的企业订单数量骤减，生产规模缩减，原材料需求下降，带动其他相关

---

① 项松林、赵曙东、魏浩，2014：《农业劳动力转移与发展中国家出口贸易结构：理论与中国经验研究》，《世界经济》第 3 期。

产业缩水，同时就业也受到影响，致使整个经济就处于下滑状态（王海兰，2010）①。实际上，基于外部需求的全球价值链分工，无论在经济学的逻辑上，还是在世界各国的实践中，都证明是一条走不通的产业升级道路。因此，与原有融入全球价值链体系相比，嵌入全球创新链的开放型经济发展就有了新内涵。这种新内涵就体现在从“依赖型经济”向“开放型自主经济”转变，即必须把利用国内低端要素进行国际代工的外向型发展模式，转变为基于国内外市场需求的自主创新模式，鼓励企业在全球范围内搜索可利用的资源为内需市场服务，实现对国内外先进生产要素的充分利用，真正建设以内需为主的创新驱动国家，“熨平”中国经济易受外部经济波动的影响。

2. 嵌入全球创新链有了新目标。改革开放以来，中国加入跨国公司主导的全球价值链分工体系，是以提升制造能力为目标，从事的是价值链底部的加工、装配、生产等下游环节（王岚，2014）②。然而，这种以中国制造为目标的融入全球价值链发展模式，虽然抓住了全球产业从发达国家向发展中国家转移的历史机遇，但核心技术受制于人，很多产品只能“贴牌”生产，从而陷入了“产值在国内、利润在国外”的怪圈。同时，随着国内外经济形势的巨大变化，要素成本上升、人民币升值、国家出口退税政策和加工贸易政策调整、国际经贸摩擦加剧以及贸易壁垒增多等，都使得以简单融入全球价值链进行国际代工的低附加值贸易活动模式难以持续。重塑开放型经济发展新动力，需要从要素驱动向创新驱动转变，这就需要从全球价值链加工、制造、生产、装配等底部活动向研发、设计、营销、品牌、市场等“非实体性活动”的两端升级，构建以中国创造为目标的全球创新链分工体系，实现由中国制造到中国创造的转变。

3. 嵌入全球创新链有了新基础。由于加入全球价值链进行国际代工，需要发挥低成本优势，因此原有融入全球价值链分工体系的推进和发展，主要以优惠政策和差别待遇为基础，以便形成吸引外商直接投资和全球订单的“优惠洼地”。这种优惠措施不仅体现在区域层面，同样体现在企业层面。例如，沿海沿江地区优先发展就体现了显著的差别性区域政策，这

① 王海兰，2010：《论金融危机下内外需相互转化机理与实施路径》，《中央财经大学学报》第1期。

② 王岚，2014：《融入全球价值链对中国制造业国际分工地位的影响》，《统计研究》第5期。

些地区不仅凭借着自然区位优势和经济社会基础，更重要的是凭借其优越政策条件，吸引了大量生产要素的流入和国际订单，成为中国融入全球价值链分工体系的试验田和重点区域。从企业层面上来看，优惠政策和差别待遇尤其表现在外资企业和内资企业之间。改革开放以来，尤其是1992年中国确立了社会主义市场经济体制以来，吸引外资被视为振兴地方经济的“捷径”，各种优惠政策不断向外资倾斜，地区之间为了“争夺”外资，采取了“血拼式”的竞争方式，优惠政策“大倾销”不时上演，出台的优惠政策一个比一个火，除了被普遍采用的“三免两减半”税收优惠政策外，免除土地使用费的优惠政策在许多地区也并不鲜见。相对内资企业而言，外资企业显然能够享受到所谓“超国民待遇”。不可否认，这种差别政策构建了中国吸引外资地区的先发优势，也是低附加值经济竞争力的重要来源。然而“内外有别”的政策措施，始终与良性市场中公平、有序竞争的市场机制相悖。随着中国自2010年12月1日起结束外资优惠税收政策，“统一内外资法律法规”、“扩大内陆演变开放”，以及推进依法治国和反垄断法的实施，原有“政策优惠地”的廉价优势逐渐减弱，以简单融入全球价值链分工体系的低附加值集聚活动也会随之转移、散去。在当前中国开放型经济面临国内国际环境深刻变化条件下，新一届中央政府要求构建开放型经济新体制，推动我国产业向全球价值链高端跃升，其实质就是要从以优惠政策和差别待遇为基础的简单融入全球价值链，转变为以公平、有序竞争为基础的深度嵌入全球创新链，目的是为了最大限度地降低交易费用、优化吸收创新要素的平台和环境，创造全球人才云集的高地，获取开放型经济新优势。

4. 嵌入全球创新链有了新手段。长期以来，中国融入全球价值链分工体系发展开放型经济，依托的主要是人口红利、土地红利等传统低成本竞争优势。然而，伴随人口红利逐渐式微，以及其他各类生产要素成本的不断上升，以此为主要竞争手段的低附加值贸易活动难有新的增长空间。与此同时，经过多年发展，中国在经济总量、贸易总量、利用外资总量、外汇储备总量、对外直接投资总量等方面，已经形成了一定的在位规模优势。只要利用得当，在位规模优势可以进一步转化为竞争新优势。此外，广阔且不断扩大的国内需求市场、充足的资金、日趋完善的基础设施、强大而齐全的产业配套能力，以及不断提升的企业创新能力和国际化经营能力，均能够成为中国参与经济全球化的竞争新优势。只不过问题的关键在于，如何将有利条件和潜在优势转化为真正竞争新优势，则可能需要进一步改革，需要改变以往各种对内对外经济活动散状发展模式，在全球范围内搜寻和利用先进生产要素、知识资源。因此，与融入全球价值链相比，嵌入全球创新链就有了新手段。这种新手段就要从基于传统低成本的简单"引进来"向基于创新驱动的"高水平引进来、大规模走出去"转变，切实有效构建全球创新网络平台，引进、利用国内外先进知识和生产要素，促使中国企业快速而低成本地完成复杂性创新，进一步发挥"低成本研发"和"低成本复杂制造"的新优势（陈清泰，2014）①，提高创新驱动经济发展的能力。

5. 嵌入全球创新链有了新主导方式。长期以来，外资的大量利用和出口贸易的快速发展，是中国融入全球价值链的突出特征。毫无疑问，在对外开放的初期，在资本要素较为缺乏、企业家精神十分不足等约束条件下，外资的大量利用不仅解决了资本要素不足的约束问题，而且以资本流入为载体的其他一揽子生产要素的流入（包括技术、组织、管理、企业家精神等等）与劳动要素的结合，使得中国劳动力这一最大的潜在禀赋优势真正转化为现实比较优势。换言之，大规模的外资利用实际上解决了大量的本难有"用武之地"的劳动闲置问题，从而在推动经济增长中发挥了十分重要的作用。而从出口贸易的快速发展的角度来看，在经济发展水平仍然较低的条件下，依托大规模的出口贸易，即依托于国际需求市场，实际上等于是放松了经济发展所需要的内部市场需求不足的约束。毋庸置疑，外资的大量利用以及大规模的出口贸易，在推动中国经济高速增长过程中，发挥了极为重要的历史作用。而在经济发展水平较为落后的条件下，实现经济高速增长可能更应成为经济社会所追求的主要目标。因此，从这一意义上来说，前期以大量利用外资和大规模出口贸易为主导的简单融入全球价值链分工体系，是有效率的，因为效率的基本含义之一就是以有效的资源配置从而获得较高的经济增长。也正是因为在融入全球价值链分工中片面追求"快"的一面，而忽视了相对成本高昂的一面，上述传统的主导发展模式也带来了不平衡、不协调、不可持续等问题，因为以此实现快速增长是建立在高资源（自然资源和非熟练劳动力资源）、高投入、高排放和低附加值基础之上的。因此，此种模式推动的经济增长发

① 陈清泰，2014：《中国企业新的比较优势已出现》，新浪财经3月4日。

展到一定阶段后，效率的另外一层含义，即单位资源充分利用的重要性就会日益凸显。这就意味着中国嵌入全球创新链的发展，应从以大规模出口和大规模利用外资为主导，转向以提升质量和效益为主导，即实现由经济数量扩张向提质增效、创新驱动转变，在增加内部研发投入获得技术绝对优势的同时，有效利用外部资源，打造跨领域、多专业的技术平台，分享新一轮全球创新红利。

6. 嵌入全球创新链有了新的发展路径。在前一轮经济国际化中，中国加入全球价值链进行国际代工，主要从事模仿性的技术学习，发包方或者是连接最终市场需求的大买家，或者是掌握核心技术的跨国公司，发展路径主要集中在“被动创新”而非“自主创新”，因为中国企业整体上处于竞争性零部件供应商的地位。然而，面临国际间价格、成本竞争的日趋激烈，受制于外部市场需求和跨国公司技术控制的国际代工模式，不仅附加值增长空间越来越低，而且也阻碍了自主创新提振国民经济的作用，亟待探索新的发展路径。也正是在此背景下，新一届中央领导集体强调指出：“把创新摆在国家发展全局的核心位置。”这一重要战略举措实际上为中国嵌入全球创新链提供了新思路，也为再塑开放型经济动力提供了新路径。这是因为实现由融入全球价值链向嵌入全球创新链的转型升级，创新目标是由中国企业设置、创新过程由中国企业控制、创新成果由中国企业掌握，因此它是自主知识产权的创新，可以更好推动中国产业向全球价值链高端跃升。同时中国企业嵌入全球创新链，可以低投入、低风险地利用全球最新知识资源，融合内外资源，进行原始创新、集成创新和引进消化吸收再创新，也必将提升企业的自主创新能力，从而实现从“中国制造”向“中国创造”的转变，充分发挥后发优势，更好发挥购买者价值链驱动和生产者价值链驱动作用，取得价值链的主导地位。

三、嵌入全球创新链有利于再塑开放型经济“新”优势

深度嵌入全球创新链，应该是对中国简单融入全球价值链分工体系发展经验的正确判断，其根本目的就是加快创新在开放型经济发展的新作用，再塑开放型经济新动力。我们该如何理解嵌入全球创新链与再塑开放型经济新优势之间的关系呢？

1. 从促进服务业全球化来看。改革开放以来，中国融入国际分工体系主要表现在货物贸易领域，在一定程度上可以说中国的对外开放更多体

现在制造业领域的“单兵突进”，不管是利用外资还是发展出口贸易，均是如此。然而，由于制造业领域的产业关联度高，需求价值弹性大，以外需为主导的中国制造业极易受外部需求波动的影响，低附加值制成品贸易活动的“攻城掠地”、“无坚不摧”难以为继，必须转换发展引擎（刘志彪，2015）①。相反，由于服务业尤其是消费者服务业的需求弹性小，市场需求相对稳定，一般不受外部经济波动的巨大影响，经济稳压器的作用自然而然地成为反经济周期的重大力量（刘丹鹭，2011）②，再塑开放型经济新动力需要增强服务业部门的国际竞争力。在当前服务业“全球化”、“碎片化”发展中，跨国公司在全球范围内组织生产活动，要求获得全球化的贸易、金融、通信、物流、运输等服务，这些服务业也出现了向发展中国家转移的浪潮。另外，信息网络技术在世界服务业中的应用，也使服务业摆脱了“本地化”需求特征，其“可贸易性”越来越强，从而为服务贸易、服务外包等发展打下坚实基础（刘志彪，2015）③。然而，我国服务业总体上还存在较为严重的开放不足问题，比如在基础电信领域、在银行业领域、在保险业领域等。由于这些领域未做到有效充分的开放，从而导致了垄断的形成，不仅限制了货币资本有关的金融服务业国际竞争力增强，而且制约了要素市场领域开放的现代生产者服务业领域核心竞争力提升。面临服务业跨国转移和贸易的全球化新特征，以嵌入全球创新链为基础的开放型经济发展，不仅能承接面向全球市场的高技术、高附加值服务外包，从而塑造外贸增长的新亮点；而且能够通过开放“倒逼”国内服务业领域改革，打破行政、制度、管理、文化等各种自然进入壁垒和障碍，促使现代服务业成为新一轮经济全球化的中国开放型经济发展新动力。

2. 从促进制造业高端化发展来看。嵌入全球创新链，并不意味着我们只发展服务业，而不发展制造业，相反只有强调制造业转型升级，才能更好发挥中国“低成本研发”和“低成本复杂制造业”的新竞争优势。

---

① 刘志彪，2015：《从全球价值链转向全球创新链：新常态下中国产业发展新动力》，《学术月刊》第2期。

② 刘丹鹭，2011：《服务业发展能熨平宏观经济波动吗？基于中国数据的研究》，《当代财经》第6期。

③ 刘志彪，2015：《全面深化改革推动服务业进入现代增长轨道》，《天津社会科学》第1期。

然而，现阶段中国许多制造业产业都存在严重的低端产能过剩问题，“去库存”化将持续相当长时间。造成产能过剩的原因，既与经济周期性变动有关，也与经济结构失衡有关，更有深层次的体制性原因。从周期性变动上看，当世界经济走向萧条和衰退后，外部需求萎缩将导致不少制造业领域的富余产能增加，达到一定程度将形成产能过剩。从结构上看，中国产业结构正处于从传统低成本制造业“没落”向新兴产业“兴起”的过渡阶段，但由于新兴产业投资有限，造成整体投资需求萎缩和产能过剩，尤其在当前消化前期刺激性政策阶段表现得更为明显。从体制性原因上看，产能过剩还与财政体制的扭曲、银行信贷倾斜等有关，因为政府以直接财政补贴的方式支持相关产业发展，以及银行信贷资金向重点产业倾斜，不仅造成了以国有企业为主体的产能过剩，而且还扭曲了市场对资源的基础性配置作用，难以发挥市场力量消化过剩产能。化解制造业产能过剩，需要发挥“创造性破坏”，建立以“破”为首、以“立”为本的创新机制（龚一萍，2010）①，推动制造业由低端制造向高端创新发展。嵌入全球创新链，一方面可以利用中国庞大的内需、基础创新平台等，形成吸收国内外先进生产要素的竞争优势，促进制造业生产效率整体改进，迫使低效率企业兼并、重组或退出市场，消化低端过剩产能；另一方面借助资本大规模“走出去”，发挥“逆向发包”就地吸收发达国家知识、技术和人才作用，引入高端生产要素为中国制造业高端化发展做贡献。因此，嵌入全球创新链与加入全球价值链并不冲突，既可以通过生产率上升抵消综合成本上升，与竞争对手比试低成本效率；又可以在生产率上升的基础上，以性价比优势占据世界中低端收入者市场，并据此实现制造业的产业转型升级。

3. 从促进国际国内生产要素有序自由流动来看。提升生产要素结构和提高生产要素配置效率，是促进产业升级和提升国际竞争力的重要基础。因此，再塑开放型经济新动力，从根本上来说，就是需要进一步提升要素结构水平和提高要素配置效率。对于当前中国开放型经济发展的现实阶段来说，实质上就是如何更好更快地实现中高级生产要素的培育和集聚。众所周知，开放型经济发展的主要特征就是不断提高商品、服务与要素在不同国家和区域之间的可流动性，从而尽可能地实现世界范围内的资

① 龚一萍，2010：《“创造性破坏”视阈下企业动态能力构建》，《经济管理》第8期。

源优化配置并实现经济效益的最大化。而嵌入全球创新链可以最大限度地建立与世界的各种正式和非正式联系，吸引全球范围内先进生产要素在中国集聚。只不过问题的关键在于，要素的全球流动性并非均衡推进，不平衡发展往往导致要素向部分国家和地区聚集的现象。显然，在影响要素流动的各种可能因素中，流动壁垒及其对要素收益权的保护起着极为关键的作用。正如张二震等（2014）所指出，与以往主要以商品跨境流动为主要内容的经济全球化不同，在以要素流动性日益增强为主要内容的当今经济全球化发展，一国或区域内货物、服务、信息、资本、技术、管理、人才等相对自由的流动，以及提供更为完善的产权保护，对全球优质要素的集聚具有极为关键的意义。从这个意义来看，在新的嵌入全球创新链发展轨道中，只有加强知识产权保护，才能有效吸引外部资源为我所用，才能更好发挥本土优质生产要素的创新活力，才有获得技术绝对优势的可能。

4. 从释放更具微观活力的动力机制来看。融入全球创新链有助于发挥市场在资源配置中的基础性调节作用。市场对资源配置起决定性作用，其基本的含义就是要依据市场规则、市场竞争来配置资源，从而实现效益最大化和效率的最优化，其实质就是要求政府进一步简政放权，减少政府干预。而政府简政放权后，能够极大地激发微观主体的市场活力、发展动力和创造力，减少政府干预不当，导致在低端产业链上“铺摊子”进而带来严重的产能过剩。当前，普遍观点认为中国缺乏创新能力。实际上，与其说中国创新能力的缺失是技术困境所致，还不是说是制度困境所致，缺乏创新能力的实质是缺乏激励创新的体制机制环境。因此，嵌入全球创新链可以促进微观主体快速而低成本地完成复杂性创新，但需要通过简政放权和减少政府干预，让微观主体在市场公平有序的竞争中发挥创新想像能力以及选择自负其责的技术路线，激发企业、大学、科研院所、政府组织、非营利组织以及个人等创新主体间形成长期正式和非正式的合作与交流，最终增强市场微观基础活力和参与国际竞争能力。

5. 从提高国际化经营水平和全球配置资源能力来看。在以要素跨国流动更加频繁的经济全球化条件下，嵌入全球创新链应是一个双向可逆的循环系统，既有“高质量引进来”，也应该有“大规模走出去”。中国以简单融入全球价值链的开放型经济发展，在过去相当长的一段时间主要是“低质量引进来”，“高质量引进来”和“大规模走出去”发展则相对滞后。固然，早期“低质量引进来”可以有效发挥低成本生产优势，实现更大规模的经济增长、财政收入、制造业附加值、进出口贸易等经济目标，但“数量扩张”战略始终无法抵消要素成本上升的压力。因此，只有通过“高质量引进来”，才可以有效地引进和利用全球科学知识资源，利用国外的先进知识、人才和技术，培育我国中高级生产要素，进而提升要素配置效率，以效率改进弥补成本上涨压力。同样，也通过“大规模走出去”，才能直接利用国际资源、转移本国过剩产能、缓解贸易摩擦，实现与东道国互利共赢。实际上，“高质量引进来”和“大规模走出去”是为了更好地从全球获取资金、技术、市场、战略资源，拓展经济发展空间，增强开放型经济发展的动力和后劲；是企业深度融入全球市场、在全球市场中学习、竞争进而不断成长的重要途径。

6. 从协调区域发展的整体开放型经济竞争优势来看。自改革开放以来，受到区位条件、要素禀赋，尤其是渐进式开放战略的影响，中国融入全球价值链分工体系的开放型经济发展呈现出显著的区域差异。地区差异性在成为中国开放型经济可持续发展制约因素的同时，也蕴含了新的机遇。换言之，只要战略得当，就能将区域差异性转化为区域间合作可能性，更好地发挥各地区的比较优势，在实践中更好地实现“腾笼换鸟”，从而为中国开放型经济内生性增长提供更为强大的动力。近年来，受到资源环境以及用工成本提高等因素的影响，东部沿海地区企业综合运营成本大幅度上升，面临着转型升级的紧迫任务。而中西部内陆地区交通等基础设施条件大大改善，成本优势凸显，承接产业转移的能力不断增强。在此背景下，东部沿海地区可以利用高素质劳动力禀赋优势吸引其他先进要素在本区域集聚，率先嵌入全球创新链，打造以创新为主体的总部经济、研发基地、高端制造等，推动价值链向高端升级跃升。而中西部地区则可以充分发挥成本优势，承接东部地区低端价值链转移，在玩转加工、装配、制造等能力基础上，逐步向设计、营销、网络等价高端价值链升级，最终向全球创新链靠拢。这不仅可以协调区域间的比较优势从而打造出开放型经济的“协同”竞争优势，还有利于实现“在国内价值链、全球价值链和全球创新链互动中”提升竞争能力。

7. 从适应高标准全球经济规则来看。当前全球经济规则有高标准化发展趋势，只有能够达到标准要求的国家和地区，才能够进一步融入经济全球化之中，才有可能抓住经济全球化发展带来的战略机遇，才有可能掌握全球经济未来发展的主动权。与以往简单降低关税和非关税壁垒及其市场准入问题，高标准的全球经济规则，更多关注的将是一国国内的经济政策、产业政策、自主创新、政府采购、知识产权保护等等。因此，适应高标准的全球经济规则，其实质就是要建立更加成熟的、更加完善的、更加公平的、更加规范的、更加透明的以及更加法制化的市场经济体制，“逼迫”中国改变简单融入全球价值链，实现以创新驱动为核心的嵌入全球创新链战略。从这个意义来看，适应高标准的全球经济规则需要发挥“以开放倒逼改革”的效用。而“以开放倒逼改革”所取得的经济竞争优势，在中国开放型经济发展历程中，已有先例。比如，为了应对加入世贸组织的冲击效应，中国就进行了一系列市场化改革，包括从中央到各地方政府再到企业，都做了长期性的战略调整、结构调整乃至体制调整。而正是这种“以开放倒逼改革”的效应，使得中国加入 WTO 后能够成功地发挥比较优势和竞争优势，“铸就”了世界制造中心的地位。以史为鉴，在全球经济规则高标准化发展趋势下，再塑开放型经济新动力，同样需要“以开放倒逼改革”，破除阻碍创新经济发展的旧制度、旧机制、旧习惯和旧思维，以“包容”的姿态积极适应、甚至参与全球经贸规则制定，推动以嵌入全球创新链为核心的开放型经济新发展。

四、怎样嵌入全球创新链

基于前文分析，我们认为嵌入全球创新链的核心，或者说要义就在于“促改革、促发展、促转型”，其中，“改革”最为关键，是决定从全球价值链向全球创新链转型升级能否成功的关键。具体来说，要实现以下几方面的改革突破：

1. 转变政府职能。为适应嵌入全球创新链的新要求，以往的全能型政府或者说以政府主导的全球价值链发展模式，必须向有限的服务型政府转变，以更好地服务于创新经济发展的新需要。具体来说，就是要在厘清政府与市场、社会关系的基础上，通过政府机构改革，强化政府职能的转变，而核心是改革行政审批制度，简政放权，让市场在资源配置方面发挥决定性的作用的同时，充分发挥政府的服务型作用。正如党的十八大报告指出的那样：“经济体制改革的核心问题是处理好政府和市场的关系，必须更加尊重市场规律，更好发挥政府作用”。充分发挥市场配置资源的决定性作用，才能保持微观经济主体的创新活力；而合理定位并履行好政府职能，则对维护开放型经济稳定发展具有极为关键的意义，两者有机结合、相辅相成，是嵌入全球创新链发展的根本保障。

2. 转变政策决定者发展理念。与简单融入全球价值链分工体系的出口导向型经济发展理念不同，嵌入全球创新链的创新型开放经济发展，不再强调有形的实物产品，而是更加注重现代生产性服务业在开放型经济增长中的作用。由于现代服务业大多属于无形产品，政策制定者需要转变发展理念，摆脱仅仅依靠提供物资资本就能塑造开放型经济动力的传统看法，树立“软件重于硬件”的观念，承认创新活动主体的决策支配权和剩余索取权。政策制定者还要深化和拓展对资本的认识，把人力资本概念引入产业发展政策中，尊重科技人员的智力劳动，允许人力资本与物资资本一样可以作价入股，以此激励科技人员的创新积极性。同时，要允许对人力资本进行适度的折旧，以补偿其高强度的智力资本投资和消耗。再比如，要放松管制并打破垄断，鼓励企业尤其是现代生产性服务企业展开效率竞争等等（刘志彪，2015）[①]，都对嵌入全球创新链的开放型经济发展有益。

3. 改变传统政绩评价机制。长期以来，在以较为容易量化的经济增速作为政绩考核指标的“指挥棒”下，各级地方政府重点自然被置于经济增速上，无论是利用外资，还是发展出口贸易，均表现如此。而在嵌入全球创新链上，政府经济工作的重心是如何提供更好的服务吸引全球优质资源，发展创新驱动型经济，更多地体现在服务水平上。显然，不同政绩考核指标引导下的发展理念和观念不同，“服务”的质量和内容就会不同。因此，从全球价值链向全球创新链为核心的开放型经济新动力转变，从政府层面来看，需要改革开放型经济绩效评价的传统“指挥棒”，把考核工作的中心放在如何优化创新创业环境，建设优质创新平台载体，提供卓越创新功能服务，吸引国内外先进生产要素和智力资源，促进区域经济向人才集聚、创业集聚、创新集聚转型上。

4. 完善促进国际国内要素有序自由流动的体制机制。从国内市场来看，一方面是要进一步理顺要素价格体系，加快完善劳动、土地、资本、自然资源、金融资产以及企业家等生产要素的市场价格形成机制，充分发挥价格对市场的调节作用，从而提高要素的配置效率并形成要素的集聚效

① 刘志彪，2015：《从全球价值链转向全球创新链：新常态下中国产业发展新动力》，《学术月刊》第2期。

应。另一方面要加快形成全国统一市场，消除要素跨区域跨行业的流动壁垒。不可否认，目前国内市场环境还不够健全和完善，国内统一市场还没有完全形成。物流成本相对较高、部分垄断行业进入壁垒高、区域市场进入壁垒相对较高以及地方保护主义导致的市场分割等现实情况，是形成国内统一市场的制度性障碍，不通过深化改革消除制度障碍，就难以实现"资源高效配置、市场深度融合"的目标。从促进要素的跨国流动来看，一方面要加快外资政策和投资准入的负面清单制定，加快扩大服务业对外开放。另一方面要改革对外投资的审批体制，提高审批效率，允许发挥自身优势到境外开展投资合作，促进国内企业走出去开展绿地投资、并购投资、证券投资、联合投资等等。另外，向嵌入全球创新链升级，生产要素价格的低廉性被交易成本是否低廉所取代，交易成本是否低廉更加重要。最大限度地降低交易费用，优化吸收创新要素的平台和环境，才是竞争取胜的关键。

5. 构建完善区域全球创新链和全球价值链协调发展的有效机制。协同推进沿海、内陆、沿边的全球创新链和全球价值链分工体系，形成区域间的优势互补、分工协作以及均衡协调的对外开放格局。中西部地区通过加快与东部沿海地区的融合发展，主动接受东部沿海地区的辐射和溢出，重塑区域经济地理，在融合中分享机遇，在互动中借力发展，以成本优势分享全球价值链分工的经济红利。东部沿海地区要更加注重开放，促进要素、服务在全球范围内的自由流动和合理配置，开展与国外主要创新活动中心的多形式、多领域和多层次合作，搭建国际区域间经济协作的技术、人才等合作平台，进而形成以全球创新链为基础的国际分工新体系。除此之外，还要完善扶持机制和互助机制，特别是要鼓励和促进东部发达地区采取对口支援、社会捐助等一系列方式，帮助和扶持欠发达的中西部地区，使其更有"能力"为东部沿海地区的全球创新链提供"配套"服务。

6. 构建有利于培育企业国际竞争力的竞争机制。开放型经济发展是否具有竞争力，说到底，取决于企业在国际市场上是否具有竞争力。在依托低端要素和政策红利等所形成的国际竞争力日益弱化背景下，企业国际竞争力需要基于创新能力的提高。而从影响企业创新能力的影响因素来看，不单单取决于是否具有创新要素，比如创新人才，更重要的还取决于能否充分发挥创新要素的作用，将潜在的创新要素真正转化为创新能力和实践。因此，更有利于促进创新的体制机制，要比创新要素本身可能重要得多。因为在要素跨国流动性日益增强背景下，一国（企业）所能使用的要素不再局限于本土要素，既可以通过吸引国际先进生产要素形成集聚效应，也可以通过“走出去”的方式整合全球优质要素。可能正是基于这一意义，有学者认为“制度高于技术”，换言之，构建有利于企业进行创新从而不断提升国际竞争力的体制机制可能更为重要。为此，一方面要通过组织制度、产权制度和管理制度的建设，构建企业创新的制度激励系统，另一方面要通过完善相关市场制度形成激励企业创新的公平竞争市场环境。此外，除了依靠市场制度和企业制度的激励作用外，还需要借力政府行为，发挥政府的宏观调控作用，即从政府的政策体系设计层面，强化管理，落实和出台能够有效鼓励企业进行创新的激励政策，早日形成基于全球创新链的开放型经济新格局。

第五节　小　结

目前，在各类生产要素成本不断上升从而使得传统低成本优势逐步丧失的内部变化条件下，以及面临外需减弱、贸易保护主义升温、经贸摩擦频发、全球经贸格局“南升北降”、区域经济合作蓬勃发展等外部条件下，以简单融入全球价值链分工体系的现行开放型经济，难以适应国内外经济环境的深刻变化，再塑开放型经济新动力必须以嵌入全球创新链为基础，以适应2.0版的经济全球化发展趋势。

然而，在经济全球化进一步发展的条件下，以美国为首的发达国家已经对传统的关税、非关税减免等不感兴趣，取而代之的是建立高标准的新一代贸易投资规则，例如在亚太地区以TPP为抓手切入东亚经济一体化发展进程的典型例证。这种高标准的自由贸易协定本质上就是一种“制度非中性”，对于暂时还未进入TPP“圈子”的中国而言，无论对制成品贸易还是服务贸易，或者跨境投资以及多边贸易体制中普遍存在的“发展中优待”等都会产生重要影响。

面对这一困境，国内依然存在众多分歧，既有持基激进观点的“加入派”，也有持保守观点“不加入派”，还有更多持温和观点的“待时机成熟再商讨加入”。实际上，无论加入或不加入，未来的影响不可避免，只是程度大小的差异而已。为此，本书使用资本流动影响区域经济融合的理论模型对此进行解释后，发现市场中依然存在一种自发的力量，促进各经济体之间扩大区域经济一体化进程。换句话说，即使“不作为”，TPP也不可能没有中国，实现亚太地区的经济一体化（FTAAP）。

但是，在资本流动特别是FDI跨境投资中，资本是逐利的，中国简单融入跨国公司主导的全球价值链，既不符合中国的战略利益，也有可能被“动态”价值链分布的“链主”剔除。从这一角度看，中国开放型经济实现外贸结构的转型升级，依然需要向嵌入全球创新链上转型升级。与简单融入全球价值链相比，嵌入全球创新链具有内涵新、目标新、基础新、手段新、主导方式新以及发展路径新的特点。推动中国开放型经济由简单融入全球价值链向嵌入全球创新链转型升级，不仅有利于提升服务业的国际竞争力，而且有助于促进制造业高端化发展，推动中国产业向全球价值链的高端跃升。同时，嵌入全球创新链还可以虹吸全球先进生产要素，在“高质量引进来”和“大规模走出去”中，更好地利用全球资金、技术、市场、战略资源，拓展经济发展空间，消化“过剩产能”，增强开放型经济发展的动力和后劲。另外，嵌入全球创新链也是不断提高企业国际竞争力和自主创新能力、协调区域开放型经济发展、使用全球经贸规则变化的重要途径。

应该指出的是，顺利实现开放型经济嵌入全球创新链发展，需要进一步深化改革。通过改革，在转变政府职能、转换政策决定者发展理念、改变传统政绩评价机制、完善要素有序自由流动、构建完善区域全球创新链和全球价值链协调发展以及培育企业国际竞争力的改革过程中，将外贸和外资结合起来，将贸易发展方式转型升级和经济发展方式转型升级结合起来，将贸易发展和产业发展结合起来，将“引进来”和“走出去”结合起来，将国内市场发展和国际市场开拓有效结合起来等等，从而打造出开放型经济发展的新优势。

第九章

结论、政策含义与研究展望

当今世界，贸易开放所带来的经济增长是一个国家或民族走向强盛的重要因素之一，无论这种开放是主动的还是被动的。然而，随着世界经济一体化的深入发展，任何国家的经济发展不可避免地受到其他国家的影响，尤其是发展中国家的出口贸易增长受制于发达国家实际经济运行的影响。中国出口贸易的发展更是如此，由美国次贷危机引发的全球性经济危机已经对中国对外贸易产生了较为严重的负面效应，出口增长出现较大幅度波动。党的十八大提出要加快对外经济发展方式转变，以适应经济全球化新形势要求，推动开放型经济向互利共赢、多元平衡、安全高效方向发展。如何保持中国出口贸易的平稳增长，实现对外贸易的可持续发展，成为现在讨论的主要论题之一。这也是本书力求从理论和实证两方面探求缓解中国企业融资约束、实现出口贸易可持续发展的重要原因。本书试图沿用新—新贸易理论分析框架并进行拓展，探讨了中国经济结构转型时期的“融资约束与企业出口”的关系和作用机理，以期能为上述问题提供合理的解释，并提出针对性政策建议。

第一节 主要结论

本书在已有“新—新贸易理论”的相关研究基础上，先构建了一个“融资约束影响企业出口的理论模型”，考察发展中国家普遍存在的金融抑制对异质性企业出口的影响，并分别使用2002—2004年的《中国企业普查数据》、1998—2008年《中国工业企业数据》和1995—2009年中国出口到123个国家或地区的HS-6位码微观贸易数据实证检验理论模型的正确性。通过上述分析，本书得出的主要结论如下：

一、理论分析方面

1. 即使发展中国家生产企业存在融资约束，生产企业和潜在生产者的自我选择效应依然是存在的。竞争机制使得生产率最高的企业出口，生产率居中的企业在国内市场销售，低生产率的企业退出市场。当然，自我选择效应也是新—新贸易理论的核心观点之一。

2. 成本贸易条件下，融资约束是制约企业出口的重要因素，融资能力强的企业可以弥补生产率缺陷，利用外源性融资支付国际贸易的固定成本而成功出口；但融资能力差的企业，即便出口也会因为难以克服国际市场的固定成本而降低出口意愿。这反映出企业融资约束与生产率的相互促进关系，使得融资异质性应该和生产率异质性一样，成为决定企业出口与否的重要依据。

3. 与封闭条件相比，贸易开放后，发展中国家出口企业的资金缺口更大，金融抑制将制约本土企业在出口市场的做大做强。这些国家如果能加速国内金融市场改革，提高资金配置效率，将有效缓解本土企业进入国际市场的融资压力，提高企业参与国际竞争的积极性，起到提高本国出口贸易水平和改善贸易结构的作用。

4. 理论上，外源性融资方式差异对企业出口的作用也存在不同。在银行融资方面，银行的金融支持是影响企业出口的重要因素，融资异质性应该和生产率异质性一样，成为决定企业出口与否的重要依据。但金融发展促进企业出口是有条件的，并非所有的银行金融支持都能支持企业出口，这与企业的银行融资方式有关，也与银行掌握企业的信息程度有关。相比抵押贷款而言，信贷投资更有助于企业参与出口。

5. 为分析中国出口增长主要以老产品的集约边际为主，本书还使用融资约束拓展了新—新贸易理论的二元边际理论模型，并且发现包括中国在内的发展中国家以少数老产品大量出口的原因与其金融体系不完善密切相关。金融市场化改革的相对滞后，降低了老产品出口企业的零利润条件，有利于出口增长的集约边际增长。同时当出口市场存在固定贸易成本，缺乏外部融资机会的潜在出口企业只能被迫放弃出口机会，导致出口增长中的扩展边际停滞不前。两个方面的共同作用导致发展中国家出口增长存在以少数老产品大量出口的必然特征，中国也不例外。

6. 资本流动与区域经济一体化方面，在假定区域经济一体化内生性的前提下，本书借鉴新—新贸易理论分析框架，构建了一个 FDI 影响区域经济一体化内生决定的理论模型，并在理论上认为区域经济一体化的内生决定是可能的。这取决于一体化后的福利增加和产业损失。当外商直接投资的加速发展后，一体化的福利所得将大于产业损失，有助于推动地区间形成经济一体化。

二、经验分析方面

（一）融资约束与企业生产率

在理论模型基础上，本书首先检验融资约束与中国企业生产率的关系，得出的主要结论如下：

1. 当创新投资存在成本时，融资量的增加有助于提高企业的生产率水平。如果企业缺乏外源性融资渠道，且自身内源性融资又存在不足，流动性约束将制约企业生产率水平的持续增长。

2. 使用微观数据进行实证检验后可知，内源性融资确实具有促进企业生产率提高的作用，但对不同所有制类型企业具有不同效应。就国有企业而言，受益于“软预算约束”以及国有成分的好处，垄断地位使得它们即使不提高企业长期生产效率，也可以获得较为丰厚的报酬，从而阻塞了内源性融资作用企业生产率的通道。民营企业既不能像国有企业那样较为容易地从银行部门获得信贷融资，也不能像外资企业从母公司获得额外资金，使得它们只能主要依赖内部资金作为提高长期生产效率的主要途径。

3. 与内源性融资不同，银行信贷融资和商业信贷融资的单独作用，并不能提高企业的生产率水平，但银行外源性融资与企业内源性融资的交互作用能显著提高民营企业的生产率水平。这说明政府鼓励金融机构向民营企业提供信贷融资，有利于它们提高生产效率，促进经济增长又好又快发展。

4. 虽然流动性约束与企业生产率关系是一个广受关注的话题，但现有文献鲜有从理论和实证两方面直接论述两者之间的联系。本书的结论表明：流动性约束具有影响企业生产率的作用。

（二）融资约束与企业出口方面

通过对1998—2008年微观企业数据的实证分析，本书又得出融资约束制约中国企业出口的相关结论如下：

1. 针对企业出口竞争力的微观要素进行经验考察，本书发现生产率是企业出口竞争力的核心要素，这一结论并不支持企业出口的逆选择机制，即“出口的生产率悖论”，且与Melitz（2003）[①] 等人的主流观点保持了一致性。

2. 经验研究还支持了“融资能力—出口扩张”正关联效应。在国际市场处于周期波动时，通常也伴随着金融市场不稳定；出口企业面临着更严峻的信贷约束。一方面，生产率较高的企业更能够抗御低迷的外需市场；另一方面，具备良好融资能力（如较高的抵押资产水平）的企业也更容易渡过难关。

3. 本书还分析了融资异质性与生产率异质性促进企业出口选择和出口供给的共同决定机制。对于异质性企业来说，生产率固然重要，但可能受制于融资瓶颈（即融资的阈值效应）。当融资能力过低时，高生产率企业也可能遭受市场淘汰。本书的经验结果发现优胜劣汰机制将促使高生产率且具备良好融资能力的企业，更容易获得出口竞争力。

---

① Melitz M. 2003. “The impact of trade on intra - industry reallocations and aggregate industry productivity.” Econometrica, 71 (6): 1695 - 1725.

（三）银行融资与企业出口方面

以世界银行《中国企业普查数据》为基础，本书又对企业的银行贷款约束与出口进行了统计描述，结果显示银行融资与企业出口存在正向关系，且信贷投资比抵押贷款更有利于企业出口。为对这一现象进行解释，本书在企业异质性基础上，理论分析了信贷投资和抵押贷款的出口促进作用差异，并结合中国微观企业数据进行了实证检验，得出以下结论：

1. 使用微观数据进行实证检验后，银行向企业提供信贷投资的融资便利确实具有显著促进其出口的作用，且这一结论不随分行业、分区域和分所有制的估计而改变。

2. 虽然在全部样本中，生产率异质性比融资异质性具有更大的促进出口作用，但在资本密集型行业和东中部地区的企业中，生产率异质性的促进企业出口作用反而不及融资异质性大。这说明在企业出口的初始阶段，融资异质性可能比生产率异质性更重要，至少在样本期的中国是这样。

3. 区分内外资后，虽然信贷投资优于抵押贷款的促进企业出口结论依然成立，但抵押贷款也同样具有提高内资企业参与出口的积极作用，这对我国当前稳定出口具有重要意义。在商业银行控制贷款风险而不愿意实施过多信贷投资计划的背景下，国家应该鼓励商业银行向内资企业提供抵押贷款的融资，提高潜在出口的内资企业参与国际分工，实现出口贸易的可持续发展。

（四）融资约束与二元边际方面

对中国 1995—2009 年出口到 123 个国家或地区的二元边际贸易数据进行实证检验后，本书还发现：

1. 金融市场化指数显著负向影响集约边际出口、显著正向影响扩展边际出口，说明中国加快市场化改革，尤其是金融市场化改革以提高资源的市场配置效率，能显著改善出口增长主要沿集约边际实现的现状，提高扩展边际在出口增长中的作用，实现出口贸易的稳定发展。

2. 贸易成本下降、一体化变量正向促进老产品和新产品出口增长，表明中国应更加注重内部市场化制度改革，积极参加区域经济贸易一体化协定，以便促使出口贸易的平稳发展。

3. 除低收入国家外，政治体制变量显著正向影响老产品出口，反映出不同政治体制的国家对世界经济的包容性，也是中国基于比较优势积极开展对外贸易往来，老产品出口得以快速增长的重要原因。然而，中高收入国家的政治体制变量与新产品出口呈反向变化关系，说明随着中国经济的快速发展，这些世界主要国家并不希望中国既成为一个老产品的出口大国，又是一个技术不断进步、新产品生产和出口继续扩张的国家。“政治歧视”的两种相反作用将加大未来中国贸易可持续发展的调整难度。

（五）资本流动与区域经济融合方面

使用数值模拟和1985—2012年OECD国家数据库的样本数据进行实证检验后，本书也发现：FDI促进区域经济一体化的作用确实存在，但国家间经济规模、要素禀赋、地理距离等影响区域经济一体化不完全相同，说明影响区域经济一体化的因素依然复杂。外商直接投资促进区域经济一体化内生形成，对正确理解中国（上海）自贸区、“一路一带”战略、亚洲基础设施投资银行、跨太平洋战略贸易伙伴关系协定（TTP）、跨大西洋贸易与投资战略伙伴关系协定（TTIP）等重大区域经济发展战略有一定借鉴意义：

1. 从上海自贸区和“一路一带”战略来看，随着中国与其他国家双边和周边FDI投资联系的进一步增强，自动会助推自贸区的建设和发展，质疑之声将不攻自破。

2. 对亚洲基础设施投资银行而言，鼓励优秀企业借助亚投行平台“走出去”，与东道国建立良性互动的产业配套发展格局，再利用资本流动推进区域经济一体化的积极作用，也会自动提高区域经济一体化水平。所以，在当前国际经济治理进入敏感期以及复杂的国际政治局面，发展中国与其他国家的区域经济一体化，不应“操之过急”，而应具有分步走的长远战略眼光，采取先鼓励资本“走出去”，再用“走出去”资本推动区域经济一体化。

3. 对TTIP来说，美国等发达国家已经处于高标准的一体化组织下，互利互通的渠道几乎完全敞开，继续推进更高标准的一体化，更可能演变为“零和博弈”，进一步推动TTIP，必须破解“一方收益建立在另一方福利损失基础之上”的困局。

4. 对TTP而言，虽然有加入意向的国家，因经济规模和发展实力存在显著差异，致使谈判僵持，但考虑到未来双边和周边外商直接投资的加速，FDI 促进区域经济一体化的正向作用，将会超过经济发展水平差异带来的负面影响，使得 TTP 在不远的将来成为现实。而这也在 2015 年美国亚特兰大的第 28 轮谈判中达成了初步框架性协定，等待各国国会批准生效。

第二节　对　策

根据上述理论模型分析和经验研究的相关结论，作者提出以下缓解中国出口贸易固化、实现对外贸易可持续发展的对策：

一、继续深入、全面、持续地加强创新经济发展战略，制定合理金融扶持计划，促进企业生产率的内生增长

1. 政府应继续和加强对企业尤其是民营企业的税制改革。企业能否增加创新投资，关系到它们的长期竞争力。减少企业所承担的相关税费，将直接增加其内源性融资能力，有助于企业将更多资金投入到研发等创新活动之中，促进生产率水平的持续增长。

2. 政府应制定更为合理的企业金融扶持计划，鼓励国家正规银行向企业提供信贷投资。对于存在流动性约束的企业，银行融资可以帮助它们支付提高生产率水平的相关投资，使没有研发活动的企业也积极进行研发投资，提高创新企业主体的广度。同样，对于已经研发的企业，银行融资也可以帮助它们扩大研发规模，形成规模经济，以便提高企业创新的深度。两方面的共同作用对于加速创新型经济发展，乃至实现中国经济平稳增长都有重要的现实意义。

3. 深化金融体制改革，还需要银行具备一定的风险承担能力。当前，以杠杆率为基础的短期信贷融资已经对中国企业生产率增长造成了一定的负面影响，银行敢于承担风险，勇于向企业提供长期信贷的金融支持，或者减少对相关短期贷款抵押物的要求，都会降低企业经营者参与创新投资

的成本顾虑，起到促进生产率水平持续增长的作用。

二、加快“预警机制”、“临危保护体系”建设，提高金融支持促进企业出口的作用

政府不仅应该为出口企业提供科技创新平台，提升企业的生产率水平，还应该竭力为后者搭建良好的融资平台，当国际外贸市场环境处于短期剧烈恶化时，政府需要制定“预警机制”以及“临危保护体系”，防止危机时期（市场波动期）出现出口企业的倒闭潮，让具有良好生产率的企业免于淘汰。从要素禀赋理论来看，除了资本和劳动力要素外，服务性要素则是中国贸易竞争优势的新源泉，尤其在原料和劳动力等传统物质（资源）要素方面的竞争优势正逐渐消退。中国出口企业一方面需要国家支持从而获得良好的软实力（如金融服务、咨询服务以及港口服务等），另一方面需要增强其自身的内部治理能力，改善经营理念，取得良好的成本控制和管理能力。

三、深入推进金融体制的改革进程，扩大融资服务企业出口的渠道，创造对外贸易稳步发展的条件

1. 政府应制定更为合理的企业金融扶持计划，鼓励国家正规银行向企业提供信贷投资。对于没有出口的企业，银行融资可以帮助它们支付进入国际市场的固定成本，使没有出口的企业变为出口商，提高出口贸易的广度（或扩展边际）。同样，对于已经出口的企业，银行融资也可以帮助它们扩大规模，形成规模经济，增加出口量，以便提高出口贸易的深度（或集约边际）。两方面的共同作用对于稳定我国对外贸易增速，乃至实现中国经济平稳发展都有重要的现实意义。

2. 银行和金融机构要进一步深化改革，增加对企业信息的掌握程度。因为即使在抵押贷款的银行融资下，企业参与出口的概率也随银行部门对企业信息掌握程度的提高而增加。

3. 深化金融体制改革，还需要银行具备一定的风险承担能力。当前，抵押贷款的企业融资已经对中国出口企业造成了一定的负面影响，银行敢于承担风险，勇于向企业提供信贷投资的金融支持，或者减少对抵押物的要求，都会降低企业经营者参与国际市场的成本顾虑，起到稳定出口的作用。

四、采取切实手段，促进中国开放型经济由简单融入全球价值链向嵌入全球创新链的转型升级

目前，在各类生产要素成本不断上升从而使得传统低成本优势逐步丧失的内部变化条件下，以及面临外需减弱、贸易保护主义升温、经贸摩擦频发、全球经贸格局“南升北降”、区域经济合作蓬勃发展等外部条件下，以简单融入全球价值链分工体系的现行开放型经济，难以适应国内外经济环境的深刻变化，再塑开放型经济新动力必须以嵌入全球创新链为基础，以适应2.0版的经济全球化发展趋势。

然而，在经济全球化进一步发展的条件下，以美国为首的发达国家已经对传统的关税、非关税减免等不感兴趣，取而代之的是建立高标准的新一代贸易投资规则，例如，在亚太地区以TPP为抓手切入东亚经济一体化发展进程就是典型例证。这种高标准的自由贸易协定本质上就是一种“制度非中性”，对于暂时还未进入TPP“圈子”的中国而言，无论对制成品贸易还是服务贸易，或者跨境投资以及多边贸易体制中普遍存在的“发展中优待”等都会产生重要影响。

面对这一困境，迫切需要中国开放型经济实现外贸结构的转型升级，需要由原先简单融入跨国公司主导的全球价值链向嵌入全球创新链方向上的转型升级。与简单融入全球价值链相比，嵌入全球创新链具有内涵新、目标新、基础新、手段新、主导方式新以及发展路径新的特点。推动中国开放型经济由简单融入全球价值链向嵌入全球创新链转型升级，不仅有利于提升服务业的国际竞争力，而且有助于促进制造业高端化发展，推动我国产业向全球价值链的高端跃升。同时，嵌入全球创新链还可以虹吸全球先进生产要素，在“高质量引进来”和“大规模走出去”中，更好地利用全球资金、技术、市场、战略资源，拓展经济发展空间，消化“富余产能”，增强开放型经济发展的动力和后劲。另外，嵌入全球创新链也是不断提高企业国际竞争力和自主创新能力、协调区域开放型经济发展、使用全球经贸规则变化的重要途径。当然，顺利实现开放型经济嵌入全球创新链发展，还需要进一步深化改革。通过改革，在转变政府职能、转换政策决定者发展理念、改变传统政绩评价机制、完善要素有序自由流动、构建完善区域全球创新链和全球价值链协调发展以及培育企业国际竞争力的改革过程中，将外贸和外资结合起来，将贸易发展方式转型升级和经济发

展方式转型升级结合起来，将贸易发展和产业发展结合起来，将“引进来”和“走出去”结合起来，将国内市场发展和国际市场开拓有效结合起来等等，从而打造出开放型经济发展的新优势。

第三节 研究展望

以新—新贸易理论和相关研究文献为基础，本书主要考察了发展中国家结构转型背景下的融资约束对企业出口的影响和中国实际经验。尽管笔者已经尽了很大的努力，但限于自身水平和知识结构的局限，仍有很多问题需要进一步深入研究。总结起来，需要改进或未来需要继续关注的问题包括以下两方面：

一、理论模型分析方面

尽管本书沿用经济学研究的一般分析范式，使用融资约束变量对 Melitz（2003）① 的单要素模型理论模型进行拓展，也使用融资方式变量对 Chaney（2008）② 的金融发展促进企业出口理论模型进行了拓展，但稍加思索就会发现，本书构建的新—新贸易理论模型仍然沿用他们的分析思路，没有进行根本的实质性扩展。限于本人纯理论建模的功底和数学运算的能力，尽管尝试过多次努力，却依然无法对诸如“融资约束与企业跨国经营”、“FDI 的金融机制替代与加工贸易出口”、“融资约束对中国企业走出去”以及跨境投资促进区域经济融合的方式、路径演变等现实经济问题进行思考。希望笔者以后有机会继续学习，努力提高理论建模水平，进一步关注新—新贸易理论的新近发展方向。

另外，中国出口贸易快速增长的背后，始终有政府“看得见的手”

① Melitz M. 2003. “The impact of trade on intra - industry reallocations and aggregate industry productivity.” Econometrica, 71 (6): 1695 - 1725.

② Chaney T. 2008. “Distorted Gravity: The Intensive and Extensive Margins of International Trade.” American Economic Review, 98 (4): 1707 - 1721.

在引导和指挥。本书从企业异质性出发，构建的理论模型都忽视了政府的作用。如何将政府作为模型中的一方，完善和拓展本书的理论模型，也值得关注。同时，本书也只是分析了消费者和生产者直接联系的理论模型，没有体现出贸易中介在中国出口增长中所起到的作用。如何将消费者和生产者之外的第三方“贸易中介”融入理论模型中，分析融资约束与企业出口之间问题，也将是笔者未来关注的重点内容。

二、实证方面

受数据限制，本书仅使用了2002—2004年世界银行的中国微观企业数据和1998—2008年《中国工业企业数据》，实证分析了中国出口企业的生产率问题和加工贸易出口固化问题。但本书使用了企业的微观数据，要么样本期限较早，要么样本包含的范围不够全面。虽然笔者曾试图获取《中国工业企业统计数据库》和《中国工业统计年报》的最近时间相关数据，但结果并不理想。今后，笔者将争取获得更新、更细的微观企业数据进一步考察上述实证结论。

另外，融资约束与企业出口之间可能是双向因果关系，而本书只考察了企业融资对出口的影响，完全忽略了企业出口之后可能存在的缓解融资约束或流动性约束的问题。这也是本书的局限所在。本书将在未来的研究中继续关注企业出口后的融资问题。

参考文献

[1] 白仲林，2006：《同期相关面板数据退势单位根检验的小样本性质》，《数量经济技术经济研究》第 5 期。

[2] 包群、邵敏、侯维忠，2011：《出口改善了员工收入吗?》，《经济研究》第 9 期。

[3] 包群、阳佳余，2008：《金融发展影响了中国工业制成品出口的比较优势吗?》，《世界经济》第 3 期。

[4] 包群、张雅楠，2010：《金融发展、比较优势与我国高技术产品的出口》，《国际金融研究》第 11 期。

[5] 蔡昉、王美艳，2007：《农村劳动力剩余及其相关事实的重新考察——一个反设事实法的应用》，《中国农村经济》第 10 期。

[6] 陈磊、宋丽丽，2011：《金融发展与制造业出口的二元边际——基于新—新贸易理论的实证分析》，《南开经济研究》第 4 期。

[7] 陈清泰，2014：《中国企业新的比较优势已出现》，新浪财经 3 月 4 日。

[8] 陈添枝、刘大年主编，2014：《由 ECFA 到 TPP：台湾区域经济整合之路》，财团法人两岸交流远景基金会。

[9] 陈永伟，2008：《似无关回归模型及其应用研究》，华中科技大学博士学位论文。

[10] 崔凡、宁丹虹，2010 ：《国际贸易中的网络和中介——国际贸易研究的最新发展》，《经济学动态》2010 年第 8 期。

[11] 戴金平、袁其刚，2010 ：《金融压抑对出口企业影响的实证分析——基于上市企业研究》，《国际贸易问题》第 7 期。

[12] 戴翔、韩剑、张二震，2013：《集聚优势与中国企业“走出去”》，《中国工业经济》第 2 期。

［13］樊纲、王小鲁和朱恒鹏，2010：《中国市场化指数——各地区市场化相对进程 2009 年报告》，经济科学出版社。

［14］樊勇明、沈陈，2013：《TPP 与新一轮全球贸易规则制定》，《国际关系研究》第 5 期。

［15］龚一萍，2010：《“创造性破坏”视阈下企业动态能力构建》，《经济管理》第 8 期。

［16］韩剑、王静，2012：《中国本土企业为何舍近求远：基于金融信贷约束的解释》，《世界经济》第 1 期。

［17］蒋中一，2003：《动态最优化基础》，商务印书馆。

［18］金京、戴翔、张二震，2013：《全球要素分工背景下的中国产业转型升级》，《中国工业经济》第 11 期。

［19］康志勇，2013：《融资约束、货款拖欠与中国本土企业出口：机理与实证》，《世界经济研究》第 8 期。

［20］孔祥贞、刘海洋、徐大伟，2013：《出口固定成本、融资约束与中国企业出口参与》，《世界经济研究》第 4 期。

［21］雷日辉、张亚斌，2013：《金融发展、融资约束与出口二元边际》，《上海金融》第 7 期。

［22］李荣林、胡杨、张英涛，2014：《FDI 促进了东亚区域经济一体化吗?》，《亚太经济》第 2 期。

［23］李永刚，2004：《论产业集群创新与模仿的战略选择》，《中国工业经济》第 12 期。

［24］林玲、李江冰、李青原，2009：《金融发展、融资约束与中国本土企业出口绩效——基于省际面板数据的经验研究》，《世界经济研究》第 4 期。

［25］刘丹鹭：《服务业发展能熨平宏观经济波动吗？基于中国数据的研究》，《当代财经》2011 年第 6 期。

［26］刘健、项松林，2012：《企业异质性、技术进步与动态比较优势》，《财贸研究》第 4 期。

［27］刘志彪，2015：《从全球价值链转向全球创新链：新常态下中国产业发展新动力》，《学术月刊》第 2 期。

［28］鲁晓东、李荣林，2009：《区域经济一体化、FDI 与国际生产转移：一个自由资本模型》，《经济学（季刊）》第 4 期。

[29] 毛毅，2013：《融资约束、金融发展与企业出口行为》，《山西财经大学学报》第 4 期。

[30] 孟夏、陈磊，2012：《金融发展、FDI 与中国制造业出口绩效——基于新—新贸易理论的实证分析》，《经济评论》第 1 期。

[31] 齐俊妍、王永进、施炳展、盛丹，2011：《金融发展与出口技术复杂度》，《世界经济》第 7 期。

[32] 钱学锋，2008：《企业异质性、贸易成本与中国出口增长的二元边际》，《管理世界》第 9 期。

[33] 钱学锋、王菊蓉、黄云湖、王胜，2011：《出口与中国工业企业的生产率——自我选择效应还是出口学习效应?》，《数量经济技术经济研究》第 2 期。

[34] 钱学锋、熊平，2010：《中国出口增长的二元边际及其因素决定》，《经济研究》第 1 期。

[35] 盛丹、包群、王永进，2011：《基础设施对中国企业出口行为的影响："集约边际"还是"扩展边际"》，《世界经济》第 1 期。

[36] 施炳展，2008：《中国与主要贸易伙伴国的贸易成本测定——基于改进的引力模型》，《国际贸易问题》第 11 期。

[37] 施炳展、齐俊妍，2011：《金融发展、企业国际化形式与贸易收支》，《世界经济》第 5 期。

[38] 孙建波、吴迪，2012：《融资约束、金融发展与企业出口》，《南大商学评论》第 20 期。

[39] 孙灵燕、崔喜君，2011：《FDI、融资约束与民营企业出口——基于中国企业层面数据的经验分析》，《世界经济研究》第 1 期。

[40] 孙灵燕、李荣林，2011：《融资约束限制中国企业出口参与吗?》，《经济学季刊》第 1 期。

[41] 伍德里奇，2003：《计量经济学导论：现代观点》，中国人民大学出版社。

[42] 王海兰，2010：《论金融危机下内外需相互转化机理与实施路径》，《中央财经大学学报》第 1 期。

[43] 武康平，2006：《高级宏观经济学》，清华大学出版社。

[44] 王岚，2014：《融入全球价值链对中国制造业国际分工地位的影响》，《统计研究》第 5 期。

[45] 吴涧生、曲凤杰等著，2014：《跨太平洋伙伴关系协定趋势影响及战略对策研究》，中国计划出版社。

[46] 吴延兵，2012：《国有企业双重效率损失研究》，《经济研究》第3期。

[47] 吴中宝、江道辉，2014：《新经贸格局下的中国机会》，中国经济网1月21日。

[48] 项松林，2011a：《内需扩大、消费习惯与贸易顺差》，《当代财经》第9期。

[49] 项松林，2011b：《异质性企业、结构转型与稳定出口》，《经济评论》第4期。

[50] 项松林，2015：《中国开放型经济嵌入全球创新链的理论思考》，《国际贸易》第7期。

[51] 项松林、魏浩，2014：《流动性约束对中国企业生产率的影响》，《统计研究》第3期。

[52] 项松林、赵曙东，2012：《中性还是偏向性技术变迁影响出口？——基于细分行业贸易数据的经验分析》，《财贸经济》第6期。

[53] 项松林、赵曙东、魏浩，2014：《农业剩余劳动力转移与发展中国家出口贸易结构：理论与中国经验研究》，《世界经济》第3期。

[54] 许统生、陈瑾、薛智韵，2011：《中国制造业贸易成本的测度》，《中国工业经济》第7期。

[55] 许统生、涂远芬，2010：《中国贸易成本的数量、效应及其决定因素》，《当代财经》第3期。

[56] 阳佳余，2012：《融资约束与企业出口行为：基于工业企业数据的经验研究》，《经济学（季刊）》第4期。

[57] 姚耀军，2010：《金融发展对出口贸易规模与结构的影响》，《财经科学》第4期。

[58] 易靖韬，2009：《企业异质性、市场进入成本、技术溢出效应与出口选择决定》，《经济研究》第9期。

[59] 易靖韬、傅佳莎，2011：《企业生产率与出口：浙江省企业层面的证据》，《世界经济》第5期。

[60] 于洪霞、龚六堂、陈玉宇，2011：《出口固定成本融资约束与企业出口行为》，《经济研究》第4期。

［61］张杰、李勇、刘志彪，2009：《出口促进中国企业生产率提高吗？——来自中国本土制造业企业的经验证据：1999—2003》，《管理世界》第 12 期。

［62］张杰、郑文平、束兰根，2013：《融资约束如何影响中国企业出口的二元边际》，《世界经济文汇》第 4 期。

［63］张礼卿、孙俊新，2010：《出口是否促进了异质性企业生产率的增长：来自中国制造企业的实证分析》，《南开经济研究》第 4 期。

［64］张二震、戴翔，2014：《关于构建开放型经济新体制的探讨》，《南京社会科学》第 7 期。

［65］赵亚南，2014：《基于贸易转移效应视角下的美国 TPP 发展前景研究》，辽宁大学博士学位论文。

［66］朱英杰，2012：《融资约束、生产率与异质性企业的出口竞争力——微观基础的中国经验考察》，《世界经济研究》第 9 期。

［67］Abel A. B. and J. C. Eberly. 2011. "How Q and Cash Flow Affect Investment without Frictions：An Analytic Explanation." Review of Economic Studies. 78（4）：1179－1200.

［68］Aghion P.，Angeletosb GM，Banerjeeb A. and K. Manova. 2010. "Volatility and Growth：Credit Constraints and the Composition of Investment." Journal of Monetary Economics，57（3）：246－265.

［69］Allen F.，Qian J. and M. Qian. 2005. "Law，Finance and Economic Growth in China." Journal of Financial Economics，77（1）：57－116.

［70］Amiti M. and D. Weinstein. 2011. "Exports and Financial Shocks." Quarterly Journal of Economics，126（4）：1841－1877.

［71］Amiti M. and C. Freund. 2007. "An Anatomy of China's Trade Growth." IMF Working Paper.

［72］Amurgo－Pacheco A. 2006. "Preferential Trade Liberalization and the Range of Exported Products：The Case of the Euro－Mediterranean FTA"，HEI Working Paper No：18/2006.

［73］Amurgo－Pacheco A. and M. D. Pierola. 2008. "Patterns of Export Diversification in Developing Countries：Intensive and Extensive Margins." World Bank Policy Research Working Paper 4473.

［74］Anderson J. E. and E. van Wincoop，2003. "Gravity with Gravitas: A Solution to the Border Puzzle." American Economic Review, 93 (1), 170 - 192.

[75] Anderson J. E. and E. van Wincoop. 2004. "Trade Costs." NBER Working Paper No. 10480.

[76] Antràs P. and C. F. Foley. 2011. "Poultry in motion: A study of international trade finance practices." NBER Working Paper No. 17091.

[77] Antràs P. and R. J. Caballero. 2010. "On The Role Of Financial Frictions And The Saving Rate During Trade Liberalizions." Journal of the European Economic Association, 8 (2/3): 442 - 455.

[78] Aaramillo S. F. and A. Weiss. 1996. "Capital market imperfections before and after financial liberalization: an Euler equation approach to panel data for Ecuadorian firms." Journal of Development Economics, 51 (2): 367 - 386.

[79] Arkolakis C., S. Demidova., P. Klenow. and A. Rodríguez - Clare, "Endogenous Variety and the Gains from Trade", American Economic Review, 2008, 98 (2), 444 - 450.

[80] Arnold J. M. and K. Hussinger. 2005. "Export Behavior and Firm Productivity in German Manufacturing: A Firm - level Analysis." Review of World Economics, 141 (2): 219 - 243.

[81] Aw B. Y. and A. Huang. 1995. "Productivity and the export market: A firm level analysis." Journal of Development Economics, 47 (2): 313 - 332.

[82] Aw B. Y., S. Chung and M. J. Roberts, 2000, "Productivity and Turnover in the Export Market: Micro - level Evidence from the Republic of Korea and Taiwan (China)", World Bank Economic Review, 14 (1): 65 - 90.

[83] Ayyagari M., Demirgüç - Kunt A. and V. Maksimovic. 2011. "Firm Innovation in Emerging Markets: The Role of Finance, Governance, and Competition." Journal of Finance and Quantitative Analysis, 46 (6): 1545 - 1580.

[84] Badinger H. and K. Türkcan, 2012, "Currency Unions, Export Margins, and Product Differentiation: An Empirical Assessment for European Monetary Union", unpublish.

[85] Baider S. L. and J. H. Bergstrand, 2004, "Economic determinants of free trade agreements", Journal of International Economics, 64 (4) 29 - 63.

[86] Baldwin R. 1988 "Hysteresis in Import Prices: The Beachhead Effect." American Economic Review, 78 (4): 773 - 785.

[87] Baldwin R., Forslid R., Martin P., Ottaviano G. and F. Robert - Nicoud, 2003, "Economic Geography and Public Policy", Princeton University Press, Princeton.

[88] Baldwin R. and A. J. Venables, 1995, "Regional Economic Integration, in G. Grossman and K. Rogoff, (eds) Handbook of International Economics", vol. III; Elsevier Science.

[89] Bartoli F. Ferri, G. Murro P. and Rotondi Z. 2012. "Bank Support and Export: Evidence from Small Italian Firms." SERIES Working Paper No. 42.

[90] Beck T. 2002, "Financial Development and International Trade: Is There a Link?", Journal of International Economics, 57 (1): 107 - 131.

[91] Beck T. 2003. "Financial Dependence and International Trade" Review of International Economics, 11 (2): 296 - 316.

[92] Becker B., Chen J. and D. Greenberg. 2013. "Financial Development, Fixed Costs, and International Trade." Review of Corporate Finance Studies, 2 (1): 1 - 28.

[93] Bellone F., P. Musso, L. Nesta and S. Schiavo. 2010. "Financial Constraints and Firm Export Behaviour." World Economy, 33 (3): 347 - 373.

[94] Benito A. and I. Hernando. 2007. "Firm Behavior and Financial Pressure: Evidence from Spanish Panel Data." Bulletin of Economic Research, 59 (4): 283 - 311.

[95] Berman N. and J. Héricourt. 2010. "Financial factors and the margins of trade: evidence from cross - country firm - level data." Journal of Development Economics, 93 (2): 206 - 217.

[96] Bernanke B. and M. Gertler. 1990. "Financial fragility and economic performance." Quarterly Journal of Economics, 105 (1): 87 - 114.

[97] Bernard A. and J. B. Jensen. 2004a. "Entry, Expansion, and Intensity in the US Export Boom, 1987 - 1992." Review of International Economics, 12 (4): 662 - 675.

[98] Bernard A. B. and J. B. Jensen. 2004b. "Why some firms export."

Review of Economics and Statistics, 86 (2): 561 -569.

[99] Bernard A. B. and J. Wagner. 2001. "Export entry and exit by German firms." Review of World Economics, 137 (1): 105 -123.

[100] Bernard A. B., J. B. Jensen, S. J. Redding and P. K. Schott, "Firms in International Trade", Journal of Economic Perspectives, 2007, 21 (3), 105 -130.

[101] Bernard A. B., J. Eaton, J. B. Jensen and S. Kortum, "Plants and Productivity in International Trade", American Economic Review, 2003, 93 (4), 1268 -1290.

[102] Bernard A. B., Jensen J. B. and P. K. Schott. 2009. "Importers, Exporters and Multinationals: A Portrait of Firms in the U. S. that Trade Goods." NBER Working Paper, January 2009, mimeo.

[103] Besedeš T. and T. J. Prusa, 2011, "The role of extensive and intensive margins and export growth," Journal of Development Economics, 96 (2): 371 -379.

[104] Berthou A. and L. Fontagné, 2008, "The Euro and the Intensive and Extensive Margins of Trade: Evidence from French", CEPII working paper, No. 2008 -2016.

[105] Boyreau - Debray G. 2003. "Financial intermediation and growth: Chinese style'. World Bank Policy Research Working Paper No. 3027.

[106] Bridges S. and A. Guariglia, 2008, "Financial Constraints, Global Engagement, and Firm Survival in the UK: Evidence from Micro Data", Scottish Journal of Political Economy, 55 (4): 444 -464.

[107] Broda C. and D. E. Weinstein. 2004. "Globalization and the Gains from Variety." Federal Reserve Bank of New York, Mimeo.

[108] Brown J. R., Fazzari S. M. and B. C. Petersen. 2009. "Financing Innovation and Growth: Cash Flow, External Equity and the 1990s R&D Boom." Journal of Finance, 64 (1): 151 -185.

[109] Buch C. M., Kesternich I., Lipponer A. and M. Schnitzer. 2009. "Financial Constraints and the Margins of FDI." University of Munich Discussion Paper No. 2009 -2017.

[110] Bustos P. 2011. "Trade Liberalization, Exports and Technology

Upgrading: Evidence on the Impact of MERCOSUR on Argentinean Firms", American Economic Review, 101 (1): 304 - 340.

[111] Campa J. and J. Shaver. 2002. "Exporting and Capital Investment: On the Strategic Behavior of Exporters." IESE Business School Research Paper No. 469.

[112] Campa J. 1998. "Hysteresis in Trade: How Big are the Numbers?" New York University Working Paper, January 1998, mimeo.

[113] Campello M., J. R. Graham and C. R. Harvey. 2010. "The real effects of financial constraints: Evidence from a financial crisis." Journal of Financial Economics, 97 (3): 470 - 487.

[114] Carpenter R. E., Fazzari, S. M. and B. C. Petersen. 1998. "Financing Constraints and Inventory Investment: A Comparative Study with High - frequency Panel Data." Review of Economics and Statistics, 80 (4): 513 - 519.

[115] Caselli, 1999. "Technological Revolutions." American Economic Review, 89 (1): 78 - 102.

[116] Cebeci T. and A. M. Fernandes, 2013, "Micro Dynamics of Turkey's Export Boom in the 2000s", The World Bank Policy Research Working Paper, No. 6254.

[117] Cebeci T., Fernandes A. M., Freund, C. and M. D. Pierola, 2012, "Exporter Dynamics Database", The World Bank Policy Research Working Paper, No. 6229.

[118] Chaney T. 2005. "Liquidity Constrained Exporters." Mimeo, Massachusetts Institute of Technology, 2005.

[119] Chaney T. 2008. "Distorted Gravity: The Intensive and Extensive Margins of International Trade." American Economic Review, 98 (4): 1707 - 1721.

[120] Chor D. and K. Manova. 2012. "Off the cliff and back? Credit conditions and international trade during the global financial crisis." Journal of International Economics, 87 (1): 117 - 133.

[121] Clementi G. and H. Hopenhayn. 2006. "A theory of financing constraints and firm dynamics." Quarterly Journal of Economics, 121 (1):

229 - 265.

[122] Clerides S. K., Saul L. and J. R. Tybout. 1998. "Is learning by exporting important? Microdynamic evidence from Colombia, Mexico, and Morocco." Quarterly Journal of Economics, 113 (3): 903 - 947.

[123] Dabla - Norris E., Kersting, E. and G. Verdier. 2010. "Firm Productivity, Innovation, and Financial Development." International Monetary Fund Working Paper, No. WP/10/49.

[124] Das S., Roberts M. J. and J. R. Tybout. 2007. "Market entry costs, producer heterogeneity, and export dynamics." Econometrica, 75 (3): 837 - 873.

[125] Desai M., C. F. Foley and K. J. Forbes. 2008. "Financial constraints and growth: Multinational and local firm responses to currency depreciations." Review of Financial Studies, 21 (6): 2857 - 2888.

[126] Ding S., Guariglia A. and J. Knight. 2012. "Does China Overinvest? Evidence from a Panel of Chinese Firms." Leverhulme Centre for Research on Globalization and Economic Policy, Research Paper 12/04.

[127] Dixit A. and J. Stiglitz (1977): "Monopolistic Competition and Optimum Product Diversity," American Economic Review, 67, 297 - 308.

[128] Dollar D. and S. Wei. 2007. "(Das wasted) kapital: Firm ownership and investment efficiency in China." NBER working paper, No. 1303.

[129] Du J. and S. Girma, 2007, "Finance and Firm Export in China", Brookings Kyklos, 60 (1): 37 - 54.

[130] Dunning J., 1993, "Multinational Enterprises and the Global Economy", Addison Wesley, MA.

[131] Dutt. P., Mihov I. and Zandt, T. V. 2011. "Does WTO Matter for the Extensive and the Intensive Margins of Trade?" CEPR discussion paper, No. DP8293, 2011.

[132] Easterly W. and R. Levine. 2001. "It's not Factor Accumulation: Stylized Facts and Growth Models." World Bank Economic Review, 15 (2): 177 - 219.

[133] Eaton J., M. Eslava, M. Kugler and J. Tybout, 2008. "The margins of entry into export markets: evidence from Colombia", In: Helpman,

Elhanan, Marin, Dalia, Verdier, Thiery (Eds.), The Organization of Firms in a Global Economy. Harvard University Press, Cambridge, MA, pp. 231 – 272.

[134] Eaton J., Kortum, S. and F. Kramarz. 2011. "An Anatomy of International Trade: Evidence from French Firms." American Economics Review, Econometrica, 79 (5): 1453 – 1498.

[135] Evenett S. J. and A. J. Venables, 2002. "Export Growth in Developing Countries: Market Entry and Bilateral Trade Flows", University of Bern working paper, mimeo.

[136] Faggio, Salvanes and Reenen, 2007. "The Evolution of Inequality in Productivity and Wages: Panel Data Evidence" . CEP Discussion Paper, No. 821.

[137] Fazzari S., R. Hubbard and B. Petersen, 1988, "Financing Constraints and Corporate Investment", Brooking Paper on Economic Activity, 19 (1): 141 – 195.

[138] Felbermayr G. J. and W. Kohler, 2006. "Exploring the intensive and extensive margins of world trade", Review of World Economics, 142 (4): 642 – 674.

[139] Frensch R. 2010. "Trade Liberalization and Import Margins." Emerging Markets Finance and Trade, 46 (3): 4 – 22.

[140] Ganesh – Kumar A., K. Sen and R. Vaidya. 2001. "Outward Orientation, Investment and Finance Constraints: A Study of Indian Firms." Journal of Development Studies, 37 (4): 133 – 149.

[141] Gao T. 1999, " Economic geography and the department of vertical multinational production", Journal of International Economics, 48 (2): 301 – 320.

[142] Ge Y. and J. Qiu. 2007. "Financial Development, Bank Discrimination and Trade Credit." Journal of Banking and Finance, 31 (2): 513 – 530.

[143] Gomes J. F. 2001. "Financing Investment," American Economic Review 91, pp. 1263 – 1285.

[144] Greenaway D., A. Guariglia and R. Kneller, 2005, "Do Financial Factors Affect Exporting Decisions?", Leverhulme Centrefor Research on Globalization and Economic Policy, University of Nottingham, GEP Research Paper.

[145] Greenaway D., Guariglia A. and R. Kneller. 2007. "Financial factors and exporting decisions." Journal of International Economics, 73 (2): 377-395.

[146] Guariglia A. and S. Mateut. 2006. "Credit Channel, Trade Credit Channel, and Inventory Investment: Evidence from a Panel of UK Firms." Journal of Banking and Finance, 30 (10): 2835-2856.

[147] Guariglia A. and S. Poncet. 2008. "Could financial distortions be no impediment to economic growth after all? Evidence from China." Journal of Comparative Economics, 36 (4): 633-657.

[148] Guariglia A., Liu X. and L. Song. 2011. "Internal Finance and Growth: Microeconometric Evidence on Chinese Firms." Journal of Development Economics, 96 (1): 79-94.

[149] Hall R. E. and C. I. Jones. 1999. "Why do Some Countries Produce So Much More Output per Worker than Others?" Quarterly Journal of Economics, 114 (1): 83-116.

[150] Halpern. L., M. Koren and A. Szeidl, "Imported Inputs and Productivity", Central European University, 2009, Unpublished.

[151] Hao C. 2006. "Development of Financial Intermediation and Economic Growth: The Chinese Experience." China Economic Review, 17 (4): 347-362.

[152] Harris M. and A. Raviv. 1990. "Capital structure and the informational role of debt." Journal of Finance, 45 (2): 321-349.

[153] Harrison A. and M. McMillan. 2003. "Does direct foreign investment affect domestic firm credit constraints?" Journal of International Economics, 61 (1): 73-100.

[154] Hellman T. K. Murdock and J. Stigliz, 2000, "Liberalization, Moral Hazard in Banking, and Prudential Regulation: Are Capital Requirements Enough?", The American Economic Review, 90 (1): 147-165.

[155] Helpman E., Melitz M. and Y. Rubinstein. 2007. "Estimating Trade Flows: Trading Partners and Trading Volumes." NBER Working Paper No. 12927.

[156] Helpman. 2006. "Trade, FDI and the organization of firms."

Journal of Economic Literature, 44 (3): 589 - 630.

[157] Helpman E., M. J. Melitz and Y. Rubinstein, 2008, "Estimating Trade Flows: Trading Partners and Trading Volumes", Quarterly Journal of Economics, 123 (2): 441 - 487.

[158] Héricourt J. and S. Poncet. 2009. "FDI and credit constraints: firm level evidence in China." Economic Systems, 33 (1): 1 - 21.

[159] Herrmann - Pillath C. 2006. "Endogenous regionalism." Journal of Institutional Economics, 2 (3): 297 - 318.

[160] Hillberry R. H. and C. A. McDaniel. 2002. "A Decomposition of North American Trade Growth since NAFTA." US International Trade Commission Working Paper, 2002 - 12 - A.

[161] Huang H. and S. Lin. 2009. "Non - linear Finance - Growth Nexus: A Threshold with Instrumental Variable Approach." Economics of Transition, 17 (3): 439 - 466.

[162] Huang Y. 2005, "Selling China: Foreign Direct Investment during the Reform Era", Cambridge: Cambridge University Press.

[163] Hummels D. and Klenow P. 2005. "The Variety and Quality of a Nation's Exports." American Economic Review, 2005, 95, pp. 704 - 723.

[164] Inui T., Miyakawa D. and Shoji K. 2012. "Bank Efficiency and Client Firms' Export Behavior: Evidence from Firm - Bank Match - Level Data." March 2012, mimeo.

[165] Jarreau J. and S. Poncet. 2011. "Export Performance and Credit Constraints in China." October 27, 2011, mimeo.

[166] Kang K. 2004. "The Path of the Extensive Margin (Export Variety): Theory and Evidence." University of California, Davis Working Paper, mimeo.

[167] Kimura F. and K. Kiyota. 2006. "Exports, FDI, and Productivity: Dynamic Evidence from Japanese Firms." Review of World Economics, 142 (4): 695 - 719.

[168] Kindleberger C. P. 1966, "European Integration and the International Corporation", Columbia Journal of World Business, 45 (1): 65 - 73.

[169] Kletzer K. h and P. Bardhan. 1987. "Credit Markets and Patterns of

International Trade." Journal of Development Economics, 27 (1-2): 57-70.

[170] Krugman P. 1980, "Scale Economies, Product Differentiation, and the Pattern of Trade", American Economic Review, 70 (5): 950-959.

[171] Krugman P. R. 1991, "Increasing returns and Economic Geography", Journal of Political Economy, 99 (3): 483-489.

[172] Lawrence R. Z. 1996, "Regionalism, Multilateralism, and Deeper Integration". Brookings Institution, Washington, DC.

[173] Levine R. 2005. "Finance and Growth: Theory and Evidence." Aghion P., Durlauf S., (Eds), Handbook of Economic Growth, Elsevier Science, The Netherlands.

[174] Levine R. and S. Zervos. 1998. "Stock Markets, Banks, and Economic Growth." The American Economic Review, 88 (3): 537-558.

[175] Levinsohn J. and A. Petrin. 2003. "Estimating Production Functions Using Inputs to Control Unobservables." Review of Economic Studies, 70 (2): 317-341.

[176] Li H., Meng L., Wang Q. and L. Zhou. 2008. "Political connections, financing and firm performance: Evidence from Chinese private firms." Journal of Development Economics, 87 (2): 283-299.

[177] Li Z. and M. Yu, 2009, "Exports, Productivity, and Credit Constraints: A Firn-level Empirical Investigation of China", Global COEHi-Stat Discussion Paper Series from Institute of Economic Research, No, gd09-08, Hitotsubashi University.

[178] MaCallum J. 1995. "National Borders Matter: Canada-U. S. Regional Trade Patterns." American Economic Review, 85 (3): 615-623.

[179] Manole V. and M. Spatareanu, 2010, "Exporting, Capital Investment and Financial Constraints", LICOS Discussion Paper Series, discussion paper, No. 252.

[180] Manavo K. 2007, "Credit constraints, heterogeneous firms and international trade", Mimeo, Stanford University.

[181] Manova K. 2008. "Credit Constraints, Heterogeneous Firms and International Trade." NBER Working Paper No. 14531.

[182] Manova K. 2010. "Credit Constraints, Heterogeneous Firms, and

International Trade." Mimeo, Stanford University.

[183] Manova K., S. J. Wei and Z. Zhang, 2009, "Firm Exports and Multinational Activity under Credit Constraints", Mimeo, Stanford University.

[184] Manova K., Wei S. J. and Z. Zhang. 2011. "Firm exports and multinational activity under credit constraints." NBER Working Paper No. 16905.

[185] Martin. 2008. "Productivity Dispersion, Competition and Productivity Measurement." CEP Discussion Paper, No. 692.

[186] Melitz M. 2003. "The impact of trade on intra – industry reallocations and aggregate industry productivity." Econometrica, 71 (6): 1695 – 1725.

[187] Melitz M. J. and G. Ottaviano, 2008, "Market Size, Trade, and Productivity", Review of Economic Studies, 75 (1): 295 – 316.

[188] Minetti R., Murro P. and S. C. Zhu. 2012. "Corporate Governance and Firm Internationalization." Michigan State University, mimeo.

[189] Moini A. 2007. "Export Behavior of Small Firms: The Impact of Managerial Attitudes." The International Executive, 33 (2): 14 – 20.

[190] Moretti. 2004. "Workers' Education, Spillovers, and Productivity: Evidence from Plant – Level Production Functions." American Economic Review, 94 (3): 656 – 690.

[191] Muûls M. 2008. "Exporters and Credit Constraints: A Firm – level Approach." NBER Working Paper, No. 139.

[192] Myers S. and N. Majluf. 1984. "Corporate financing and investment decisions when firms have information that investors do not." Journal of Financial Economics, 13 (2): 187 – 222.

[193] Nickell S. and D. Nicolitsas. 1999. "How does Financial Pressure Affect Firms?" European Economic Review, 43 (6): 1435 – 1456.

[194] Nucci F., Pozzolo A. F. and F. Schivardi, 2005. "Is Firm's Productivity Related to Its Financial Structure? Evidence from Microeconomic Data." Rivista di Politica Economica, I – II: 177 – 198.

[195] Nunes P. M., Sequeira, T. N. and Z. Serrasqueiro. 2007. "Firms Leverage and Labor Productivity: A Quantile Approach in Portuguese Firms." Applied Economics, 39 (14): 1783 – 1788.

[196] Obstfeld M. and K. Rogoff. 2000. "The Six Major Puzzles in International Macroeconomics. Is There a Common Cause?", in B. S. Bernanke and K. Rogoff, eds., NBER Macroeconomics Annual 2000. Cambridge, MA: MIT Press, 2000, pp. 339 - 390.

[197] Otsuki T. and J. S. Wilson. 2004. "Standards and technical regulations and firms in developing countries: New evidence from a World Bank technical barriers to trade survey." World Bank, Preliminary Draft.

[198] Paravisini D., Rappoport V., Schnabl, P. and D. Wolfenzon. 2011. "Dissecting the Effect of Credit Supply on Trade: Evidence from Matched Credit - Export Data." NBER Working Paper No. 16975.

[199] Petersen M. and R. G. Rajan. 1997. "Trade Credit: Theories and Evidence." The Review of Financial Studies, 10 (3): 661 - 691.

[200] Puga D. and A. Venables, 1997, "Preferential Trading Agreement and Industrial Location", Journal of International Economics, 43 (3 - 4): 347 - 368.

[201] Puga D. and A. Venables, 1999, "Preferential Trading Arrangements and Industrial Development", The World Bank, Policy Research Working Paper, 1787.

[202] Rioja F. and N. Valev. 2004. "Finance and the Sources of Growth at Various Stages of Economic Development." Economic Inquiry, 42 (1): 127 - 140.

[203] Roberts M. J. and J. R. Tybout. 1997. "The decision to export in Colombia: An empirical model of entry with sunk costs." American Economic Review, 87 (4): 545 - 564.

[204] Roberts M. J. and J. R. Tybout. 1999. "An Empirical Model of Sunk Costs and the Decision to Export." The World Bank Policy Research Working Paper Series 1436.

[205] Ruhl K. 2003. "Solving the Elasticity Puzzle in International Economics." University of Minnesota, Mimeo. Schumpeter, J. A. 1942. "Capitalism, Socialism and Democracy." Unwin, London.

[206] Solow M. 1957. "Technical Change and the Aggregate Production Function." The Review of Economics and Statistics, 39 (4): 312 - 320.

[207] Spaliara and Marina - Eliza, 2009, "Do Financial Factors Affect the Capital - labour Ratio? Evidence from UK Firm - level Data," Journal of Banking & Finance, 33 (10): 1932 - 1947.

[208] Stiebale J. 2011. "Do Financial Constraints Matter for Foreign Market Entry? A Firm - level Examination." World Economy, 34 (1): 123 - 153.

[209] Svaleryd H. and J. Vlachos. 2005. "Financial markets, the pattern of industrial specialization and comparative advantage: Evidence from OECD countries." European Economic Review, 49 (1): 113 - 144.

[210] Tornell A. and F. Westermann. 2003. "Credit Market Imperfections in Middle Income Countries." NBER Working Papers No. 9737.

[211] Trefler D. 1995. "The Case of the Missing Trade and Other Mysteries." American Economic Review, 85 (5): 1029 - 1046.

[212] Uribe - Etxeberria A. M. and F. R. Silvente, 2012, "The intensive and extensive margins of trade: decomposing exports growth differences across Spanish Regions", Investigaciones regionales, 23: 53 - 76.

[213] Westerlund J. and F. Wilhelmsson, "Estimating the Gravity Model without Gravity Using Panel Data", Applied Economics, 2009, 7 (9): 1466 - 4283.

[214] Wolde - Rufael Y. 2009. "Re - examining the financial development and economic growth nexus in Kenya." Economic Modelling, 26 (6): 1140 - 1146.

[215] Wonnacott P and L. Mark 1989, "Is There a Case for Free Trade Agreements?", Free Trade Areas and U. S. Trade Policy, 32 (1) 59 - 84.

[216] Viner J. 1950. "The Customs Union Issue. Carnegie Endowment for International Peace", New York.

[217] Yannopoulos G. 1990, "Foreign Direct Investment and European Integration: the Evidence from the Formative Years of the European Community", Journal of Common Market Studies, 28 (2): 235 - 259.